U0164556

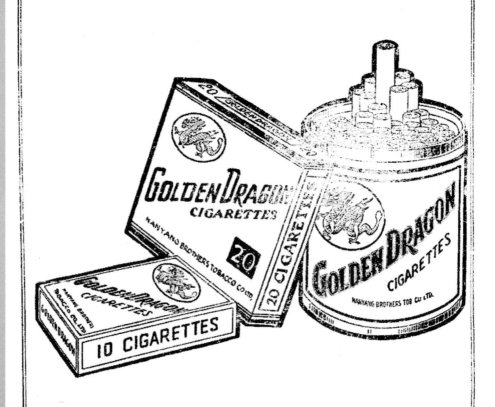

目錄：

第一章 歷史

題目	作者	頁數
香港開埠史	陳釗	三
兩張歷史性的警告	吳灞陵	四
一八四五年的香港	陳釗雲	五
一百年前的香港	陳釗雲	六
香港簡史	吳灞陵	七
難伯特法歆的香港印象	陳釗	八
香港名稱的來源	陳釗	九
香港名稱之商榷	葉林豐	一〇
香港初期海盜史	李景新	一二
海盜徐亞保與十五仔	穆時英	一五
說劍堂集中的香港史料	魚士	一六
第一次彎十慶祝會	劉士	一八
香港的考古發掘	蘇霏	一九
關於香港史蹟的發掘	蘇福辟	二〇
香港考古發掘及考古學家	陳威貝 A.B.C.	二一
港商首次演說集會	陳釗	二二
國父在香港之革命運動	陳公哲	二四
國父的畢業文憑	天廬	三〇
香港小史	馮自由	三二
香江曲（史詩）	遺稿山釗	三三
後香江曲（史詩）	許地山稿	三五
一個難忘的聖誕節	古卓崙	三七
	黃草予	三八

目錄

香港百年史（一九四八）

5

— 1 —

— 4 —

香港・澳門雙城成長經典

10

香港百年史（一九四八）

— 7 —

香港百年史

主編者：黎晉偉

發行人：李漱石 崔學亭

出版者：南中編譯出版社

地址：高士打道六十四號三樓

印刷者：星島日報承印部

定價：全一冊港幣十元

國內外售價概依港幣折合計算

經售處：香港及海外 各大書局

中華民國三十七年六月初版

香港・澳門雙城成長經典

12

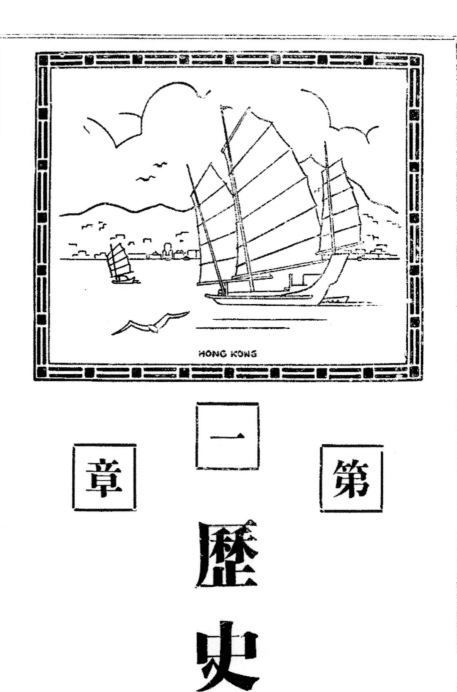

HONG KONG

第 一 章

歷 史

說明

一九〇七年前清大臣洵貝子統率海軍
過港與港督魯格及港紳
薩鎮冰程璧光官將
劉鑄伯何啓等合影

一九四七年十月一日港督葛量洪爵士訪問
南京，謁陵後攝。

葛督謁見　蔣主席於官邸，相談甚歡。

香港開埠史

陳劍

英人佔領香港之正確時日，是一八四一年六月廿五日（星期一）上午八時十五分，距南京條約簽定之時間一年六月零四天。英國一艘寶尼那拉會同英國官員，乘英艦修化號抵港，以畢林馬為水師提督，義律為總督。當時以赤柱為大營，旋正式永錫居民，嗣後香港隸屬於英國。

保護，所有居民，不易其俗，法律則悉守英國。爭鬥細故，歸巡理府審理。

翌年二月一日，第一張告示張貼，准許宗教信仰，集會結社自由，英商及外僑多由澳門遷港。第一間貨棧乃渣甸洋行，在銅鑼灣建築，陸海軍旋邊石塘咀安營。商場設在中區，名為廣州市堤，該處不久成為中環街市。有二千蜑民——由別處來港謀生。

五月一日，香港憲報第一期，由澳門美國教會印刷店代印出版。委任韋林堅為裁判司，並委任航政司，督察司，田土司等處理政務。開始登記戶口。六月七日公佈香港為自由港。第一次將港地三十三號地段，總計九英畝，分五十一段招人投承，以七十五年為期，總價年租三千零三十二英鎊。

其時人口為一萬五千人。

其時英理藩院忽有文書至港，斥清室大臣琦善與義律所簽之和約，求經清廷認可，清將地段澳門遷來。

停止開投，並令義律回國。時英下議院嘗操出議重詰問。英政府亦未行答覆，事實琦善之訂立和約，清廷並未批准，故簽約後第八日，已降旨將琦善拿京審訊，問諸禁室，並沒收其家產，結果難免刑戮。

香港之正式割讓於英國，乃在一八四二年十月二十七日（道光二十二年九月二十四日）滿政府遣使相欽差大臣砵甸乍爵士，與英國特派欽差大臣砵甸乍爵士訂立南京條約，香港讓始正式成定讓。砵甸乍爵士旋由南京來港，宣佈香港為無稅埠，准各國商人自由貿易。

英商務管理處亦由澳門遷來。戰後英海陸軍撤去，只留七百士兵駐守，政務交由地方官掌理。

香港移讓於英國之典禮，乃在香港之議事廳舉行，時為一八四三年六月廿六日。清政府特派使相來港，英方則由砵甸乍爵士及義律代表。當時換文典禮之圖片，在戰時尚懸掛在立法局之走廊。

（鄂奈納作「中國海岸」插圖之一）　初期的香港夜色

兩張歷史性的佈告

吳雲

英國正式佔領香港島的日期，是一八四一年正月二十六日。這是官式登陸。在這一天正式樹起英國國旗。舉杯爲維多利亞女皇三呼萬歲。港中軍艦鳴礮致敬。當時率領英國海軍進駐香港的續餉是英國遠東艦隊支隊司令伯麥。這日期的正確的。一八四一年出版的「中國文庫」（Chinese Repository）遺漏了這一項重要的記事。直到第二年的十一月號上。方在「中國過去十年大事回顧」一文中塡補了這漏洞。牠所開出的日期就是正月二十六日。同時。當時的一隻英國測量船的船長貝爾啦爾（他就是香港敬早地圖製作者）在一八四三年出版的同憶錄「世界環遊記」上說，他們於二十四日就向香港島上陸，開始測量工作。二十五日天。伯麥奉領艦隊來了。舉行正式換文。所以遣日期的正確是無可懷疑的。

第三種期是海軍司令伯麥與義律會銜的（一作二月二日）。以上兩種都是由義律署名的。第三種佈告是專門發給中國人看的。因海軍司令是證明怎麼治理中國人民方面。所以二月一日遣個佈告。與無權欲使的官階大小不同。這佈告遂由兩人會銜。而且伯麥列在義律之上。因此後來頗引起一些人的非議。

香港的徽章

直到一八四三年六月。香港才有總督。因此英國統治香港後的第一張佈告。是由義律（Capt. Charles Elliot）以「大英國駐華全權欽使兼商務總監」名義發表的。據「中國文庫」一八四一年一月號所載。當時一共發表了三種佈告。都是關於香港的。第一種是通告英國人民。關於香港割讓給英國的。第二種則是通告香港中外人民。香港已成爲英國的。今後將接受英國法律統治。發表的日期是正月二十九日（一年正月二十日。在澳門公佈的。第二種則是通告香港割讓給英國的。第一種是關於英國人民。第二種

這三種最初的香港佈告。原文都是英文。後字句上或有錯誤或遺漏。據說當時活體木版刻印的。形式與當時清朝的布告一樣。可說是英國統治香港最初而亦有歷史價值的文獻。

一

大英國駐華全權欽使兼商務總監查爾士義律遠東艦隊支隊司令伯麥出示曉諭事

照得本使大臣奉命爲英國善定事宜。經與大清國欽差大臣爵閣部堂琦，成立協定，將香港全島地方讓給英國統治。業有文據在案。凡爾香港居民。歸順英國爲女皇之赤子。自應恭順守法。勉爲良民。而諸等居民亦得以英女皇名義享受英國官吏之保護。一切殺敎式風俗習慣及私有合法財產權益。概准仍舊自由享用。官廳執政民間。倘有爾善欲式顧情願管理。但婚喪詞訟拷刑。俱依中國法律風俗習慣辦理。但廢除各種拷刑。關於爾等華人各事宜。將示曉諭。並准爾等老幼男婦負責的東鄉民。服從官憲命令。切切毋違。特示。

大英國一八四一年二月一日。大清道光二十一年辛丑正月初十日。

二

大英國駐華全權欽使兼商務總監海乖大佐查爾士義律爲曉諭報事事

照得本使奉令與大清國欽差大臣爵閣部堂成立協定。將香港全島地方割給英國。現須先行設立統治機關。所有香港陸地一切人民財產。仍歸英國統治。晉由本商務總監執掌政權。卽應用英國現行刑事或海事法規。除各種刑。至於英國人及其他人民。則應用英國現行刑事或海事法規。以從嚴辦。凡屬華商或華僑居民。應照中國法律及其他人民。則應用英國及外國僑民。務須遵守英國法律。自可受英國法律官吏之切實保護也。此佈

英國一八四一年二月二日。

一八四五年的香港

陳　劍

香港蔚成世界五十大城市之一，此僅百年人工經營之成績。蓋在百年前香港尚爲一荒島。卽使英人到港之後，其荒涼之象，亦爲百年後之人所能想象。英國人科頓曾於一八四五年遊港，陸英後，蓄有「東遊記」，對於香港當日之情形，

初期之渣甸輪船公司

曾有如下數段之描寫：

濱海洋行之地面及四周，有各式各樣華人建築物及歐人屋宇，其數約有三十餘所。次爲黃坭涌，有歐人屋宇三四所皮，包含閘口五十家之華人貧民村，摩利遜敎育會屋宇，鴉藥傳敎會醫院，法員醫院（位於今之海軍醫院）與及附有儲新建狗留所之放粟司署，亦有黃坭涌西部之麗大建築物。

其次，在幾與水平線相齊之海旁，結集一羣梳密之商店。其甲有軍裝局，貨庫，及兵房等建築，山與海之間，儘留一狹窄地帶而已。他如基督敎會與羅馬天主敎會之堂塲，及海旁幾間細小屋宇，便是域多利亞西區之主要建築物。一個市爲中區僅有之點綴品，包括一所陸軍醫院，及一所軍械庫，尙未有安番設計，只有幾所牛建成。牛毀壞及超過年齡之建築物，此卽砲兵房前面的三座屋宇，其時正在建築中，將來可作該埠之名勝。越過小溪（該水道現由域多利亞游樂會出海）有一地帶，正合建築房舍之用，蓋其地之伸張，廣闊牛英里有奇。小溪出海處，海軍船塢建築於灘上。

其南有在建築中之三大廈，乃官員與軍士居住之所（卽今瑪利兵房）。再南爲一帶英兵蓆搭

之印度兵營，由此西行爲坟塲（卽今之瑪利球場）。在操塲與皇后大道之間，爲香港敎堂，南爲郵政局。總督公署在坟塲之西，由此更西而至海旁，爲香港最完美之宮行地帶。過皇后大道前南爲船政署，是爲域多利亞城中區之終點。西區之開發，正有萌芽時期，牛山頂眞成開始有建築物，其間有崇威构，慈惠笠得，建築物有形式及質料殊不劃一。在物質方面而言，從花崗石，磚瓦，而至坭簡陋，所有兵房設備，尤爲粗劣，雖牛齋亦不適宜於居住，甚至醫院之設備亦然。

裁制署及禮拜堂（卽裁判司署外，各政府機關，建築物之形式及質料殊不劃一。在物質方面而言，除裁判司署外，大多建築簡陋，所有兵房設備，尤爲粗劣，雖牛齋亦不適宜於居住，甚至醫院之設備亦然。

昔日之大會堂

一百年前的香港

一八四七年的香港概況

吳　雲

一百年前，一八四七年的香港，這是一個多事的年頭，當年的總督是不得人望的戴維斯爵士，他在中國官方文件上的譯名是「德庇時」。

這一年所以多事，是因為在本港方面，法院與政府行政人員發生意見衝突，釀成轟動大法官案，這事前後糾纏了三年。對於中國方面，本港與廣州的關係，這一年也十分惡劣。為了廣州入城問題和佛山案件，戴維斯在本年四月間突然帶兵突破虎門，佔領各砲台，直迫廣州城下，聲言要佔廣州。這種勤不僅使廣州的中國官廳感到異意外，就是廣州民也覺得莫明其妙。這一年年底，又發生六名英人在廣州近郊被害的不幸事件。

人口方面，據官方發表的數字，這一年是香港人口是兩萬三千八百七十二人，其中中國人二萬二千餘名，非中國籍人一千四百餘名。貿易方面，入口船其六九四艘，總噸數二十二萬九千餘噸。稅收方面，這一年的收入是三萬一千零七十九鎊，支出經費則要五萬零九百六十鎊，另有十一萬五千二百四十九鎊軍事費用則還未計算在內。

所以當年的預算也是入不敷出的。這一年的人口死亡率，中國人方面沒有登記，外籍方面是三五八人，這數字與外籍人口比起來，是相當結果。

高的，原因是水土不服和瘟疫流行，當年的警察人數，歐籍五十人，印籍八十一人，華督則僅有二十四人。

據香港政府出版的「一八四一年至一九三零年本港各項統計及大事記」一，一八四七年的重要措施，還有下列數項：建築赤柱砲台，皇家亞洲學會中國分會在港成立，聖約翰教堂舉行奠基，開始建築高等法院（並非今日之高等法院址）及域多利監房（已於一八六五年重建）。

又據一八六七年出版的「中國日本通商口岸指南」所載，一八四七年的香港，海面上的海盜情形繼續猖獗。政府在三月間頒佈他為防止海盜則例，所有的外籍居民，被命令每家門口要設立門燈，郵政司控告「柯爾士」號給主犯私帶信件，偷欠一百鎊，正月間，有三名被政府僱用的泥工發生騷動。

至於這年四月二日戴維斯總怒率兵進攻廣州事件，當年的兩廣總督是耆英，他極追隨兵臨城下的戴維斯會面，討論外人入城問題，結果敷衍了事，未有結果。

戴維斯的這次行動，事前是未獲得英國本國允許的，加之這恫嚇手段並未獲得預期的效果，反而使本港和廣州方面的中英商務感受不良影響，本港官民本來已經不滿意戴維斯就任以來的許多措施，因為這一次冒險的舉錯舉動，更一致的對他非難，終於使他不得不向倫敦方面提出辭職，據何寧的「中國辭典」所載，戴維斯於次年三月離任時，香港官民甚至並未舉行歡送儀式。

◎「繁華洋場」舊爲新安八景之一，學者認爲即今日之香港。

香港·澳門雙城成長經典

香港簡史

程犖

香港成爲了遠東的一個現代化的都市和文化中心，祇是英國人於一八四一年統治了香港以後的事，在一八四一年以前，香港祇是中國裏南海岸的無數岩嶙崎的小島之一。在這一個荒蕪的小島上，祇是那幾個峯巒起伏的童山，山麓海邊，住着一些遠離中國社會的化外漁民。

地質學家相信香港是七萬年前從海床突起的島嶼，當時的華北，除了那些山脈離開以外，都還是一片汪洋，不曾冲積成陸地。香港在那個洪荒時代已經成爲陸地，而且是與大陸離隔的島嶼。

在中國歷史上，香港這個名字，一直到宋末元初，才見諸史籍。一二七九年，元太祖忽必烈可汗橫掃歐洲，推翻宋朝，揮軍南指，把宋帝昺驅逐到香港對岸的九龍，在這裏留下了「宋王台」一的古蹟。元以下各朝的史籍地志書，都常見九龍和香港島的名字。

在元朝的時代，香港是海盜的一個堅強的巢穴。幾百年來，這些時代作漁民時爲海盜的香港居民，在這島上稱雄稱霸，駕愚行旅，九龍寨的海島官兵，莫奈他何。當時香港祇是一個荒蕪的海島，不能造出大惠，所以官兵們也懶得管他們。

明朝的統治者（一三六八—一六四四年）恢復了比較良好的秩序。在那個時代剽苦耐勞的開荒者，開始移入香港島對岸的九龍半島，他們都是從附近的東莞縣南移的，後來就被稱爲「本地」。——「本地」就是原住民的意思。稍遲的時候，移民陸續從北方取道福建移入九龍，這一批被「本地」人叫做「客家」。「本地」和「客家」兩種人，語言、風俗和禮節，根本不同，

但他們都能夠互不侵犯的在遠新開墾的土地上生活下去，構成香港原住民的兩個主要民族。

香港變成英國殖民地，當然是英國人不斷設法從遠東貿易取得利益的結果。鴉片戰爭的起因，却由於英國人不斷設法取得他們政府的同情，迫使清政府割讓香港，英國人爭取得他們政府的同情，迫使清政府割讓香港，英國人爭取這個貿易目的的遠東貿易過程中，

還在一六二五年，那時候英國的「東印度公司」已在福建的廈門設立了分公司。大概他們因受到了明倜統治者的寬大致衰的鼓勵，對於外國商人，那時候的「東印度公司」採取比較商人的政策，大概他們因受到了明倜統治者的寬大致衰的鼓勵，對於外國商人，「東印度公司」採取比較商人的政策，

「東印度公司」於一六二七年開始對廣州做貿易，引起了其他商人的嫉妒。自一五七已經開始做東方的貿易，他們採取了澳門統治者的葡萄牙人，却割烈的反對於外國商人，那時候，「東印度公司」已道澳門對蒙通商的企圖，結果失敗。至「東印度公司」取道澳門對蒙通商的企圖，結果失敗。澳門對蒙通商的企圖，結果失敗。不過，堅決前進的實行中，英國人辛成功與廣東通商，

一六四四年，滿族入寇中原的時候，他們對於排外運動，推翻了明朝的統治。建立了滿清皇朝之後，他們對於外國商人，採取仇視的態度，揭毀了「東印度公司」於一六八一年攻佔廈門的時候，滿清軍隊

一七九二年—一八一六年，英國的大使曾向清政府請求簽訂通商條約，但遭拒絕。清政府對於在廣州貿易的外國商人，不曾予以驅逐，但管制很嚴，使到以前的自由便利

政府請求簽訂通商條約，但遭拒絕。清政府的大使曾向清政府的決定過止外國商人，不曾予以驅逐，但管制很嚴，所以他們拒絕與外國簽訂通商條約。可是，清政府雖然有抗拒外國侵略的決心，可是朝廷裏缺乏

精明能幹的人，而且對於國防沒有準備，結果有一八國聯軍入京和「南京條約」的簽訂。香港也就憑「南京條約」割讓給英國。

在南京條約簽訂之前，英國人已經到了香港，那就是他們在廣州被驅逐以後。他們最初移到香港後，因爲九龍寨方面沒法對付他們的糧食，使到他們生活感覺困難，後來封鎖了他們的糧食，使到他們生活感覺困難，迫使清政府割讓香港，迫使清政府割讓香港，英國方面流

英國人在香港的生活艱苦而危險，香港行當一枝歌，名叫「你將我夫香港吧」，可見當時英國人對香港的看法是怎樣的壞。可是，經過了百年淡經營之後，香港已成爲一個可愛的，却使在英國的人們羨慕了。由港，這裏的生活，却使

香港形勢圖

羅伯特·法欽的香港印象　葉林豐

雖然早在一八四一年春天，當時的滿清兩廣欽差大臣琦善已經私自將香港割讓給英國政府，但正式獲得滿清政府的承認，卻是兩年以後的事。一八四三年六月二十六日，城下了盟的南京條約的中式在香港換文簽字，所謂「割讓與英帝國」的告示一個段落。

這是關於香港換取英國政府的消息。應在歐洲的一個考驗者，那紛紛找尋可能的機會，到中國來探金在一八四三年以後，許多商業家和旅遊家在中國沿海一帶的風景，以及香港口的風景，維多利亞城的常見情形。他又對於香港的氣候，衞生，人口，動植物的種類和分佈情形，作了簡明扼要的敘述。尤其是關於自然景物方面，一百年前的香港花草樹木的鳥類和獸類的繁生長的情況也是一樣。後者我是指的鐵。（Erik

遺人品種複雜的來客中，多少也有一位便是英國的植物學家羅伯特·法欽氏（ROBERT FORTUNE 一八一二—一八八〇）。他是受了英國皇家園藝會的委托，探集歐洲所未有過的中國植物樣本和標本。

一百年前的東方來的撒洲人，對於中國大都抱有很深的成見和誤解，植物學家羅伯特法欽當然也不會例外。但在他的專門研究範圍內，關於中國沿海一帶的植物學上的敘述和描寫，因此我們今天讀着他的著作，在風俗人情敘述方面，雖不免發現他的訛誤和誇張，但在自然景物方面，卻給我們留下了不少可貴的資料。

「一個關於中國北部諸省漫遊三年記」的第一章第一節中國說的，這是他於一八四二年七月五日第一次見到香港島後所得的印象。他在這一章更描寫了當年香港島口的風景，維多利亞城的創始情形，有好幾種在山邊上，已經很著名的那些例外，全都生長繁殖在高高的山上，有一種更美麗的植物。

關於法欽所說的這島上擁有野生的山羊，更有狐狸和鹿。鳥類方面，他時常是非常多的。他在島上僅見過幾條碎魚溪

法欽的筆下都可以得到一個家觀眼觀察的可靠紀錄。

法欽的描寫，當時的黃泥涌谷還是稻田。當時的島上治安捕形也不好，充滿了小偷和武裝的盜賊，幾乎每一處都有盜案發生。情形十分猖獗。有一碗章打劫了總督府，有一帶又瘡疽了的兵的寨域。

關於香港植物的花草，因了適應氣候土壤而繁殖與中國大陸不同的情形，法欽說：「有關香港植物的一種奇異的事實，乃是所有裝飾花卉都是生在高山上。高山海面一千尺至二千尺。在中國北部，如梅山及鄰近附近的山嶺，好多種裝飾花果科的植物可以常見，地與另一種的植物都生在較低的區域，而在這些地帶。同類的植物生在較低的區域的地帶。我們僅據見到各種蘭草、野玫瑰及愛爾蘭堇。遺裡表着植物怎樣使牠們已約翰生氣候，選擇較高或較低的地方而已。」

「中國人所習慣培植的樹木很少，而且大都發育不良。於樹很常見，正如在中國一切沿海所見一樣，也有生的烏桕樹，但牠的果實並無人利用。另有好多種檬花果科的植物可以常見，地與另一種的檬樹，有時成為極好的裝飾樹，有好幾種竹子似乎生長得很好，而從牠們發現的所在地看來，是非常耐寒飾性的。

「島上的樹木很少，僅是可以結實的果樹，因此有些地方，可以見到很好的果樹園。長着忙果、荔枝、龍眼、黃皮、橙、香橙和伽

ianthus）這植物破中國人十分重視，牠在二三月間開花，這正當他們的新年，他們到時便從山上大批的採下來裝飾家庭之用。牠們不久便在室內開放，可是一旦養在水邊，牠們可以維持到半個月以上，新鮮美麗得好似用最仔細的方法連根帶泥栽起來似的。最高的山頂上，從夏天到秋天，都滿開着紫色的竹蘭（Arundina Chinensis）和黃色的念珠蘭（Spathoglys Fortuni）

法欽氏這裡再說的島上有很多里倒園的情形，在今天看起來，已經有了很大的綠化。我們可見在僅可以在九龍新界才线到果樹園，對沒有了。他又說，香港島上香港土生的小濃木種類雖然量土質關係，但一般看來，香港島上的情形是光禿荒涼的。因此他在這書上翻告當時政府和私人應該努力種樹，從他這幾的記載看來，我們可以知道今日香港滿眼蒼翠的情形，都是由人工經過悠久的時間培植成的。今日香港林木的美觀，說不定還應該歸功於他。

香港名稱的來源

陳釗

香港的名稱，來源似是很神祕。廣東通志和新安縣誌都沒有香港島的名稱的。新安縣志卷二，官富司所屬廷村落，有的是香港村，地近薄扶林，常保現在的香港仔（原名石排）附近的香港圍●香港名稱的來源，有許多說法，一說是由香姑得名。薄傳說，香姑是盜邊年間出沒於伶仃洋面的海盜林某的妻，林被李長庚所敗，死在台灣，香姑逃據本島，人們就叫它做香港。香港另一名稱喚做紅香爐坌，據說，從前有一個紅香爐漂到潭島海邊天后廟，居民以為是天后威靈所赋，便把它移放廟裏，因名香港「紅香爐港」。又一說：這「紅香爐」是象徵的，它是指天后廟前一個小島，孤立海中像一個香爐而言，這所天后廟現在銅鑼灣，傳說漂來的紅香爐還擺在廟裏。天后廟後面的山也叫紅香爐山。雖不見於志乘，卻有幾分可靠。

但這只可說是紅香爐嫂的來歷，還不能說明香港的名源。至於廟前的小島燈籠州。（從前英人建火藥庫在上頭，現在改建為帆鉛會會所）如果香港的名字是由它得來的話，就應叫「香爐洲」一，所以也不對。最可靠的，還是從香港村得名的說法。新安縣志八景中有一簇洋甘瀑」一景，卷四記一獨鰲洋在城南二百里，左為佛堂門，右為截洋，正是現在的食港海面。縣志卷中常然是獨鰲洋，看來香港也許是獨鰲山，不過志書未載入港了。

英人在佔領以前，早就知道香港村，因為他們常由赤柱上陸，沿着山南，到島上各地方去。相傳在道光年間，有一專為英人做嚮導的名阿绣

數十年前之九龍廣東道，人煙稀少

由禪，因為阿绣時常帶領外人從那裏通行，就叫由绣，因為阿绣時常帶領外人從香港圍的原故。

做裙帶路。戰前「裙帶路」的路表，還豎在瑪利醫院與薄扶林牛奶公司伙冰室中間底路邊。「香港」的別名也叫做「裙帶路」。阿绣姓什麼不得而知，火棺是個蛋人，英人以香港寫島名，或者

香港名稱之商榷

李景新

香港自開埠迄今，已有百多年歷史，然「香港」二字，究何取義，傳說紛紜，莫衷一是。然「香港」二字，以史乘缺乏，文獻無徵歟？香港雖號為一洋場十里，香風吹送之港口耳，此種解釋，未免過於抽象和臆說。綜合常地人之傳設，「香港」二字，其由來有三。

一由於香姑總稱：查香港當未開埠前，環島一帶多屬海盜發居之巢窟，而海盜中有一女首領名亞香者（一謂為海盜首領之妻），為人頗強悍，具眼力，意眺懾服，其名播揚，遂將其名而名此島，開時又以香島為香港。故亦稱之曰「香港」，一由於香山縣（即今之中山縣）或曰「香州」之名而得之者，蓋該島野花遍地，四時向有香氣，故名之曰香港。

此外尚有二種總稱：一由香港仔而簡稱者，二由於紅港（Red Harbour）（參見 R. M. Martin, China Vol. II, P. 37）一為滿標訛者。

一、紅香爐：紅香爐亦稱紅爐等，或曰紅香爐。於此，又有三種傳說：其一，謂當時者過颶風，船家桂往往曳船等避禦，此乃於銅鑼灣東南而夕香爐名。或曰紅香爐。

二、裙帶路：根據帶路之原。此宛如由女匯一細帶，故名。若由對海邊望此小路，曰裙帶帶路，宛如由女匯一細帶，名曰裙帶帶路。於此，又有三種傳說：其一，喬港海面，盛產一種小魚，名曰裙帶魚，而香港仔之漁名故名。其二，香港海邊望此小魚，而名之者也。其三，傳語英民初登岸時，多魚名而名之者也。

Pettband String road之原。於此，又有三種傳說。

不熟識島上情形，有一位葡民名「阿裙」者，常為英兵帶路，中國史乘路，巡視各地，香港政府遂將其初登陸時之一小部地方改稱裙帶路。以上均係關於香港稱呼之傳說，然無足史料證明，不足置信。一九三八年，筆者旅居香港，得參考香港華民政務司所屬嘉嶺邊新安縣志一書，該志關於香港島之記載雖簡陋，然細查各地名中音有淵源者，香港村，黃泥涌等地方稱呼，於是數十年來，「香港」稱呼由來之大謎由此而揭開，此善途證定新安縣志所載之香港村實為今日香港一村落名稱。故初時值指一村地方而言——英人開闢香港島後，以為此稱呼最美麗而適宜。故即將香港全島，統稱之為香港。

一八四一年川景條約及一八四三年南京條約簽訂之日，其終文中始正式以香港為全島之名稱。從此時起，一個漁人所聚而普僻不署名之村落名字，遠日益傳揚，直至今日，香港埠名播全球而為世界著名商埠。

惟今日之香港一名，已不僅指稱香港島而言，物已成為英國皇家香港殖民地之汛稱，包括香港島，舊九龍及英國租借地之九龍半島與其附屬

中國史乘關於香港之紀載

百年前之香港原屬寶安（舊稱新安）縣境南陬之一小島，斯島孤懸海中，嵎岩高聳，巉巖峻峭，而島之四週，則海流湍激，草木蔥蘢，鳳凰栖樹

佳，惟地方荒僻，人煙稀少，故國人鮮有注意。向未精諸中國史乘，圖誌，縣志，亦鮮有記載者，嘉慶二十四年王崇熙等總修新縣志，於香港島一隅，僅記海島林，香港村，潭寨村，黃泥涌等寒寒幾個地名而晉。此為中國史籍關於香港島之最早紀錄，前已言之矣。清邵陽魏默深言：

「香港與尖沙嘴帶三峯相連，周百餘里，坍避風浪，而孤懸海面，亦樂之舟山曰，夷與我通商，則必入虎門，方能貿易，不與通商，則

昔日之普慶坊遺跡今已無存

夷難孤虐……然益，其地距廣州四百餘里，距虎門二百餘里，何預明曖利害……她內儲而徒爭香港者爲下」

（見魏菁海圖圖志卷一籌海篇一）

魏氏之發斯言也，眼光較爲遠大之人物，其書爲道光末即一八四二年，南京條約簽訂之際，氏爲當清末葉代表維新思想，限光較爲遠大之人物，其書且香港如此，則吾港在羲昔烟野人之心目中，以其僻如此，則吾港在羲昔烟野人之眼睛故，遠在漢店，其爲無足輕重者也明矣。斯島既非國人所注意，又已爲中外海道交通之要道，新居書載：

「廣州東南海水二百里，新居書載：……」

地理志卷四三下）

屯門即今新界青山之屯門，在唐宋時代屯門已成爲中外海道交通之要道，外艦來往廣州者，必經屯門，有時更以該地爲停泊所在，葡外代爲之門，有時更以該地爲停泊所在，其麓海之一云：「共（指外國人）欲至廣者，入自屯門一。（卷）新海外夷條」迨及明代屯門仍爲第一重鎮。廣東名勝志：「東莞南頭城，古之屯門鎮亦云：「在莞縣南一百九十里上有濤水岩，一名屯門山」。明一統志於杯渡山條亦云：「屯門與南頭均處鎮名並非一地」

（按明時稱屯門鎮爲南頭城者誤也。）

此外關於屯門之紀載甚多，在此，僅略舉一二而已。（詳見『廣東文物』揭著廣東國際交通史一文）

九龍城馬頭涌
有日九龍城，史籍亦古，宋南渡後，元兵益追，宋恭帝出降，自臨安破後，二王即慶宗庶子昰昺也，移都至崗，以圖復國。惟元世祖至元十三年宋益王昰崩炎元年，廣臨其地，祇見荒山

惟九龍半島方面則否，半島地區，北連大陸，南頻太海，中國大陸最南邊陲，土地肥沃，物產富饒，且指珠江口外之一，遠在漢店，已爲中外海道交通之要道：

六百三十五年。新安志云：「官富山在東，有官富塲，又安志云：「官富山在昺南邊，此爲帝舟次於此，殿址即今九龍城，馬頭涌之二王殿村，今已夷爲平地，居民鮮知帝舟次於此者，殿址可尋，惟柚徑，已無遺跡可尋。

宋時九龍城多漁戶，二王來時，因留樵蘇大露於舟中，惟二王居此，僅有此泉，環海人，清時土民，誌殊繁，向有此泉，還稱二王，至七月復走潮州之淺灣，往復無定，卒崩於崖二陽片此即

九龍城馬頭涌有宋二王墓，此即後人紀念宋二王而築，往日吾人每登

州已陷于元兵之手，宋帝小得已，流亡於廣東東江沿海一帶，十四年景炎二年，宋帝昰走惠之甲子門，四月，次廣之梅蔚，七月，遷潮之淺灣（南澳島附近）九龍城，宋官富塲地，二王至此，時鴻粱十萬，衛王昺七歲耳，即民國紀元前

疲寂，江水悠悠，南韓接刧，帝子不歸！竟一代興亡，付與烟波塞湖而已，惟此有關中國歷史之香港唯一古蹟，自倭敵侵入香港後，即遭毀壞，遺址無存，而宋王臺又成爲史上之陳跡而

清·吳友如繪　　香港畫會

香港初期海盜史

關於張保仔及其他

魚樓

香港史前的海盜

香港不曾割讓給英國以前，本是海盜的巢穴，關於當時香港和海盜的淵源，初期的本港報紙，有這樣的記載：

香港歷史大別之可分爲兩個時期。一爲開闢島坤之後。放港島爲寶安縣海上，其幅員福小，在歐亞航道未通之時，其地周未爲世人所注意。即衆放我國載籍之時，其南宋二王南奔勝蹟一事外，亦莫若何重要事蹟之記述。而此地及其附屬島嶼，歷代均爲寶安縣管轄，其後增設新安縣，遂歸東莞縣管轄，鄉之區。齊歸東莞縣管轄，其後改裁新安而歸九龍營署，追清初張爕年間（一六六二年至一七二二年間）凡山廣州循海道至汕頭，廈門，福州，上海各地者，必道經香港，港島遂淪爲人所知耳。

明社既屋之後，明末遺民與逃亡士兵有乞食山下營寨。僉以漁樵爲業，視邊郵爲避世桃源。故老相傳，當宋元明之世，香港一帶，常爲海寇州沒之區。盜飄隱於漁，遇船船商旅道，經此地，每乘間出而襲繫，殺人越貨，時有所聞，追清嘉慶年間（一八零六至一八一零年左右）

有巨盜張保仔者，嘗據港島爲巢穴，人，盜舟數百艘，四出劫掠，數視此地爲投途。商船道經香港，垂涎此地爲投途，如不繳納通費，則必難倖免。時需人已租借澳門爲居留地，以海盜據香港，勞極披猖，因賜名其地曰跣東島。

這裏所說的香港海盜張保仔，據另一福文寶說得更詳細：

「追清嘉慶年間，港島爲大盜張保仔之穴窠，當時張稱獺於珠江口一帶，聚衆數千人，四出劫掠爲患商旅，救拳盜舟數百艘，其勢力遠至華南沿岸，近及於新安東莞等島。凡船漁船往來，經過其範圍之內者，須按時繳納行水，鋼有拒抗，則殺人越貨者，島上高峯即今之維多利亞山巔，高出海面一千七百七十四英尺，爲當日海盜陸處伯祭之要地，過有帆船往來經過，則通訊於山下營寨。派隊出海兜殺，商旅鮮有停泊，後由兩廣總督遣使招安。泊自盜魁張保仔投誠之後，盜氛星散，去者去，而留者則改業農漁以爲生，至一八四一年滿葡政府以全島讓治於英人，斯時島上居民，聚族而居，不下二千餘人，當有不少放下屠刀改惡爲善之盜焉及其後淪難處其間者也」

據許地山氏考證，今日的西營盤便是當日張保仔的營寨舊名，當日原有東西兩個營盤，東營盤在今日七姊妹附近，西營盤在今日上環附近。但遺址究竟在那裏，已經無從指出，又有人說歌誠由腰至今還有張保仔所築的堡壘遺跡。

張保仔遺跡

今日的香港，由筲箕灣金魚塘起，以迄水坑……

昔日之銅鑼灣

口止之一帶地域，舊稱曰西營盤。當時恰如山寨盤，一面海設防，遠營守壘，官兵來剿，責不易近。

在西營盤之上，半山之間，更有炮壘架鞏，以資控制，故旅行鴨巴甸，在薄扶林山隙對下之亂草長林間，頗能指出其中發現炮壘，飯灶及銅鐵錢之屬，被云恰當時張保仔之遺物。

又在本港牛山，即許地山先生所說的歌賦山山脈，其間有小路，東自梅道一端起，西迤邐而下，橫臥山腰，其中有若干部份，因石山之阻，路止，已將路面堆接，失其原來之面目，行人若欲通行，必須拾胲於亂石之上，方能逾此小路之全程。此小路之基乎，相傳亦爲張保仔舊時據守島山之要塞，因共基乎以作青苔雞基石以堆築，厚逾二尺。堅後，即挖掘成坑，寬可容人，高可及腹。正可以供守者下伏，有一大石塊橫瓦，（即今從中國上望，）時有山水沖激之是，故石上乃有鑿鑿之跡，以便納足之用，笨拙之狀，一望即知是中國舊時的軍事防禦物。

張保仔投降文書

張保仔接受兩廣總督招安後的投降文書，是有關香港初期海盜很寶貴的史料，鄭子健先生藏。

恭承展示諭，勤令歸降，虑已如人，愛民若赤，恭承南粵，節制南邦，欲結伴投誠，而官威莫測，不得不遲迢海島。居此間，而鄉黨不容。欲結伴投誠，而官威莫測。斯時也，欲脫身歸化雜逃國典。情殊可憫，疊疊，諱固當誅，梗里，而鄉黨不容。露宿風餐，受盡蛟洋之苦。斯時也，時防戰艦之追，風雨波濤，心驚膽落，東奔西走，則炮火矢石，魄喪魂飛。倘遇官兵截殺，之虞，隨風遠泛，每深寄頓之憂。生於斯世，本乃良民，或內結交不慎，或陷入罪符，或凶俯仰無資，而充投餌侶，或內貨誑而喪身淪國。其始不過三五欣聚，其後途全盈千累萬。加以連年兵歉，民不聊生，於是日侶月累，愈出愈奇，非朝夕無以保命，此得罪朝廷，權衡別升雕鄉，誰無家室，熟則炮大矢石，餓喪軀，若近河伯行威，則寇蔓追，岳飛之降人不殺，是以四海歡懷，效命歸心，天下英雄，遠來近悅。事非一體，願實粗同。今蟻誓生逆盞世，本乃良民，或內結交不慎，而陷入雀符，或凶俯仰無資，而充投餌侶，或內貨誑而喪身淪國。

有一份，頭承抄寄，茲將錄于下：

『願訓英雄之創業，原出處之不同。●官吏之牛，共作躬耕于隴畝，焚香頂祝，咸歌化日于耕鑽，敢有二心，祈即誅殺。』有仁忍之各異，故梁山三封城邑，藏恩敢面蛮作模擬。瓦閼藏抗天兵，荷不誅而終侍柱石，他若孔明七擒孟獲，關公三放曹操，馬竇之窮…

從前冒犯之怒，許今日自新之路，將見賣刀買牛，共作躬耕于隴畝，焚香頂祝，咸歌化日于耕鑽，敢有二心，祈即誅殺。

張保仔與蔡牽

前面已經說過，南中國海的海盜，在清朝初葉，其活動多少與明朝遺民有關。尤其是雅片戰爭以後，又與民族排外活動有關。而在清朝中葉，為了本身存亡問題，不得不向澳洲在近海一帶獲得勢力的外洋『英船』叩門。

鄭芝龍以後，南朝中葉，江浙一帶著名的明海

六十年前之灣仔區一帶

恭承展示諭，勤令歸降，虑已如人，愛民若赤，恭承南邦，節制南邦，欲下民獲罪之由，道在寬嚴兩用，體上天好生之德，競惟剿撫衆施。鳥思靜于飛翔，魚豈安于沸水，用是料合全偕，驪名呈叩，伏閤蝨蟻之餘生，抉斯民於水火。

盜首領是蔡牽，而閩粵一帶則張保仔。張的根據地，前面已經說過，就是英國未佔領以前的香港。

蔡牽失敗得很早，剿滅的經過，據『郎潛紀聞』所載，嘉慶壬申四年，閩浙水師攻剿蔡牽，蔡船一律燒發，餘盜擒斬無遺，經閩浙總督楊師誠，由五百黑細奏，上火菜魁，封建提督，王得祿子爵，賞戴雙眼花翎，封浙江提督，邱良功男爵，並各給賞賜物有差。

清廷遣浙重視蔡牽的被滅，可知他的勢力之大。又據同書所記，這次海戰，寧波孫大剛軍門，童鎮陞軍門，均常罪立功。『至是遷採總兵原議毋三，終不肯出，予之害，亦不應。其船中歷毂，董開復頭蔽，相傳浙軍閩攻賊船戮，媒血狂風巨浪中，兵勇傷殘殊稀。』比閭累逅一日到，已功在乘成矣。總督·邱軍門牧浙撫書·謂掃蕩鯨甸，有軒輊。途有閭帶俘盜於浙病之說，而恩賞實稍有關，寶為不容之事實。

又載：『葛壯節公雲飛，爲水師名將，官僅於自造輪船之後，資勁頗力，南廣總官祁貢，奏請仿造西式兵船之後，縉紳浩什，成曾捐造一艘，不惜以十萬金出海購木，極爲堅實。洋商伍秉鑑潘正煒，又指買米利堅岩宋船各一，縣以爲式。其他還有水師軍門與建勳，廣州知府易夫華，批驗大使長齡，皆卡張做造西船科，在華南的權益衝突，但這兩人的活動，已經超出本題範圍，且留待以後有機會再說了。

又載：『江右李恭毅公湖，履任封圻，康能作商舟以誘賊，東南海盜，必不活。葛子以敦，征勦寇有功·能以匹馬出入賊陣，賊屢披靡，呼之曰銀槍小葛，後亦殉難』云。

鈴攝粵東，值海盜充斥，公簡綜將士，圖捕海盜。

至於張保仔，他的活動慨略和在香港的遺跡，前面已大略提過。鶴山吳雁山所著的『諸蕃軒筆記』其中記港導哲事頗多，有一則是把粵人劉某擬向張保仔復仇的，茲摘錄如下：

『陸豐渓尙余言，有劉某者，番禺人，其父賈安南，歲一往返。嘉慶初，海賊方熾，半道爲盜賊影所掠，急赴水，僅以身免恐，遂病卒。劉以謂賊惟張保仔最強，必保也，朝夕切齒，欲得而甘心之，寬良·製尖刀尺許，日懷以藏，懷之而自投於賊，乞爲盜。每侍立必近保側，一日賽其顏色有異，突命左右縛之。搜其衣底，得利刃，其光粲然。張叱曰：汝胡爲者？劉曰：殺我父者是也，曰：汝父何以死汝耶？曰：我父非仇汝耳。張曰：然無他，必殺我何也？劉曰：殺吾父非汝乎？張宛轉問爾父遇賊何時何地，沈吟久之，忽曰：殺汝父者鳥石二也。余是時方全帑駐某所，何由連至某地與鳥父遇，且曰：知道殺人多矣，汝敢仇找，真壯士，汝仇未報，殺人遂矣，不必作白頭賊也，汝心遂矣。遺這條資料，其可貴甚，在今日看來，是使汝們多少可以知道一張保仔的個性，而且知道遺時還有一個名叫鳥石二的同窩。承禧張保仔衣鉢，繼續在華南海面活躍的著名海盜是十五仔和徐亞保。遺時香港已正式割讓給英國，所以遺兩人的活動，已經開始正面與英國

涉波聲，未逾年，擒盜至數千人，公俱誅首惡，餘悉資遣之曰：此亦吾民，何忍使櫻自刃也。盜皆感泣改行，時輿誦云：『廣東眞樂土，來了李筆記』，其中記港導哲事顏，有一則是把粵人

但他的餘孽在他死後仍糧續活動，擄浦人陸巡撫，強盜肯回心，百姓不吃苦。』

『海盜蔡牽既伏誅餘黨賊目猶存數十人·連艘海上，往來劫奪，爲患於江浙間。數歲不絕，迨病卒。劉以謂賊惟張保仔最強，必保也·百閩渓相閭，總督江南，探賊所在，單騎往撫，諸盜遂入舟中，制髀賴的灃奉公·公喨欲自如，陳說禍福，洞中竅要，出空帑數十道，許授以千錢，蓋開復頭蔽，相傳浙軍閩攻賊船戮。媒血狂風巨浪中，兵勇傷殘殊稀。

從這事看來，當時海盜的活動，多少與政治有關，寶爲不容否認的事實。

滿朝中葉，南方海盜的猖獗，曾使時人有提議建造輪船以禦盜，賑說，當時十三行的商人對於自造輪船·資勁頗力，南廣總官祁貢，奏請仿造西式兵船之後，縉紳浩什，成曾捐造一艘，不惜以十萬金出海購木，極爲堅實。洋商伍秉鑑潘正煒，又指買米利堅岩宋船各一，縣以爲式。其他還有水師軍門與建勳，廣州知府易夫華，批驗大使長齡，皆卡張做造西船科，在華南的權益衝突，但這兩人的活動，已經超出本題範圍，且留待以後有機會再說了。

海盜徐亞保與十五仔

劉士

當一八零六年至一八一零年間，在香港未收隸前，有張保仔者，糾率盜船凡數百艘，橫行珠江口岸，為行旅所苦，當局病之，迫經勸撫招安，北後乃向兩廣總督投誠，海岸始告寧謐。繼是而用安者垂三十年。魚樓先生在本書有：『香港初期海盜史』一文以紀之，援引潤密，毋持費赘，筆者援拾舊聞，愛起徐亞保與十五仔二事，續紹之請，附諸大雅諒諸。

一八四一年香港自改隸英治以還，海岸太小股匪，時有出沒。港政府曾協邀中國當局會剿，無奈此輩彼竄此走，成猫角之勢，而隸其下。其後自成一股，分途劫掠，以波平之喘息罷安。嘯聚餘匪，暫俟機緣，以圖復起。張魁十五仔，嘯聚於高雷海岸，以波平，有如『野草燒不盡』而官兵之喘息罷安突。

巨盜徐亞保，擁有盜船二十三艘，黨徒凡三千百人，配備火炮十八門，橫行珠江口海岸。一八四九年九月杪，港政府派出英艦『滅地亞號』『哥倫科號』及『科利號』三艘出珠江口海捕，經相當激戰後，卒擊沉盜船五艘。殲殺數百人。徐氏亦受創，乃率殘衆以遁。初，徐亞保原與十五仔合夥，而隸其下。其後自成一股，以成猫角之勢，而隸其下。

當時，配備火如十八門，黨徒凡三千八百人，分踞盜船凡六十四艘，配備火炮一千二百二十四門。聲勢浩大，騷擾粵南西岸一帶以充軍無如公訴，至海罪罪，則未提起公訴。而香第二次之劉擊，於是配足軍實，港府未便捨處也。徐氏為匪黨於東京灣。是時十五仔開居中國境，港府未便捨處也。徐氏為匪黨於東京灣。是時十五仔期居中國境內指抑，與英艦匪黨於東京灣。聯隊破徐黨後，卒遭遇其主力。搏戰，竟日，盜衆大潰。計被英艦擊沉者達五十八艘，陣亡者千人，漏網者如之，餘匪僅率殘餘於本題範圍者，姑從略焉。

身在赤柱犯謀殺英官哥七打及一百金錢賞購錯。當刻持徐氏之散匪金錢賞購緝。有知其事之散匪，反被附近散所匪被俘徐氏竟以自本殺人不諱罪定讞。越年三月十日，由警察司定以充軍無期徒刑，至海罪罪則未提起公訴，至海罪所秘逮虐處中國境。是年三月十日，港府未便捨處也。徐氏為竟於四月廿二日在獄中自盡云。至於香港歷年發生之海盜事蹟過多，其非關於本題範圍者，姑從略焉。

經升赴警以覓接載，徐次馬士八五零年春。一八四九年二月，徐氏婦，乃交其船長押解，徐港經過，當局領賞，而徐亞保遂受囚案。八五零年春。徐亞保歸顯之一飄零！『欲奮前緝，容客躊躇一『將軍一去，大樹有盜船二十三艘，以遂初之喁喁歡望已受中國招撫，從茲呼應之術已窮，而孤掌之鳴未泯，徐亞保雖為刦火餘生，然前情未泯，仍聚北餘業，以有盜船十三艘，以聚衆起故業，以

香港漁拖
（海盜亦常使用）

說劍堂集中的香港史料

魚樓

說劍堂集，番禺潘飛聲著。飛聲字蘭史，別署劍士，生於咸豐七年，是海山仙館主人潘德畬的同族，光緒十三年，曾受德國東方學院之聘，往柏林講學，在海外三年，漫遊英法各地。光緒甲午來香港，主持華字日報筆政，後又脫離華字，自己創辦實報。在當時頗負盛名。當時名士如姚文棟冒鶴亭等等對他的作品頗為推重。在思想方面，他又是當時的維新志士之一，目諮甲午的慘敗，力主變法，富國彊兵，曾在香港發起「不纏足會」「一戒鴉片會」等。

說劍堂集包括詩、文、詞，遊記而成，次序很凌亂，似乎是逐年刋刻而成，還未經過編定。其中「老劍文稿」、「香海集」、「西海紀行」，「天外歸槎錄」等等卷，皆有關於香港的資料，略可見五十年前港中名士們的燈紅酒綠生活，其文集中的「中華會館落成記」及「游大潭篤記」，則是很好的香港史地資料了。

中華會館的舊址在今之般咸道，其文集中名士們的「中華會館落成記」，光緒二十一年落成。「老劍文稿」中的「中華會館落成記」云：

「港中華商薈萃，貿易繁盛，向未設有會館，其維持商務，國家之關繫重焉。然非設館以聯絡之，必有勢分懸殊，扞格相睽者，今諸君別力以成此舉，其維持商務，即有裨於國家也。詩曰維桑與梓，必恭敬止。余觀是會之體客，務必恭矣，囚樂爲之記。」

其地叢遺巾廊，九龍諸峯，列於堂下；海澄若鏡，泉響南榮，具山海之奇觀，洵巨擘之鴻寶，來遊者莫不嘖嘖羡美之曰，是地綜靈秀，形勝佳哉。余繼會館之設，所以聯鄉誼而通商情也，港中商務日興，吾華旅其地者亦日見其衆，整頓商務，國家之關繫重焉。

「館址據山之巖阜，構堂三楹，軒邃以上。春秋子庠對韓起曰：先君興商人世之體客，今諸君別力以成此舉，必有裨於國家也。乃覺天之生材，地之成區，必有可用以養人。館落成記一及「游大潭篤記」，則是很好的香港史地資料了。

是日，神商諮君，衣冠齊集，恭諧四裔帝神座前行禮。九龍協陳寬山副戌，命駕渡海而至同人期延軍戌主祭。華堂既敞，酒醴備陳，樂三奏，我迎神曲三獻禮，皆有齊穆之容。神之格斯，如在，其上下陰槮蓍君，以次拜跪於左右。恭獻以將。曲體逐神，興之闔者。一堂之內，其氣藹藹焉。酬酢彈葖宴以樂之，歌頌辭以親之，洋溢畢儀。酬酢二十六日，欣然從之。

興工於一八八九年，水池面積佔地二十九英畝，匯積靈山水流，在城門水塘未建築以前，是供應本港市民食水的唯一泉源。潘氏的「游大潭篤記」云：

「泊舟香港，望批旗山，鬱然一大嶺耳。余當坐輪車驅山顛，見十數峯由海浮來，環擁屏蔽，壯勢萬雄，乃幽窗靈所護，必有深邃秀嫻藏其中，不可以海隅荒殷眼也。寓港四年，客已換白袷，仲春之美，不可以已遊，適俞子星傳，歷促踐約。

入山行十四五里，客足俛。轉翹見潭色碧若蔚藍，馮松林開水聲如鳴環珮，從山繞遙見潭色碧若蔚藍，曲折繞十數山，英人於其東駕石橋，渡以城闉，度橋至廣處，席地關葇。或啜茗或瀁酒，天風泠泠，如在雲際。踐望延賞，四山蒼然，潭之襲處，以太曲不能窮也。

「橋有石勞，內置汽機，波運此水，供寓港人食。觀水之來源，雖涓涓不息，借數寸小坑耳，而儲蓄之可澄爲火潭，灌溉可飲二十二萬人。微西人之挾整不至此，微汽機之巧捷亦不至此，乃覺天之生材，地之成區，必有可用以養人。不考窒地利，不經營人力，宵腹沃野亦將隳棄終古矣。

「英人初割香港通商，度火洋之水鹹鹵不可......

大潭篤在香港島南端，爲本島最大的水班，

四年後，他由德國東歸，七月十一日自柏林

竹枝詞之類可供今日考證，勉強選錄兩首，以見
一班。

「纈恆甫招宴宜樓席上作八首」之一：
「逐隊看花跑馬場，歸來輕踏香塵，銀燈
已啓吹笙院，楚竹秦絲按二簧」。

題香海對酒圖：
「搓挱乾坤幾戰瓶，黃龍盼斷醉同袍，江山
信美原菩土，文酒漓懷屬我曹。在眼橫流他日定
，塡胸塊磊此時高，鵾鷃不甹摧蓋老，何堪乘風
策萬蘂。」

「二十二日已刻到港，泊船嚮砲，羅麟閣借
張冠卿梁晬初艤小舟來迎，余偕竹君上岸，至鐙
籠洲，詣天后宮廟謝默佑恩，撰聯云：
　　係出蒲
牢竹君迪卿晬初集飲域多利酒樓，懽歡而
後並附詩數首，皆是彼此酬唱贈別之作，不
散」。

「外歸樓錄」卷末云：
　　「香海集」是旭旅居港香時的詩集，東莞梁
清戡云：
　　「丁亥春，旅食杳海，香海故緊盜區，黃慶
高於馬首，居是邦者多富商巨賈，貿邊而外，膩
可事徵逐。醉花濃，面欲於纔紅十支中求斯謂謎
人騎士者，杳不可得。曾先生自海外歸，方闢戶
著書，研求經濟有用之學，而港中華字報館主
復以體羅致，乞主筆政。先生欣然從之，不單於
小就，燕臺西報爾主筆一席，非通儒領學未敢就
厭號。今省天下多故，誠須通達時事，博覽五州
爲急務。景論宏諝，間嘗出其餘
，爭相傳誦，由是知騷人畸士，香海其不俗矣，
香海而有先生，香海其可傳矣。
雖然還麼推譽，但「香海集」中的詩，仍是
對花醉酒的居多，沒有甚麼有關杳港時事風俗的

「光緒十三年丁亥七月，余受德國主聘至伯
靈城歸經，十三日領事舘樸爾途余往香港，申刻
開船……十四日寅刻抵港，至德國領事署，繙譯
阿恩德來拜，策邸訪熊湘湄。老友籠伯瑞山人句云：
海輪船千石穀，倚山樓閣萬窗銜。又云，五百田
橫亡命客，三十箇子女闔家。皆侈陳風景，惜今
悵惚束裝，無暇登覽，不能有詩也。」

「薄日平海，涼吹勁林，興艇而返。同游任
稈翱，雜岸樓，蕭滿庭，郭叔任，共八人，惟顏
本粵辭，猶言底也。水經注，篤可作地名」。
光緒十三年，潘孺壁受騁出國往柏林時，曾
路經香港，其「西海紀行卷」開首云：

對此茫茫，百端交集者耶

鄉里一句程，游覽所至，而復虎連不去懷者，以港去吾
雕鄉今昔，澎若吾所謂
一句，曾何足異，發從中來，殆王伯與所謂
域外奇詭大觀，山水清冷，猶篇底也。諸子喝予爲記。以篤名大潭者，
薩克遜島啼䁱觀飛瀑，登瑞士湖雪山探流泉，馳
治之，正與定庵之言吻合也。抑余航海之歲，入
年後，利且萬倍。西人開墾闢島，皆不惜巨費安
省議會，所費極厚，所收極繁，所牧之效在三中
羅綺縷，此潭所發，不藍大歟。懋定庵西城置行
第一繁盛之地。將荒山一片，化爲金銀樓閣，佳
食，乃搜澤度泉，停注爲潭，斯港逡遂爲東來貿易

一九〇六年商輪漢口號失火・僑胞遇難者百餘人

香港百年史（一九四八）

第一次雙十慶祝會

蘇福祥

雙十節在香港可算得是熱鬧的日子，不特我們中國人都很熱烈的慶祝我們的國慶紀念日，就是其他國籍的人們，也因快活的過一天。因為當地的政府，為着中英兩民族的親睦友誼，自動的規定「雙十節」為「公眾假期」，所以還蔗的人們，可以在還個中華民國國慶紀念日，盡情歡樂一天。

雙十節成為香港人們的狂歡節日，還是從民國十年起的，以前，這裏的華僑慶祝雙十國慶還是不獲批准的。第一次慶祝雙十國慶大會是由中華基督教青年會主持的，獲得其他僑團一致擁護。大會經決定舉行慶祝雙十國慶後，當年的青年會會長尹文楷（大平紳士）會同該會加拿大籍總幹事蔡花臣，分向輔政司和華民政務司申請准予舉行戶內慶祝集會和戶外遊行。申請的理由是：中國國慶紀念日是雙十，當年適逢民國十年，合併起來，剛均是三十大慶，中國人是重視三十壽辰，所以要請准予公開慶祝。他們還指陳還公開慶祝可以表示中英的親睦友誼，同時保證在慶祝儀式進行中不致有意外事件發生。他們的請求，經過政府當局洞評考慮後，卒於雙十節前一週，獲得批准，同時指家升旗禮須中英國旗並升，奏國歌也要中英國歌並奏，巡行地點祇限於中環的

當年的慶祝國慶儀式依次如下：（一）上午八時，在中華基督教青年會露天球場舉行升旗禮，燃放大爆竹，由該會銀樂隊演奏中英國歌（按當時所用的國歌仍是獅雲歌）並請大理院院長謝博士演講，藉基督教精神，鼓勵人民愛國。（二）上午十時，集隊遊行，各學校學生、各軍軍隊，及各僑團代表參加。（三）下午在青年會內舉行德育大演講，以基督教精神，鼓勵人民愛國。（四）黃昏時候，聚行愛國大餐會。（五）晚上舉行提燈會遊行，（六）晚上在該會火體堂舉行盛大親會，由徐謙博士演講，並有其他遊藝表演節目。（七）晚上另在該會健身室舉行盛大慶祝以後，還裏的僑胞自民國十年舉行盛大慶祝以後，還裏的僑胞

「華人區域」。

因為批准的時間過遲，籌備進行況常退促，來及召集其他僑團參加籌備工作，祇由該會負責進行。但當年的僑團，並沒有發生異議，他們是一致的，所以到舉行慶祝火會和遊行的時候，參加的僑團代表，學生軍警和民衆等共數千人，熱鬧情況，可算空前，而且秩序良好，不特給予僑胞一個很良好的印象，外邦人士，也一致稱許，認為中國人辦事的魄力，不亞於歐美進步民族，使他們改變了以前的鄙視態度。

當年的慶祝國慶儀式依次如下：

們對於國慶紀念的機會，漸知重視，其後雖再難獲得公開舉行慶祝的機會，但每年雙十節，家家戶戶，懸族結綵，社團學校，也分別舉行戶內慶祝。直至香港給與日本人佔領的前幾年，當地政府當局，鑑於中英友誼的珍貴，同申令頒定雙十節為公眾假期，同時親令環境改變，華為更獲得自由公開舉行慶祝的便利。復員後的第一個國慶日，國民黨港澳總支部和三民主義青年團粵港澳導僑團舉行之慶祝大會及提燈巡行等，規模更是偉大。港九兩區參加的人數逾萬，堪稱空前盛況。

勝利後第一次國慶日
九龍僑胞舞龍慶祝

香港的考古發掘

A·D·C·蘇威貝著

過去二十年以來，尤其是最近幾年（譯者註：本文發表於一九三八年）曾經有相當數量的考古發掘工作在中國各地進行，獲得了極可注意的精果。這些工作使得地球這一部份的古文化重見天日。發掘工作中最值得注意的一些發現，乃是屬於新石器時代後期的遺物。其他極重要的發現者，他在這些地方找出了一種屬於新石器時代精細的彩陶。

在今日已出名的河南東北部的安陽，這地方曾經是殷代（紀元前一七七六年至一一二二年）的最後建都所在。在這地方，除了發現刻有今日中國文字所根源的古象形文字的那些著名的甲骨以外，又發現大批有裝飾但是沒有彩飾的陶器，有些花紋很強烈的遠似奎付（紀元前二五六年至二五五年）乃至周代的銅器上的花紋。有比出土的青銅器已經被認為屬於屈原日（紀年前一二二年至二五五年）的黑陶。

中國古代文化分佈的區域，向來都認為起自渭河流域，這是陝西中部的黃河大支流之一，東向沿著河南的黃河中流區域進入山東，東南發展到淮河流域的由中南部，安徽北部和江蘇北部。但是近年在中國其他地方的考古學上的發現，分明顯示以上述區域為惟一的（如果羅蘇神父寫成十三相當細的附圖的報告。）的文化分佈中心（如果羅蘇的話）的文化分佈情形，遠較以前所推想者更寬廣闊。

石器時代的青銅武器，在蘇寮州的銅器中又發現大批有裝飾但是沒有彩飾的陶器。所發現的石製的和銅製的前頭貝，與安陽所發現者極其相似，中國其他各地的發現。羅蘇神父的考古學上的發現，乃至東三省所發現者極相似。羅蘇神父先後在一九三二年十二月至一九三六年十二月的「香港自然科學家」季刊發表過了。

（自第三卷第三號至第七卷第四號）羅蘇神父於一九三六年十一月的早近，對於中國考古是一個嚴重的損失。在那些艱苦生活於韓刊博士，史高蒙生生，譚朗石敦授等人對於發掘工作的開創和支持。自他死後，這可貴的考察工作已經由史高蒙繼起擔任。香港及其附近區域考古學上的發掘所其的重要性，乃是在物對於這一帶的早期文化傳佈發展的難決問題將有所闡明，同時也可以明白中國古代文化對於印度西尼亞及一般太不洋區域文化的關係如何，以及其他有關問題。

最近，安特生博士，他可說是中國考古調查的先驅，旅行法屬安南東京輝內的著名鑫島，在栽種情形，因了過去七八年以來香港區域所發現的古物更給予有力的證明，因為在這地方曾揭出了考古學上極有意義的遺物。這些遺物清晰的顯示，很久很久以前，華南濱岸的各個島嶼已經給有固定文化的人類居住，遺物顯示著從舊石器時代的粗糙石器到近代用具的進化痕跡。在香港島西南淺英里距離，而對淺水灣的薄

芬神父在南鴉島考古工作情形

關於香港史蹟的發掘

陳劍

香港和新界的史跡被發掘出來的，現在還不很多，最初注意到他們的史前遺跡的，要算最香港大學解剖學教授謝爾石（PROSHELLSHEA S.J.）他辭退香港大學的教職後，地理學講師芬尼神父（FATHER D F FINN S.J.）繼續工作。在許多地方發見石器，陶片，銅戈，銅斧等物。可惜芬尼神父沒有把他的研究報告寫完，與世長辭了，還對於香港的文獻是一個重大的損失。他研究的所得，有一部份曾分期在香港自然科學（THE HONG KONG NATURALIST）發表。此外還有史高斐（SCHOFIELD），韓利（HEANLY），貝爾編（S. BELFORD）諸人的發掘。史高斐的論文曾在犀加坡史學會宣讀過，但還後來未見發表。這幾位都是發掘香港及新界史迹的開荒者，他們的成就現時尚未可估計，但對於香港文獻的貢獻，確是功勞不少。

在香港附近發現的遺跡和遺物，以海寮洲爲最多。戰前大部份收藏在香港仔耶穌會和香港大學利瑪竇宿舍裏，可是經過了這場戰事，雖然未必全部散失，其次，大嶼山的石壁也曾在香村也發現不少，但雜保全壘了。廈門大學林惠祥教授，也曾在香港本島的大潭水池拾得石斧一件。其它九龍及沿岸沙灘和新界山地也廣有石器，陶器乃至銅器也附近。

發現不少。那些古物的體制頗似周漢兩代的，但最有資格的考古家也未敢斷定必是那時代的漢民族的遺物。因爲被發現的古物多在距離地面不深沙層中得來，無從照一般考古的方法，測算地層的年代來斷定被發掘出的古物的確切年代。其次在發掘地點不是在罪所，人骨的發見是幾乎沒有，縱然有，也不能證明它與那些古物的關係。因爲在遷移不定的積沙中，不能從遺骨與遺物的位置相距，在遺物中有些顯然是中國的，但它們可能是被外族由中原帶來，也不能將此來斷定周漢時代已有漢人移來。故現今研究香港的歷史家，尚不能斷定漢人最初是從何時移殖來這個小島和它的

（續十九頁）

島上的幾個洞穴內作了極可注意的發掘工作。他發現了新石器時代後期人類所遺留下來的陶器和石器，使得安特生博士於去年五月（一九三七年）取道上海返歐洲時竟說，最近，他的中國考古調查工作應該從這區域開始，擬誘安特生博士計劃要在這地方繼積考古調查工作，是够表明他認爲這次調查工作與中國及北附近國家所其的重要性如何。擬五月十日（一九三七年）上海大陸報所發表的他與該報記者的談話，他指出在那些洞穴中所發現的遺物

難然多是屬新石器時代後期的，其地或許有更早的居民，因爲他的考察工作並未澈底進行。從這點上，我們可以看出，放在香港考古學家前面的是一片怨樣廣闊的可供研究的領域，我們如果能適當的進行起來，對於整個印度太平洋流域的早期人類移動和文化傳佈情形，一定會有更多的闡明。（馬圖北譯自一九三八年「中國雜誌」香港專號）

考古家之一麥兆良神父

香港考古發掘及考古學家　陳公哲

香港歷史可分上古，中古，近古三期。論者多及於近古，而少有至中古者，上古更無論矣。近古則由宋而至近代。尚有文獻可稽，百年史乃自英人來華經商，由鴉片戰爭而至於成立北京條約，割讓香港為英國殖民地，已有他篇論列，不贅。前此，明有遺民流寓於大嶼山，宋有二帝駐蹕於宋王臺，劉宋時有杯渡禪師住錫於青山，俱有篇章可考或有遺跡留存，惟再上其蹟則湮沒。

凡讀百年史者，必欲兼知近古史之上截，就欲知近古史之上截，必須發知中古史之上截。然也。香港之中古上古史料，余竟窺此欲，乃借助近六十年來歐西新起之學術，即用蔥鍤以發掘歷史是也。中國自稱古國，過去學者之著述歷史世紀，由黃帝至今為四千六百餘年，不知西人近代之發掘吾斑〔〕已將埃及歷史伸展至七千餘年，是則吾國之以古國自稱者又何所慚而云然哉？

總而言之，學術之進步，非獨日新，且可日富，兩端推進，永無已時，此即考古發掘之有助於文獻之不足，亦當為未來文獻制定之根張也。

余於香港考古發掘之工作非第一人，實步芬神父等之後，然所獲較前為巨。芬神父於一九四四年，由政府資助，在香港本島西之南鴉島海灘上，發掘二月，用費三千餘元，所得新石器時代石器陶器玉器甚夥，陳列於博扶林道利瑪竇宿舍中。其私人在各處獲得者，小部份攜返英國，存

數千年，發掘之時，若不分列層次先後，出土深淺，出土遺物，時代混合，易滋疑誤，無從推論，故須有科學上之發掘。

欲知歷史過程，文獻紀述之外，其為物證，上古無文，縱有之乃刻割於簡冊，地在南方，天氣霉濕，早已毀壞殆盡，所能留存至今者，祇有陶銅玉石斗。故發掘所得之陶銅玉石諸物，因其形狀制度，以知古人當時之生活與文化，雖在數千年後之今日，仍如與古人相對，粗知其梗概。有時發現新理，证一破歷史之成文，以證前人之非。如新石器時之石斧，宋人謂為雷公遺齒，相傳數百年。至今乃證其誤。又如資斧之說，以斧而為貨幣，古無明文，自余獲得石斧後，大者如掌，小者如指，實為古人貨幣之一種，以補數千年前古人文獻之缺，拷足有助於歷史文獻之糾正與發明者。

陳公哲在香港作考古發掘所用之「一芥」舟

入倫敦博物院。大部份存於香港仔之神道學院。

凡作考古發掘，必有一定程序。先為試探，試探之後，再為發掘。每得一物，必須有詳細記錄地形位置。出土深淺，物質顏色，大小尺寸，分列編號。以備科學上論斷。蓋古人遺址中。每質粗劣，工製極扑如陶石之屬，亦非創墳者所住意，收藏家所賞識，每每棄置，從茲復長埋土中

發掘既古家之貢獻，不僅既如上述，且亦有異於骨董收藏家多用金錢向販運者收買，轉輾販注，莫知出處。販運者或直接間接購自發掘者，而發掘者旨在得貴重之寶物，如金玉銅磁之類以換錢，不惜創墳毀墓，犯法為之，於刼奪之間。不記地點，不研情狀，不記淺深，惟求得寶，即行沽售。遺址既受破壞，歷史從此消失，猶其是上古時代遺物，文化未盛，物

第一章　歷史

矣。

收藏家旨在得名貴之寶物，以爲點綴裝飾之炫耀，以金錢上之價值爲價值。考古家旨在得古人之遺物，以知當時生活之狀況，以歷史之價值爲價值。收藏家間物之價值，而非間年之價值。如漢之五銖錢，市售廉於明之二和錢。考古家間年之價值而非間物之價值，如余特窮十餘日時間，祇得一二石斧與陶片，百十金錢，從事發掘，如陶片。若陳之塵曬得古玩店中，敢決其周年無人過問，其不值錢可知。然我所出之代價，竟越宋朝之磁，或明人之畫，此考古發掘家與骨董收藏

掘獲之陶釜

家不同之點在此。蓋一爲貨物之保存，一爲學術之探討。此種新興學問，行於中國未及三十年，在此十餘年中，香港西人不及二萬，而有考古興趣者七人。華人今有一百八十餘萬，而有考古興趣者，目前祇一人耳。

余本非考古家，平時於金石文字頗多接觸。回憶少時閱西報載咸西之考古報告，亦時翻覽。

小島，向無居民，人跡罕到者，欲於芬神父所未經履求之，必須自備一船，隨時可往。乃購得西武小帆船一，一擔二帆，可容三西人，命名「一芥」，並僱芬神父之助手何十四以爲榜人，攜同鑾鋤向各島試探。往去一二日或三四日不等。試探月餘，計探古人遺址十有六處。

（一）陸行者有：石澳，打鼓嶺，掃管笏，青山，杜角嘴，屏山。

（二）海行者有：榕樹灣，火藥，洪勝爺，鹿洲，（以上戚前鴉島）東灣，沙園背，急水門，（以上在大嶼山）籠鼓南沙洲，以上十六處，出土之量最多者乃自大嶼山之石筍東灣，及沙園背。

一次船載六人，赴大嶼山尋掘，剛遇南鴉海峽，即遇颶風，小舟顛簸，須於危崕，不致翻覆，然失死生懸一間也。不久風止浪平，安抵東灣。

出土古物有新石器時代之石錛（俗稱石斧）石刀，石埋，石鏃，石樽，石鏟等。陶器有陶片，陶器，陶豆，陶罐，陶壺，陶拍，陶繩，陶紡輪等。銅器有銅鏃，銅戈，銅斧，銅鏡，銅環，銅鏃等。玉器有玉牙璋，玉斧，玉玦，玉琚，玉璜，玉瑗等。以上各物，於二十九年，一度出展於香港大學，馮平山圖書館，中國文化協進會所主持之廣東文物展覽會，會期數日。參觀者十餘萬人，英

於平津，因知戰事不久必發，乃卸鹽南歸，返寓文化貢獻甚偉，於余印像頗深，民國廿五年，官吳門，再返羊城，養晦香江，偉讀平時所欲讀而未讀之書。以香港仔幽靜，不類杭垣之西湖，乃稅居此中。讀書之暇，妍於金島西陬時，放榮而流，與漁人爲伍，因知芬神父之考古故事，再覓香港自然雜誌所載芬神父，香港考古發見一之報告之，更知其詳，乃稅艇往南鴉島，探訪芬神父所發掘之海灘故址，撿得陶片數事而歸，心爲未足，組隊再往，實行試探。

民國廿七年三月，携兒晝文再往，僱用土人五六名，發掘大灣三日，一無所獲。後於梢高土阜榕樹下獲石琚一，碎片四五。又於大灣左，相去五十步，另一海灣多一者，發掘二銅環，銅鏃等。計先後所得甚少，未償所欲，乃返而計議，欲窮香港各島嶼之古人遺跡，必須海往各處，然諸島餘長洲及大嶼山有火輪航行外，餘須自僱漁船以往。尚有東文物展覽會，會期數日，參觀者十餘萬人，英

不引為香港有史以來所未見。

余所著「香港考古發掘」一書中，會有詳細推論。因石器之發現，證明在四千至六千年間香港已有居民。因銅之發現，證明三代時香港已有文化。然則史家以為香港文化，最初始於南漢時期，或一度盛於宋元時期，此說已不存在。按照中國史年代，黃帝時至今，紙有四千六百餘年。而余之推論，參證各家學說，已將香港歷史伸至五千五百餘年。此說將受杜撰之譏，若不以發掘取材，而能另闢新史，較古人而更進一步者，現代科學之賜也。

出土古物固屬個人暫時所有，厭為地方公物，滿擬將所著出版後，連同各物贈予政府保存，留以後人觀摩。不期一九四一年，日敵來侵，香港淪陷。余既退入內地，香港出土各物，遂為偽香港總督磯谷廉介取去。勝利歸來，曾具函香港政府，南京敎育國防二部，東京麥帥總部査詢。各方鈎有囘覆，終不知實物之著落，此為一遺憾之事。

大嶼山沙岡背之磨崖石刻

余於民國廿七年，發籠丘中，覓得新石器時代石斧甚多。所携資斧藏六百餘元，於武探朗中不久用去。夜將所用梵玲瓏器販賣傳去。夜得三千五百元，繼續發掘，數月後又已用完。復承友人湯國貞作資助，其種類作數，良港幣六千餘元，時間十月，幸獨各物，其種類作數，良。

麥兆良神父 BEV FATHER DANIEL J FINN 愛爾蘭人，於一九二七年二月來港。作香港大學講師，及敎授地理。在香港各處發現新石器時代遺物。後於一九三五年，代表香港政府及香港大學，出席粵斯考古學會議，於墨引起世界學者，對於香港考古之莫大興趣。繼返英研於英國博物院。不久因血中毒不治而逝，時在一九三六年十一月二日。

麥高要爾得，MR. W. SCHO FIELD 英人，九龍巡理府知事，人甚謙和，香港淪陷前退休，在香港各處發現新石器時代遺物。

神父 FA JH ER RAPHAEL MAGL HX N 意人與芬神父為友，同時在海豐發現新石器時代古物甚多。一九四二年，中山大學敎授楊成助，由香港政府敎授楊成乃以中山大學發掘，麥神父乃以中山大學所得古物，贈交楊博士携存中山大學。

陳公哲。學者兼書家，於一九三七年避難來居香港。因知香港有新石器時代遺物發現，乃追蹤尋求，維時二年，發掘十月，地點十六處，獲得古物二百餘件。著有「香港考古發掘」一書。

巴爾福 MR. S. BAL FOUR 英人，為九龍北約川主官。戰前曾作考古發掘，在大嶼山之石筍東灣亦有發現。發掘古物，大部携返倫敦，獲得古物二百餘件。著有「香港考古發掘」一書中英文本。

威音拔加 MR. WEINBERGER 英人，來港為香港戰時物武管理委員會主席。一九四六年來港，於香港考古亦感興趣，會往南鴉島發掘洪勝爛。

余在大嶼山發掘，於沙岡骨石崖中發現磨崖一方，上髹旋轉方形囘文六，非文字，久經剝蝕，依照推論，為四千餘年前之石刻，足證香港上古時已有居民。

出土地點，似較芬神父及各人所得者更多。今屬華人，能分負香港考古責任，殊屬幸事，由華中之金山衛起，連至南之福建、海豐，南至安南，新加坡雙島，及非律濱羣島，香港為遠東考古圈中之一部，出土各物，與各地古物比證，形式與花紋雖各有異同，而互相聯繫。

香港考古家：背為業餘之人。前後計有：

舍爾斯惠敎授。PRO FESS JOSEPH SH ELLISHEAR 英人，香港大學敎授。

韓利博士。D R C M HEANLY 英文為頭考古學家。

以上二人會在青山附近，一高約三百尺之小，精有所獲。

港商首次演說集會

天韻

香港開埠以來，商人集會，發探演說，始於四十八年前，即清光緒二十四年（一八九九年）十二月十一日，當時英商務局派遣大員佛相白雷斯福，遊歷中國，考察各埠商情，港紳商當時會集於中華會館，到會者一千七百餘人，中西各報主筆，以及大律師佛蘭壽士，公推紳商多人，演說當時商務情形，及謀發展之重要，雖與現今勢殊時異，亦足見當時各紳商關注國家商業之至意，茲將當時演說原詞錄之，以餉關心香港商務之歷史者。

盧芝田老先生首發開會詞云：今日之會，諸君諒悉其詳，緣日前英國商務局，派遣大員來遊，考察各情即欲振興中國商務，該大員為得相白雷斯福君，其遊歷各埠，各火憲均優禮相迎，邦交殷勤，且不特助其訪察商務，即兵法亦與之講求，其考察兵法之故，無非為保護中國商務，以禦外侮起見，白君所至之埠，各界行商，皆有集會意議，今為條陳，務使中英商務，日益蒸蒸，兩有裨益，白君此次來港，亦在西人商務局及水師會內與各火行商言及，所言利弊，期若顧列，所以今遞同人合議條陳，所願諸君子力強年富，而白爵相洞悉商情，其不愧膺此鉅任，溯乾嘉年間，英國東印度公司，曾請英廷派伯馬加利來華，將商情奏達高宗純皇帝，冀北興利除弊，當時來華通商者，祇有其一家，而每年統計商欵，亦不下數兆英金，何況今日之愈推愈廣耶，西人有云，中國之民，非無經商之志，齊錄官民意見不同，故不能盡興北利耳，書英員佐治士丹頓，又謂中國地土遼闊，廢物豐饒，南國家不甚留意於商務，誠為可惜，又有一西士共著書中有云，中國之案例多有與商務窒礙者，故英廷決意委派馬加伯爵來中華，求革除舊東商務各弊，以裨益商賈，其主論具載於冊，今不瑣述。伏思中國乃

國予不遑，以底於成，不勝厚幸。茲先生舉何君曉生演說，何君於商務利弊，皆得其要領，白君到港時，伊曾與之細談，此中情形，更為周悉，想諸君亦所樂聞也。

何曉生君繼起立言曰：弟不揣譾陋，謬議泗懇，為謝港紳商諸君陳之，（一）諸者白君委英國各大商務局委來華，查察商務，縷其所論，謂國各大商務局委來華，查察商務，縷其所論，則英與各國，亦均沾其益，蓋其心志無非為中英兩國并各國擢闊彼此通商利益也。（二）白爵相此行，以踦心中國而來，則切予等寶深欣慕。（三）白爵相明達之才，剴切之意，力行不倦，若委其辦理，推廣中國商務，必行得人，其成效可拭目以俟。（四）以白爵相比，中國宜大開通商門戶，及英國官宦協助中國，整頓陸軍各節，今日在會諸君，備聆此言，諒將欽佩，從其所需辦理。

第一屆商人董仲偉致開會詞

最古文物之邦，加以太后皇上留心時事，近日論
設各省商局，志在講求商務，徒以積習相沿，下
情雖達，遽至經商要著，競居人後，今日內地商
情，比百年前雖已推廣不少，惟中國地大物博，
沃腴之土，冠於五洲，地利之興，二千餘年經營
未盡，豈可不盡用其利，而坐視他人之沽我利載
耶？憶百年前，高宗純皇帝，致書英王佐治第三
云：……竊謂中國與俄通商地名恰
克圖乎？雖積月累年，猶未盡其利，試問今
日向然合乎？外患迫近神京，中士西而可虞，將
來西伯利亞鐵路造成，商務交涉，想更從而多事
，在俄人必不以中國大開通商門戶爲計，其所營
謀者，惟在加重稅酬，其勢將必抑制他國貨物，
聞英國商務最廣，英受共害，睥觀中國與各國通商
，以英弼最廣，英受共害，睥觀中國並受共害，爲

第一章　歷史

今計莫若防範於未然，承爲未雨綢繆之衆，予爲
久居港地，素知貨殖暢銷，即爲國本，蓋經商者
特以無利，食力者藉以事畜，謀食有賴，則民衆
共有飽腹含哺之樂，細思華人生計未爲豐裕，欲
廣其謀食之路，非擴充商務不能，是以得相有言
，惟在加重稅酬，其要者爲大開口岸，各
首，此嘗在老成練達者，業已深悉，即諸君亦所
，以今日中國練兵之法，未及泰西之精，倘友
邦力爲貸助，何妨帶材借用？如英國慨然自任，
此豈何難？蕭英與中國友誼，向來最篤也。何則

第二，由學君屋坦演說曰：方今朝廷嚴禁新
政之秋，在座欲圖興革者，甘於苟安者必竊笑
爲不知時務英，不知不遵行新政者，太后之不欲
邊次，而不得不講誓法者，實欲維持中國於萬一
也。況太后之初心，豈真惡新政哉？蓋其爲結篤
我國上下之情不通，滿漢之界未泯，犬下於我何
干？得失於我何損？爲此愚蒙，曾謂清德，
不智也，弟不忖愚蒙，不惟不忠，抑亦無氣

第三，廖君紫珊宣曰：前者將相所論中國商
務情形，其詳且細，座上諸公既聞之稔矣，證以
何君曉生所言，其大意專爲振興中國商務起見，
賣我旅港華商人等所樂聞，弟添司香港招商局事

此也，英人嘗謂其國週時俱日照者，不爲謂其國
之大，遍地皆有屬土，此夜而彼盡之意耳，然以
版圖而論，中國豈非一堂堂大國乎，無如邇來強
隣日逼，多方設法以覬伺我彊土，存諸心而形於
事者，不知凡幾矣，聲之於善人，謂我中國一如
尸餒，棄在荒郊，其視我歟，各欲伺
其鄰之偶不及覺而爭噬之，我蓋中國人也，寧
忍坐視此甚而不發一詞，懷圖其來更之時，不遑查
察商務起見，然究白君路經此地，知中國兵力之不足
，而思有以警醒之，蓋白君謂如無兵以佐商政，
殊無益也。雖今日白君未九代矣，然究不妨將何
君所經陳四歟，寄往英國，求其轉達朝廷，其濟
也則豈日中國尙有人也，不整軍實以永締交情
如其不濟，便別國亦以振興商務，亦聊以贊寡何
道，互相聯絡，使中國亦知我中國尙有人也，夫白
相之謂必先於練軍，非即張香帥前時所謂人無氣
不生，國無兵不立，練兵卽以弱兵之意乎？若謂

― 25 ―

香港百年史（一九四八）

39

一八九一年中區商民慶祝香港開埠五十週年紀念搭藍於德輔道海旁之牌樓

，於中國商務尤深關切，近年沿海口洋，華商生意日有起色，若再加整頓協力維持，則不獨沿海口岸各項生意可沾利益，即內地各埠百貨流通，亦有蒸蒸日上之勢，此殆我輩所厚望者也。

第四，劉君潤川曰：弟有一言，欲早教於主席，並在座諸君，未識當否？英國俗相，欲中國大開門戶，合各國通商，均沾利益，因此得以保存中國，此豈偶然，今日在座評君，雙各行商諸君，均搭隔膜，弟須聽在銀行，試就銀行之事而言，以驗自君之語，深為可信，諸君知銀項交易之事乎？凡地球內守轄之邦，莫不設立銀行，或以一家之銀行而分立支行，遍行天下，其利便質易。大凡生意之益者也，然其創設銀行者，儻歐洲深洞國家理財之法者也，儻錢財貨物於通流，國家之度支固然，即如我鄰之富商，若非有外洋之銀行，則不特生意之在外埠者，運勤搭撥，即在中國各埠者，亦未能如此之通嚴穩便，夫世間之事，愈進愈精，未可守舊法，今因自君之言，令我慕及中國，荼中國國家理財之法，由昔日而論，原未嘗不善，然以比之今日變盛之邦，此時勢之不同，強弱所敗闊也。然弟此時所謂中國理財之法，必宜變更，其尤為要者，減欲中國立除其弊，以收其利耳，非謂中國為卑於外國也。蓋華物產繁多，利賴之廣，財源之盛，人民之眾，得天獨厚，可永

為全球各國所欽仰。鄙見以為凡我華人四萬萬之衆，須各盡其所能，以張大中華之聲敎，統籌全局，其育在於商務乎？忠信篤敬，商之要也。而興國亦實恭於此，我華人既能忠信篤敬，卽興國家，故今國自信相所管，互相振奮，為四萬萬人所共成共成功者必也。苟商務火興，則我中國將來坐收成利，何止百倍蓰耶！與時變通，弟所望於中國者，想諸君亦以為然也。

第五，韞君又道稱：聞何君曉生所發之論，可無庸再作贅言，晓生所說之旨，其間要旨，將來必有益於中國，並各國商務，富力望其可行，近日中國如此情形，貼有國自信相，每論中國事，或有謂如何可使中國各處通商，或有謂中國常如何瓜分，除中國外實無一國為我謀，國家形勢，當諸幕如深，惟念发发垂危，迫得望有挽回之法，今所管者，多是為中國謀，然非欲利他國也。白爵相有救华之意，多是未合宜之事，此乃自爵之累耳。其不合宜之虚，言難縷述。今日所聚談之虚，現今中國所樂辦之事，如他是俗人，亦必籌謀興我國之利，我今島中朝變庶，欲中國自强，羞勝外國維新，一求外國相助，或謂中國自强，熟若國代為借舉，人言類多如此，不知坐而言起而行之之妙，夫欲舉辦大事，先宜革除弊端，而論者多，不思尤積其基。而徒借管練軍開礦鐵

第一章 歷史

艦鐵路諸事，今意如何？徒無益耳！中國辦事兩項，尚屬中國此產之火案，乃不思整頓，而柴稅又重，與洋茶稅輕而本賤，大相懸殊，故茶利為外人所奪者，日益繁多，以至出口茶每年遞減數千萬磅，今更江河日下。恐將端於不可收拾矣，北權盡歸外人掌握中，不自今時始，惟茶絲自我振興，今日被他人需案占奏，不知何所底止，然中國商務，英國佔其七，他國占其三，今英人以中國委壘亦不振之故，特遣得相白爵來東考査，以資補救。然以英之利勝水陸軍以奪殖鄉，設以英之利即我之利也。白君現已由港庶英，我等可不乘此機會，公擬條陳。中國水陸各軍，不能謂無，雖有亦無濟於事，惟必籍英人訓練，庶有成効可觀，至中國之大，沿海口岸衆多，非有二三十萬練軍，仍難鎮守，然軍難欲練，而積餉難籌，不益以薪粮，誰肯出此死命，計福餉所需甚鉅。赤贼以自籌稅而斗，不知如用度，必須厚其廉俸，官之養康，中厘役，歸公用實得三成，充足辦理者私養之用，無有洋閫之涓滴無私者，是以愈練軍一項，宜先為理財，使財力有餘，則整頓練方收實効，蓋中國積習甚深，倘未數，方能革去欲呑之弊也。果使餉足倖加，練軍一事，乃能革去其弊，官之養廉方可練。其勇敢之氣，易同反掌，蓋中兵非無聰明才智，其經營商務，覺盡出人下哉？又如華人前時英

第六，何君沃生曰：弟今日與會，得聆諸君高論，盡善盡美。已覺珠玉在前，猥蒙何君曉生譌推感君無用，賜弟代言數言，開不村愚蒙，然代陳於諸君左右，於其火勢，本中朝花屬，今為人所掘，華人之往甚境者，必捐納重稅，始許登岸，中國若此，其尚得自保利權哉？我中國開關數千年來，地大物博，即如越南，已付他人，南省如廣東廣西雲南三省，所有礦務鐵路，亦須請命他人，然後乃能開辦，割地開礦

餘，其與終於安觀酣臥，不知所措耶？割地開礦

— 27 —

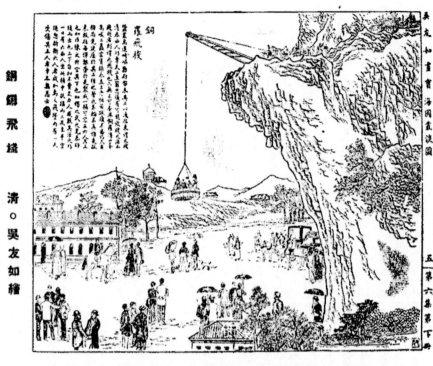

吳友如畫寶海國叢談圖

銅鑼飛槎

銅
羅飛槎

銅鑼飛槎　清。吳友如繪

說明

此爲清末上海著名風俗畫家吳友如所繪「海國叢談」之一。畫上所繪的「銅鑼飛槎」據說是在當時的香港銅鑼山嶺，太古糖廠爲了上落不便，特建以代步的泰西新發明物。吳友如這類題材的來源，大約是想像與傳聞的混合物，所以雖顯然是一架建築工程上用的起重機，也被他染上了浪漫的色彩。不過，無論怎樣，出自六十年前中國畫家筆下的這幅香港風景畫，在我們今天看來仍是充滿了趣味的。

（上文接二七頁）

將軍島士利有曾，假若我華兵數千人，訓練三年，當可無敵於天下，我中國向兵兩項，苟能振奮有爲，何甘於自暴自棄耶！然藉其襄助以補我不足者，厥惟英國，可別爲心腹，他人雖有是實我決不深信，若我人之許爲忠助我，豈非於至誠設？聲如眼能之擇人也，抱持之狀甚親暱，而不知轉一瞬即噬之炎。茲者於練兵保商兩項，力求補救之方，弟已草具條陳，俟脫稿後，即由劉君渭川轉致諸君閱悉簽名，然後呈滙英廷，然此又非聯絡外人，以強吾中國通行者，益照衙大局，俾籌而籌。實爲圖強國家，保護利權者也。

第七，何君昆山曰：振興中國，只須一聯字爲要著，今日省官商上下恃不相通，有異姓之分。下有滿漢之分，一鄉有異姓之分，一姓有異宗之分，即與華人用三縣票不相同，事不公平，衆心安服，欲振商務，屬重無輔，甚即官場辦事，洋人所用三縣票，睹城兩政，即能底於成功耶！不解我中國文明大邦，何以窊弱一至於此，今日還到佩服，反不如溫羅之得以自丰，蓋不相聯相依所致也，今以英國商務論，實與我中國將齒相依者，互相維繫，他山借助，舍英無以爲心腹之託者，所望協力扶持，傾誠相與，將來鐵路可興，商務不難起色，若省華人所樂睹者也。港中商請，尤必蒸蒸日上，亦惟華人政府相待各國，一本大公，破除成見，共保衛商家，素爲吾人所欽信者矣。

至此，主席虛君芝田請何君澤生，將何君曉生偉陳各欵，再讀一遍。螢之上下，皆舉手稱美焉。

國父與香港

陳劍

香港大學教授霍斯德氏，於香港開埠一百週年紀念日發表論文，中有關於國父與此革命事業者。霍斯德教授說：孫中山先生在香港大學醫科畢業，於一八九一年獲得醫學博士，一九二三年，孫中山先生返回香港，當日在香港大學之演講，謂「今日返回香港大學，即如返回故家，因香港大學係予知識之出生地，予以革命之思想，由何處獲得，一時對此問題，予可以答覆，謂乃在香港與香港之讀書，凡三十年之久，眼時即散步街頭，予在香港讀書，凡三十年之久，眼時即散步街頭，予在香港讀書所給予之印象，為有秩序及平靜，一切工作之進行，按序就班，有條不紊。每次即感到此兩地相距不遠，而兩地相差有絕大之不同，此兩小島等，在七八十年間，建設如今日之香港，惟至今仍無一地能及香港者。」中山先生由是靈感啟示，遂決心改造新中國。

此照攝於雅麗氏醫院三樓時，為光緒十三年戊子九月初六日 由右至左：尤烈，關心焉，陳少白，孫文，楊鶴齡 （王榮珍藏）

所得國外之榮譽。旋升學夏威夷大學，至一八八四年，時年十九歲，歸國後至香港初入拔萃書院，復轉英文醫館轉皇仁書院，後轉廣州博濟醫院附設之醫學校習醫，在博濟的二年乃轉香港入雅麗氏醫院附設之學校，即現在香港大學醫學院之前身。國父入雅麗氏後，無日不鼓吹革命，陳少白、尤少紈及同鄉楊鶴齡等時相過從，莫不以革命嘗識之，此為國父革命嘗識之時代也。

至一八九四年與陸皓東北遊京津，以觀清廷政及朝野之大勢，以觀時變，然不見納，然以萬里之遐，由哲回港，大興中會。在香港士丹頓街十三號開設乾亨行為會所，凡入會者一律宣誓曰：「驅除韃虜，恢復中華，創立合眾政府，倘有二心，神明鑒察」軍齟齬之誓詞。

結束學校生活，開始革命工作，旋在澳門鏡湖醫院任醫師，實則施行醫而兼革命運動，與香港鄭士良等，密商改革中國方針，由國父提出……以鷹時廷質，分草擬政見皆陳榮恭秦鴻章，僅不……然以萬里之遐，由哲回港，大興中會者。國父於一八九四年與陸皓東北遊京津，以觀清廷政及朝野之大勢，以觀時變，然不見納……

在港鼓吹革命

國父於一八七七年隨其兄眉……

公全檀香山，即有亟求新學設新制度之思，先至火奴魯魯之意澳蘭尼中學，成績優異冠於全學，夏威夷國王特為選擇關係中國之書籍，親為獎賜，此國父十六歲時行獎賜。

乙未年九月初十夜，國父等密謀在廣州舉義，先由陸皓東制定「青天白日旗」，公議為旗幟，揚竿號召，乃事機不密，為清兵發覺，公以國內同志之遇，……朱貴捕死義，是為第一次失敗，陸皓東，國父等逃回香港，又因革命涉引渡，被港府勒令出境五年，乃乘輪赴日本，檀香山，美國，英倫等地。旋遊歷歐德，法，比諸國，以視察學所得，法因前嶺校教師康德黎之營救倖免，旋遊歷歐德，法，比諸國，以視察學所得，乃冀我國固有之思想，參以歐洲之新智學說，始創「民族」「民權」「民生」三大基礎，即三民主義也。

國父在香港之革命運動

——上書港督卜氏之經過——

馮自由

香港為　國父初期革命之重要基地，人皆知之，而當時中外人士之熱心贊助　國父革命運動者，亦顏不乏人，其中較著者：有大律師何啓及德臣西報記者黎德（Thomas H. Reid）士蔑西報記者鄧勤（Chesney Duncan）等三人。兩人報對清朝政治之抨擊頗盡力，鄧勤尤因鼓吹華人反對政府，為香港民政長官傳往告誡。

善國人在英國綦業法律之老前輩，時任香港議政局議員，常在中西各報發表文章改革中國之政見，名重一時，對於　國父之革命運動，常從中暗助。興中會之英文對外宣言，即推舉英人黎德及高文（T. Cowen）二人起草，而由何啓謝讚泰修訂之，此乙未九月廿一日（即一八九五年十月九日）事也。

庚子（一九〇〇年）某月，　國父在日本得刻學詢書，謂與督李鴻章因北方拳亂，欲以兩省獨立，恩得足下為助，請速來粵協同進行。國父頗不信李鴻章能具此魄力，然此舉設使有成，亦大局之福。而當時香港議政局議員何啓亦以中興之機不容稍縱，勸省如不急圖自保，決不足以圖存國，則內無反側，外固邦交，受其利者：父不特鴻章聯合粵國，由李首向北京政府宣告兩廣獨立

之，而　國父率黨員佐之。其進行方法，則先出中國維新黨人聯名致書香港總督卜氏，請其進行告示。鴻章以兩廣獨立，李如同意，即由彼電邀　國父組織新政府，此諸經興中會員全體贊成，而　國父亦前已由何啓取得港督之同意，發山國父、楊衢雲、鄒士良、陳少白，史堅如諸人署名致書港督。其文曰：

『中國南方志士謹上書香港總督火人大人麾前：竊士等十數年來早虜滿清政府樹植失政，既害本國，倘仍安廠故常，吳守小節，祠恐廢既患，不恐勞瘁，先事摧殘，力謀變政，以杜後患，不期果有今日之禍！當此北方拳事，火局已播，各省地方勢將糜爛，受北害者：不特華人也！天下安危，匹夫有責，先知先覺者，烏豈容辭？士等覩此時艱，亟恩挽救，竊恐勞力徵弱，奏效為難，政府冥頑，轉圜不易，疆臣重吏，觀望依違，定亂援民，究將誰屬？深知貴國素敦友誼，保中協心，且兩袴致意，過於內地，越分，呈萌助力，以凝戰成，顧借殊勤，改造中謂滿政府難失政於先，則請挽其平素之積弊，及現在之冤勘，略為陳之：朝廷要務決於滿臣，惟以貴臣，相去如斯，望貴國其懷抱文武爾途，專以賄進，能員循吏，韓在下僚，是謂賴俊傑，失勢則絀，得勢則屬，而從心遠，交

之！否即恐各省華人縱治心切，過為失望，勢將華人已也。一害一利，相去如斯，望貴國其懷裁，賴俊傑，失勢則絀，得勢則屬，而從心

永安司郭公泉（即鳳煇）父母九秩開一，在香港太
平戲院籌，孫大元帥派王堂代表慶祝之祝函，時民
國十三年三月八〇日（郭泉珍藏）

鄭愼技，是謂尙詐術，較量強弱，恩可爲仇，朝得新懼，夕忘舊好，是謂渭邦交，外和內狠，歷緊計嫌，釀禍伏機，厲思報復，是謂媄外人，上下交征，縱情濫耗，民膏民血，澄剝應高，是謂虐民庶，鍜鍊黨匪，役裁忠臣，杜絕諫機，閉塞言路，是謂仇志士；嚴刑取供，獄多瘰癧，橾枉毋縱，多役示威，是謂尙殘刑；此績弊也。至於現在之兒頑，此後尙無涯涘，而就現在之已見者，則如妖嘗惑衆，煽亂黨匪，釀禍奸民，褻冒忠義，竣登危邦，屠裁遠人，是謂遏挑釁，敎異理同，傳道有罪，峻登民庶，屠裁遠人，是謂遏挑釁，是謂違元兇，命爲前導，是謂諂邊釁，是謂違元兇，命爲前導，是謂諂邊釁，兒，命爲前導，是謂諂邊釁，敎異理同，傳道有罪，嚴刑取供，獄多瘰癧，橾枉毋縱，役役無辜，是謂竣用償罪，峻登民庶，屠裁遠人，是謂遏挑釁，約，保護官局，乃種鱗限，滿其物業，是謂憲汪商，是謂睦鄰遺使，國體攸關，移砲壞攻，如待強敵，是謂放治命，書未絕交，使猜禮隄，圍困使著，囚禁外臣，是謂背公法，平匪全交，乃爲至理，音因忠諫，慘投無辜，是謂裁忠臣；乃賞貪功，觀餉大位，不知伐誅，反投兵權，是謂用償師，裂土瓜分，黥雄耽覦，漢不知恥；是謂志大德，民敎失歡，原易生小怨。凡此皆滿政府之的確罪狀，茍不反正，爲禍何極？我南人求治之忱，良萌，藉茲稍絃，事宜借力，謀戒輕心，上國遠圖存之亡所繫，是用力陳利弊，曲慰同人，南省亂爲此矣。士夫深知今日爲中外安危之所關，滿漢，或蒙取錄。茲謹擬平治章程六則呈覽，懇貴國，與別國公議而行，又如鐵路礦產船政工商各

計劃

一、邊都於適中之地，如南京漢口等處，擇面都之，以便辦理交涉及各省往來。

二、於都內立一中央政府，以總共成，於各省立一自治政治，以資分理。所謂中央政府者，統轄水陸各軍，宰理交涉事務。惟其主權仍在憲法權限之內，設立議會，由各省貢士若干名以充議員，以勝京公使爲暫時顧問局員。所謂自治政府者，由中央政府選派勝任者爲之。一省之宰，設立省議會，由各縣貢士若干名，以爲議員，所有議者之一切政治征收正供，皆由自治政府籌制，惟於年中之欸，按額撥解中央政府，以爲清償債及軍餉。及宮中府中等費用。省內之民兵隊及警察部，本由民間選定，而必由自治政府擇之，惟斷定之始，法未歸民間選舉，以目前各國的總領事爲暫時顧問局員。

三、公權利於天下，如關稅等類如有增改，必先與別國公議而行，又如鐵路礦產船政工商各

四、增添文武官佐，內外各官廩祿從豐，自能廉潔持躬，公忠體國，其有及年歿世者，給以年俸，視在官之久暫，定恩額之多少，若爲濫捐脑，則撫養其身後。

五、平共政刑，大小訟務，仿歐美之法，立陪審人員，許律師代理，務爲平允，不以殘刑致死，不以拷打取供。

六、獎科舉爲專門之學，如文學科學律學俱分門敎授，學成之後，內材器使，毋雜毋濫。

書既上，復由何啓向港督代達一切，卜氏極表同情，因向李鴻章再三接洽，時清廷數電催李北上，與各國議和，李以北京未破，筆亂禍官勢釀正盛，遷延未行，對卜氏提議，頗表示好感。不料李後知北京陷落，清帝杜子出亡無憝，已決意北上，不再談採導自主事。惟港督之意，仍欲挾李氏於香港，使成就合作，因特約相見，遠大思想，今旣取道北上，未必以外人之勸告爲最後之勸告。惟　國父以八十老翁本無而中止其行，及李與港督會談，果不出所料歸民間選舉，以日前各國的總領事爲暫時顧問局員。　國父則謂李以八十老翁本無國父以李氏君臣之見猶存，知不可以說服，亦卽赴日本。徒勞港督之一番替意而已！

國父的畢業文憑

陳釗

國父在香港習醫之雅麗氏醫院，創辦於一八八七年，原名「香港西醫書院」，開辦時，學生僅三十餘人，修業期間爲五年，一八九二年舉行第一屆畢業禮，畢業者二人，一爲國父，一爲江英華，文憑中英文並用，由全體教員署名，中文如下：「香港西醫書院，並講考各員等，爲給執照事，照得××在本院肄業五年，醫學各門，頃經考驗，於內外婦嬰諸科，俱揝遍睛，碻爲行世，奉醫學局賞給香港西醫學院考准宜行醫之諸科，俾此特發給執照，仰該學生收執，以昭信守，頒全院執照名，右仰該生收執，一八九二年月日」國父畢業時，各科均滿百分，惟有一科稍遜，標教員會議公決，並添醫所關之數，俾得全科滿分，誠敦育千古佳話也。

國父於畢業後兩年，即一八九五年，乃與尤烈，楊鶴齡、楊少白，鄭弼臣，陸皓東等，在香組織革命團體，此即「興中會一

國父論敎蒙難脫險後，致香港友人歐鳳墀函　王棠珍藏

設址於士丹頓街十三號，門外榜以「乾亨行」招牌爲掩護，以避人之注意，陸續參加者有鄧蔭南，楊衢雲，謝禮泰等，是年八月第一次在廣州起義，卽與中會之最初活動也。

其後興中會同志楊衢雲，於一九〇一年一月十日在結志街五十二號，遭滿酋所派凶手暗殺，連斃其三槍，均中要害，翌日身死，遂爲第一個身殉革命之先烈，葬於跑馬地英國墳場，編列第六三四八號。墓上立斷頭石柱一，此爲事業未成而死於非命之象徵，此亦爲本港我國革命史績之一，然我同胞知之者恐不多矣。

香港小史

許地山演講遺稿

按：許地山先生，於民國二十八年冬，在福建旅港同鄉會席上所作「香港小史」演講詞，叙述本港過去歷史顏詳，特轉載於此。

第一章　歷史

凡研究香港小史者，莫不要先考查香港名稱之由來。考香港未割讓前，隸廣東省新安縣，而裙之廣東通志及新安縣志，均無香港地名之記載。「香港」，英文HONG KONG，係由蛋家方言譯成者。本島原為鴉片走私商屯棧地之一。新安縣志卷二，官富司所轄村莊有「香港圍」，其地近薄鳧林，當為現在香港仔附近之香港村，志圖無香港島。而有赤柱山，即現在本島東南之赤柱。大抵島名為「赤柱」，香港乃其中之一小村，英人用香港島為全島，赤柱名遂泯。

至於香港名稱之來源，地志未見記載。據傳說：謂此島形似香爐，故名「香爐山」，其海港即稱香港。又一說：謂昔年有一紅香爐濃至海邊天后廟前，居民視為天后顯聖所託，因名其港為香港。擦說，天后廟即今銅鑼灣姓爺譯前之小島香爐洲，香爐即今銅鑼灣之小島燈籠洲，未知孰是了又一說，香港附近諸島上種香草多種，因以名港，但此等傳說，真偽難稽，姑備其說，不能視為定讞也。

香港自南宋以來，即有居民。按粵省沿海各島，大都係福建移民譜裔。如海南島方言，倘保存異化鄉音，是其明證。福建沿海島嶼，大都密邇大陸，異於廣東島嶼，東沙、西沙羣島之遠距大陸。宋亡，福建人不樂臣元者，遷大陸

為乘船而南移，植各島，視為海外桃源。此蓋未來前，福建蜑戶已多拓各島上。此事有各島天后廟可證。天后為閩人林氏女，船戶祀天后以福建人為先。不論南洋北洋，海內各地，凡有福建航商漁戶聚居之地，輒建廟祀焉。未有天后之先，船戶係祀北斗，俗式船上之七星旗，即北斗之標誌，謂祠伺有存者。及後盛祀天后，北斗之崇拜始滅。香港大后廟之遺存者頗多，是見本島以前住民，多係閩人後裔。即澳門「亦然。凡到過澳門者，皆知澳門港口有天后廟，今皆稱為「媽姐閣」，該廟大約係福建漁戶及粵民所建者。閩人稱天后廟為「娘媽宮」或「媽姐閣」，葡人對閩音之「娘」字，聽辨不清，遂訛為之「媽」，原音——Amaco「阿媽閣」輾轉訛為Macao「馬驟」如荷蘭人稱鄭成功為Koxinga「國姓爺」，後人竟譯成為「高星榷」，其諧誤正復相同。珠江口各島閩省移民，多來自興化；泉漳次之。以其遠距大陸，元人政令不及，宋室亡後，士大夫之恥為臣元者，乃視為樂土

清代英人來華貿易，其走私者多在七洲洋至東望洋（在澳門）、內伶仃、外伶仃附近地方歸英洋船東來，清吏董許其依時到澳門及廣州，蓋防其私運白銀出口，私與閩人交易。當時華洋互市，置有專管官員，司中外貨物互換事宜，洋貨須交由十三行商代售然後以同等價值之藷貨抵給。外商病之，遂昂為買辦制及貿易統制之淵藪。外商病之，遂

一八八六年的香港（自上環望中環一帶）亨利所著「嶺南」所載

本島最初居民為蜑戶，天后廟保明代及明代以前遺物，附近各島謀廟宇，均保明代及明代改建者，中以赤灣之天后廟規模最大，佛堂之廟次之。香港仔原稱石牌，據日人紀載，明代倭寇曾擾香港仔，向有村落，如天涌、黃泥涌村，海鳧林村等名，原有關本島紀述之文獻可考，亦無碑誌可供參證者，均無見於志書中，然無詳明紀載。

英人佔領香港後，初欲開埠於赤柱，但因該處東南風甚烈，而瘴癘等毒尤猖獗，英人多病死者，乃圖改避。傳說有名「阿群」者，領英人由南越至北面，其所經之路，今名「裙帶路」。英人遂闢本島北部，以將軍澳九龍灣，佛堂門，急水門之海而為港，即今所稱維多利亞港是也。英人探測澳內次深在六噚以上，可泊巨艦，然初建時仍苦墾展，商務不振，有水師至荃灣（淺灣）渡海往安南請援。中途崩侯王。其侯王廟乃楊太后所祀之，瑞後於宋宣王。（宋少帝趙昺所追，由閩而粵至九龍，越深至此地，俗謀以為帝昺。宋時，宋王台一帶僅一雪泊官至茶寮為王。帝景為元兵所追，帝昺崩，越深侯王廟乃大嶼山，俗侯趙廣州湖之碉洲於碉洲即大嶼山，帝昺崩，廟號端宗。為囚字形以全地理之誤，宋王罪端宗於赤灣。余曾遊其地，發見陵上碑銘作「大宋罪興少帝之陵」。雜興保帝為囚年號宋年號乃為景炎也。此陵據規制宏鄧，顯類宮殿，該廟祀鐘打鼓大約即就宋帝當日行宮建而成。思亦係廣州制度。古之管調，亦異於其他廟宇。宋時古蹟有參觀價值者，如錦田之兩扇鐵時對皇帝駐蹕處，每不敢再建為民居，仵往捨為廟宇。新安古蹟有參觀價值者，如錦田之兩扇鐵門，當時粵人圍攻抗英，該扇原有鐵門四扇，民國作甚精，英軍攻佔錦田，將鐵門運回英倫，民國後乃以兩扇歸還村人。至於「新娘潭」，青山火帽山，大嶼山等處，天然風景，到處可以流連欣賞，於此不能多贅。

新安縣志所載之香港地名

黃泥涌	香港村
薄寮村	薄鳧林
向西村	赤柱村
楊寮莆	朝貝村
土名村	萬貝嶺
水貝村	羅湖村
高攝村	向南村
潮南村	西潮村
東帳村	洲邊村

走私以避釐耗，洋商所運貨品，大抵為鴉片、紅木，洋羽紗，象牙，時鐘等。此類貨品，一部份為寶品外，除須交之行商發賣，乃者至伶仃洋以扒艇快艇搬登陸。所謂快艇，乃一種特製之船，行駛快捷，徒船由二三十人同時划槳，行駛如飛。走私之風難絕，徒船仍為不便，要求貨棧地點，如黃浦等處，俾可貯存貨品。蓋洋商儻許停泊四個月，途此即須駛出，在此四個月期間，雖無貨可換，亦須駛碇。行商藉此肆其抬抑漁利手段，向由孟買，孟加拉等處派軍艦護航，至赤柱商，向洋商不走私者，慕不告罄折。英人為圖佔香港，內伶仃等處，同時防海盜。英艦所至，即詳播，沿海島嶼港灣，素不注意。中國自雍海加探測。赤柱原屬大鵬遊擊所轄境。當時英人對中國兵力知之願念，蓋其時兵備廢弛，各軍多用藤牌，盛殺旗幟，虛張聲勢，遂啓洋人輕視之心。鴉片戰起，英人為圖佔香港，非難事，惟英人眼光遠大，時英人如佔荃澳門，原非難事，其目光見澳門港灣淺狹，將來太發展可能。英人以所求不遂，即遣兵北上，並於一八四一年在何處。蓋當時上自督撫，下至府縣，皆不知香港香港現在之中環，彝均為海地，潮來海水可應亢。英人初探大嶼山，更通大澳，因諸處流念荒淺，乃改向中國要求割讓香港，中國末即租予英。英人初探大嶼山（此遇光緒末亦所注意），一為香港一為火嶼山。其目光深至皇后大道，清廷及鄉省火更不得已乃尤剌讓。強索香港，清廷已不敢質然許諾。城，西營盤等亦均保海地墂成者。深至皇后大道，沿海市街乃墂海而成，即堅尼地城，西營盤等亦均保海地墂成者。

香江曲（史詩）

古卓崙

香檣夜上柴之顚，
四面冷波澄粼落，
燈火迷離城不夜，
百年慘淡覺經營，
估舶千帆海外來，
南琛西贐泰奇貨，
德輔道中訪殷鉅，
金厲牛斗軼東方，
（指上海匯豐銀行）

玉宇瓊樓盪萬千，
萬家燈火燦珠躔。
茫茫人海分夷夏，
今港繁華足驚詫。
洋場十里島中開，
居貿行商萃異才。
馬應東水連甸轊，

○昔日之一笑樓酒店，爲現在之何東行。

鄧氏銅山何足數？居中巨賈使財多，
脾睨陶朱爭荖柯，犀象千箱開寶藏。
香江萬頭化銀河，銀河轉掉塘西去，
酒旗隨風颭處處，脆管繁絃越調喧，
歌輪鶯哢月照斜，銅溺滴殘瓶喚酒，
更籌報曉杳還家，日逐沉沐肆幽趣，
夜夜瓊筵此坐飽。五陵年少競豪華，
一曲琵琶遮金塢，白酒黃雞元朗墟，
連聲喝雉興彌除，玲瓏別墅築巖阿，
獵裝騎服青山路，夾道平疇長稻粱，
曲折飛橋臨水涉，雲根蒼茫夕照間，
荒村小屋依岩曲，仙人島上樂無央，
天末韶光開錦韡，北角泗棚連百座，
歸程倏息過荃灣，路轉九龍源在堂，
隔江夜色金隄上，廉間花煙列星辰，
選手新裁泳服裝，美人榮錫魚名字，
良友輕軍新界過，同隨鷺鶯看戲水，
微聞漆消詠寒裳，蘭亭韻事同修禊，
海國風光此擅長，明道馬場方策馬，
萬人空巷連山下，平蕪淺草騁妍駒，
玉勒金鞍乘健者，甲隊邨先屈逸響，
掌鑿輕碎鏵長瓦，貴游公子腰千金，
賭注端詳擇「馬心」（港人稱騎士爲馬心），
奄得錦標贏萬貫，層樓高處百杯斟。
呼盧常醉來深院，靜聽歌鶯和語鷰。

翠袖搖花輾絲帳，燈腰佛柳柳執扇，
影坦歌院地相連，銀幕初開謷鴛絃，
觴酒灌園傳妙肴，雙雙蝴蝶翩翩躚，
歡場日夕煩肝膽，今夜嘗歸宜及早，
酩酊回車醉欲眠，鶯嬌迎庭春相倒，
東鄰西舍令惜無聊，枕畔晨雞喔喔鳴，
起髫市廛人膾集，茶樓燈火透窗明，
茶樓博士多如鯽，一盞清風牛兩腋，
暢逞談鋒四座驚，新脆食譜千方實，
庫中工匠紛紛起，顇值彤興勤本務，
隨鬱朝朝茗一甌，抽閒日旰喞三題，
年來島上倍繁華，茶客坐塞萬數家，
隄十攤奏逸世外，天涯淪落奔躍寄，
翠袖搖花輾絲帳，名流浮泛杂天涯，
鄉踢長安歷不息，鄉人稍騎士爲馬心，
立館授徒勤治生，變夷用夏時欄意。

○數十年前香港居民出入多乘輿。

瓜廬座滿客論文，
荔垞門發車間字，
〈瓜廬乃陳探花子勵之別墅荔垞即顎侍讀廉照之別號〉。

穿山忽鑿防空洞，
不信桃源避此地，
人人海國樂堯天。
夢繞鄉關夜夜心，
人生行樂隨遭遇，
客集珞璐文酒會，
聲賢洛下偶相逢，
文物如今重都來。

疏食曲肱父兄儼，
陰成桃李株株儼，
回首巍寶遍燈煙，
池魚殃及想當然，
崇陰增援甲仗新，
箖壁伴奏杯蛇駭，
〈指試演空襲警前言〉

游彈短垣森櫛比，
防江小壘陰堤邊，
強勸胡婦歸夫婿，
雄中糧粟由官賣，
忽振海聲嚴竊殺，
島陰機斬迅秋鶻，
玉樓士女夢初回，
倫渡先登北的興，
項羽八千頭古埃，
竟無倭冠不頭抬，
鉅炮轟燃彈飛雨，
夜愁燧肆無寧宇，
請成有約訂初冬，
賽懷新愁感慨同！

移民設局布新章，
鯉門月落潮聲念，
公歷歲時逢臘八，
城頭彈震奉雷，
赴趙彈震奉雷，
追隨倭軍赴雷，
橫五百殉孤島，
所有洋人皆氣鼓，
驚聞華洋皆難民，
一片降旛表服從，
前狼後虎何軒輊，
香港前程何軒輊，
過九龍邊分咫尺，
冷雨悽風一葉搖，
江頭景物總蕭條！

〈錦田地名位於九龍新界〉

○數十年前之德輔道，時干諾道猶在填築中

欹傾岸側紛多護，
瓦礫乍疑黍積，
般商在昔何其眾，
身懷尺璧懼恐尤，
廛滿黃金鏹凍，
卻後餘灰那忍看，
零中誰共恐誰途？

零落璚西土半焦，
旌旆鏘錦罷衣飄，
一隻黃粱醒好夢，
准上飲韓無漂母，
蘆中喚出在漁夫，
善堂春至花無主，
醫院潮來葬有烏，
性命鷄毛誰復惜，
百般求死餓寒迫，
投灰粉紛從塋客，
遍地無鄉俠紳虎，
委空殘遇隨事可知，
落魄退歸兒鐵，
山頭露宿雅近翁，
日暮窮羅谷食何在，
總殘勵羅井水涸，
傳來消息從從識虑，
百計離謀近鄉困，
愁城久困苦難禁，
鬼蜮啼虐處處，
寶身投荒歸未得，
飄颻哺虐處處，
傷心欲論彷徨深，
登山那復孤竹，
柳下不甘苦餓殍，
幾人臂曲經整帶，
武戰並行經濟戰，
萬千富室愁歸眉，
億北新絮充市面，
求勝邊愁孤眼，
心危同謂思方深，
心甘左哦望深，
遠隔軍洋家萬里，
當年談英黃金，
暗將冷眼窺塵劫，
展足強漆封落後，
奉江憶昔帆張錦，
餐狗壯生老氏經，
三五聞鷄相對欽，
搶懷浩劫候空前！
權從攝藏同恨子，
理財先予三軍便，
歸看南邦災毒流，
甲看巢依然魚網，
回首家國淒滿襟，
三竃成芻魚簍，
雲山道滯大江深，
飄鰻盈門鼠瘡疾，
又看閘泉滿斑，
落魄退歸兒鐵，
道左風塵近石磯，
商空殘遇隨事可知，
委空殘遇隨事可知，

歸知毛道功無近，
況際干戈條煇蓁，
樂土須從苦海航，
武陵來許仙源問，
道旁憂巧自號呼，
力竭聲嘶淚已枯，
蘆中喚出在漁夫，

君不見皓月江天一鑑懸，
塘西寂寞瓊筵散，
自我南來借一廛，
常年談英家萬里，
遠隔軍洋談英金，
此日行藏同思子，
恥運攝劫十餘年，
搶懷浩劫候空前！
三五聞鷄相對欽，
餐狗壯生老氏經，
奉江憶昔帆張錦，
米價量珠無處買，
流尸飄滿浮江海，
火葬雲驚密復蘇，
乍看政事樹蒲盧。
滄桑一變慮生枕，
相逢易缺本難圓，
依然香爐驅搖天。

從今秩序許翻新，
巷曲歸聲增宛轉，
香醇有酒愁雜解，
鐵萃縱橫滿道途，
辮髮齊垂果何圖，
不羨軍營同作列，
乍看政事樹蒲盧。

後香江曲

古卓崙

燼燄落木氣蕭蕭，
腥水殘山土半焦，
自揚年陸飄旭日，
空餘憔悴襲昏宵。
閭閻閴閴俱寥落，
衹有倭兵如雀躍。
寶劍雖冠武士風，
錦裝縱馬征夫樂。
樂土原來地獄同，
江頭沍冻見絨洪。
政刑不滅申商酷，
冤情紀輅南山竹，
就令遍邀歡兜兜。
特勢作威遍作福，
時睹群豬逞面目，
夙知親醉假心腸，
老嚧海繫壯流腸。
百萬居民雜夏夷，
衝頭暋影絕句瞳漢，
枝曲禀醒木展兒。
木屐聲絕來復去，
匿名「春日」皆舊密，
可掃玉塵蕩來翻。
每見韻黑鳩佔題？
海闊鳳光頓改觀，
大纛游開野部縈，
匯豐大廈敬輝煌，
桃花人面無尋處。
自詩匪合襲損文，
戰護閣踏行滿忠，
文章盛紀「皋蘷」事，
尤翻縱橫聯德董。
廉撤令冠英后像，
如何以力不行仁？
伐罪由來當弔民，
萬邦和錫欵戴聲，
生殺無端連賣經，
哭聲亞作寡閭路，
四戰橫行泣鬼神。
科條不必近人情，
刑賞何須依法度。
黎貨如山墾入官，
南民血本眼時乾，
萬鈔濫發恆沙敷，
稅制繁與野草殘。

日治時代所建之「忠靈塔」今已年毀

居賈行啇誅什五，
鐵繫渴欵稅三分，
（當時營業涎利稅抽百分之五十欵會稅
即百分之三十）

三分什何會足，
雜賦拌題害尤酷，
忍覆滿虛薩相損，
理財欲醫郢山痌，
郢怖悉翻殷生便，
（法紛紜怨貨庶，
止渴等烽酒零，
嗷嗷四野禰哀鴻。
從此民生日露冺，
西風壯念海揚波，
輞心寸斷前章攸。

輞沒簽對紛具春，
居然貼寶效穿窬，
權使司殳賽抱注。
（搶攫閗各銀行中之私人藏寶箱掠取財物）
戰士壤前半死生，
閃檔於隶篡三軍，
弱燄橫徵竅綢陌。
民財已遂稍烟歇，
帀況何洪驅水衛？
宋帝喜寒春草綠，
龍城秋晚夕陽紅，
愽陳莫捐義元忘，
閫綺難知嶺俠工。
戰潰災禰魚游崙，
僑民彷彿魚踪百五，
一衣件們動敔千，
升米倡銀踪百五。
同愛飢棗亞骨髓，
氣邦生命翕沙兔，
寄政浮波返猛虎。
火熱廻壙更水樂，
戲室鐵島纇寬禽。
殺機週偉東西岸，
咽石時卽下上皆，
片瓦不全莊士遺，
零陵几髹潭扶林。
噶奈蘗蘗寒心狙，
肥得蠹蠹山擻動，
幾人精宰漫恩痛，
殷城刃斗不爐閒，
故里桑蘏明司種。
黎婉將雜換族裘，
投官燄疫萬分忙，
故向行人強襤褸，
距知場俗傷甘糞，
十日彈求票敨，（當時難港回鄉者，
必須掊掇及打防疫針，各種半績具備後
方得領取「歸鄉證」或「渡航證」往
往留難一二月之久，而不得成行）。
百殺陵勞及紅妙，
導人認作生平耻，
倭史賫氏閒利方，
政惰斗逐軍稍變，
任敫搾耳欵繪偷，
其奈倪襬先討見，
浩浩澄江水有聲，
商膜冷落軍馬稀，
漫漫長夜燈無電，
漫道小答辭海通，
便道洋戔豉豉三邊，
忽野特歌臨四面，

一個難忘的聖誕節

——香港受難的回憶

黃草予

一九四一年十二月八日，日本人的第一顆炸彈丟在九龍的城南道，於是香港之戰開始了。經過十八天的香港之戰。在一九四一年的聖誕，日本軍隊佔領了港島。

對於香港人，我想再沒有一個日子比聖誕節那樣更有歷史意義，那樣能喚起他們那一份悲傷的回憶的了。午夜零時，當敎堂爲香港一百六十萬人鳴鐘祝福的時候，便從他們的心底重新想起了一些沉痛的事情，他們想起了一九四一年了那一個暗淡無光的聖誕節，凄涼佈滿了遺城市，夜色幽黯無光，武士道叩着這個和平都市的大門，敎堂鐘整瘖泣，遺襲鐘聲爲香港的自由人們敲上枷鎖，聖誕老人哀哭着我們帶來新的命運，每一個香港人都深深地記得。惡劣的遭遇開始降臨我們身上了，在武士的魔瓜之下，這個城市復歸於沉寂，你可以想像得到一個食經是那麼熱鬧的城市一日變爲死城是多麼可怕，再加上偷偷的哭泣聲，武士們的反靴種在水門汀上的響聲和吃吃的獰笑聲，寒冷，飢餓和一連串的侮辱和損害支配着這個鬼蜮那些不甘受凌辱的人懷着一個願望離開這個鬼蜮橫行的世界，很多人在黎明之前偷上漁船開向自由的祖國去，很多人却在機關槍的掃蕩之下沉到海底去，他們是犧牲了，爲的是要得到自由。

香港淪陷後，他們有一蹇家用各種方法捱盡艱險逃出香港，常他們到達桂林的時候，香港從戰

除原有的六人外，另加上葉淺予，丁聰，林仰婷三人的作品，全部出品共六十九件。展出的時後，陳策先生在畫展獻言中有云：「此血淚相濡之史蹟也，固有別於尋常畫軸，嘗倩人欣賞已哉」？其評價如此。

還批忠實地描寫香港之戰的作品一半仍由作者們自診濟，另一半却給收藏家牧賑去了。

爭到淪陷後的景象在他們的回憶裏活動着，他們開始在自己的創作上表現這一勁盪的大場面。香港淪陷一週年紀念日，他們的作品已經完成得差不多了，那就是中英文化協會主辦的「香港受難」畫展，常時參加的出品人有楊秋人，郁風，盛此君，溫濤等六人。他們還運用若干種繪畫形式表現一個主題：香港之戰。他們這批作品在重慶展出，出品人

第二年四月，遺批作品在重慶展出，出品人

（上文接第三十七頁）

鉅堂孤鳴大勢訛，艦隊悉殲殘內寇，

軍威迭挫密芝那，笠原島接中途島，

拱衛神京無限好，勁騎長驅渡洛河，

閒關不守無堅鏡，兵臨城下迷攻堅，

電掃海彊如拉稿，鐵桶皇都感勤怙，

彈丸香源添頃懷，強徵少壯及工商，

故振聲威增屢倦，三國宣言白馬刑，

四強協力黃龍搗，一朝狼狽辱羊奔，

滿地獨絲騰樹倒，魚貫繽躲入大門，

沙陀兵馬復梅尊，天旋地轉湔前恥，

雨留雲翳報夙寃，萬水僚軍同屈膝，

三下怦履返驚魂，湖山此日偏原主，

却火何時溶舊振，政制改絃先帑制，

也知堂務從虔濟，抑平糧偷救生靈，

慶藥軍鈔同顧敬，窮寇膏皇朝可禪，

邦人損失難爲計，奔狼突豕豢羅囚，

社鼠城狐威癡惡，爆竹喧天此一時，

呼豪祝捷堅島夷，止戈一旦誰之力，

僑胞重覩漢族旗，和鋒首天致服上刑，

格致鑽研臻奧域，欣知肠草歸盟國，

僑人心遙通神識，弱水此時人可渡，

宇內陰霾邊歸淸，八年擾攘妖氛靖，

香江今夜月重明，我效詞人詩作史，

百感低徊羅夢聲，紀將前事撰吟聲。

檢查·葉淺予作「香港的受難」之一

香港淪陷記

杜惜冰

一九四一年十二月八日早晨，日本機偷襲珍珠港行動之後，也發動了對香港的攻擊，他先用飛機轟炸啓德機場，但因手段拙劣，機場沒有炸中，卻炸死了附近民房裏不少居民，接着他便從海陸兩面來包圍這英帝國在遠東最老牌曡的香港，陸上的日軍則由九龍以北的新界向九龍推進。

新界的形勢像一把張開的扇子一樣，要防守佳牠，在地形上有相當的困難，從沙頭到深圳差不多有一百華里，而進攻的敵人數帶又遠超過駐軍，那時防禦新界的英軍，如拿大軍和印度軍的實力，約一萬五千人，但是孤軍作戰，短期內沒有獲得增援的希望，死一個少一個，而日軍卻相反，他有廣大的後方。這猝然爆發的戰爭，使香港陷於劣勢的地位，戰一開始，就讓日軍法取了主動，新界的防綫在戰爭開始後就在日軍猛烈的砲火和俯衝轟炸下向後撤退，日軍則一步一步的逼近了九龍。這時大家的希望，就是能夠把戰爭的時間支持得久長一些，以便等候中國方面援軍的到來。在大家這種希望中，香港政府忽然想起了當初華南戰爭時由深圳方面關過新界來被解除武裝囚禁的我們中國孤軍，於是立刻把他們全部釋放出來，發給他們槍枝，叫他們上火綫，這可以說是香港戰爭中最初的援軍。這一支有五百人

日軍在北角登陸後，正越過燃燒中之銅鑼灣油庫旁。

的嶮伍，曾經在前方進行過無數次的衝鋒，更由於地理的熟悉，作戰的英勇，使和他們並肩在一起作戰的友軍感到異常的驚佩。由於他們的英勇犧牲，才使逐步後撤的防綫穩定了一個時候，但因日本第五縱隊的搗亂，和英軍作戰時缺乏勇敢的自信，以致這一個火柴的揭露，大家可以守上相當時間的狹長的九龍半島，在開戰後不過五天，就全部淪陷了。日本第五縱隊的活動是可驚的，當九龍英軍無備撤退到香港的時候，戰綫還在九龍市區以外，但第五縱隊已在九龍最高的半島酒店上掛起太陽旗來，同時不斷用手槍向下射擊。日軍從荃灣那一綫上逐漸向九龍市區逼近，在市面外面的英軍，偶然一抬頭，發現了半島酒店屋頂上的太陽旗，以爲後路已經給敵人截斷了，於是在慌亂的狀態中，如拿大軍有一部份作了俘虜。在鄰近半島酒店的尖沙嘴碼頭，本來駐紮一部英軍，和一部準備在市區裏掩護撤退的印度軍。這時大部份的英軍已絡續撤過海了！當這一小部英軍發見半島酒店上有了太陽旗時，也就離開了九龍。最後，擔任掩護最後的印度軍，他們獲得了英軍遺留的機關槍，不停的向岸上掃射，雙方的機關槍間地射個不停。印軍也在船後架起機關槍向九龍市區裏連一個日兵也沒有來到了！這時香港守軍開始在山嶺上用大砲轟擊九龍倉庫了！在香港酒店，已經能看到九龍倉庫中彈起火，以及半島酒店

上的太陽旗隨風飄揚。十二月十二日晚上，日軍便進據了九龍，和香港英守軍形成隔海相對的狀態，雙方互相用火砲猛轟。香港的砲彈確實發揮了充分的威力，一個重砲彈發射出去以後，房屋真的玻璃窗都被震得顫起來了，一次一次的發砲，嚇嚇着九龍的敵人和海外的兵艦，引起九龍市區內的瀰天大火。同時日軍的砲彈也不斷向香港飛來，香港市區裏差不多全被房子佔滿，每一層房子裏都是住滿了人的，一個砲彈落在房子裏，總有幾個人被炸上彈片而死亡。一個砲彈落在香港市區的半空中而爆裂了，市區裏滿着砲彈了！日軍的大砲起先是不斷的轟擊山頂，後來就瀰無目標的亂轟，這些砲彈有的是從兵艦上發來的小鋼砲，都紛紛撤下山來的時候，市區裏住着的居民都住在香港和九龍之間飛濺着，其間雙方的砲整當半山區和高山區的平時被關氣的住宅裏，來的佔多數。這時，香港已整個被包圍了。海外從九龍陸地上發來的海軍砲。

香港佔香港人口百份之九十以上的中國人，只好把唯一的希望寄托在中國軍隊身上，希望他們立即開回九龍。中國軍隊從來能反攻過九龍，砲彈仍每像穿市內。日軍已經佔據了整個九龍，空中活躍的不是英國的飛機，而是日幟不停的在偷偷轟炸。波們在

日軍殺人所用之鋭刀，圖示受刑者正在鋭刀邊緣。

油蘇地碼頭向香港方面直駛，起先軍用機關槍掃射，艇上就亂拋起白旗來，等小艇在香港靠岸後，雙方的砲戰就停止了，空中也沒有俯衝的轟炸機。這一個上午是安靜的，就時正是日方要挾辭港怪私人秘書李氏夫人一起勒誘港仔投降的時候，到小艇重返九龍後不久。砲戰立刻又開始了。

這是香港拒絕投降的第一次。第二次是一個下午，時間在第一次和後幾天，搖着白旗的小艇，又從油蘇地碼頭間香港方面真駛過來，小艇進海以後，雙方的砲聲又停止了。一直到晚上港仔拒絕了投降，才又發生了砲戰。當香港當局的態度仍舊十分強硬，港怪楊慕琦爵士仍經警告日方，如果再有「和平使者」過海來，香港將不客氣的射擊了。於是和平之門就此關閉，局勢越來越嚴重。

銅鑼灣一帶轟炸集中在香港的上空，在黑暗不顧香港犬不顧香港上空兩天的寧轉來轉去。銅鑼灣的汽油庫發生火災了，日軍的砲彈和杆彈仍舊不停的落在這一帶，炸彈一帶

螫和砲彈聲多得難以分辨出來，爆炸聲幾乎震破了人們的耳膜。火勢隨着風向不斷的擴大，眤上整個東區的房屋，都在火光下映照過來。清晰的機關槍聲，不停的獰笑，回聲使山谷削起了共鳴，就在這樣的夜晚，大批日軍在火光下渡過了海。猛烈的砲火和轟炸，使香港和九龍距離最近的地方立住腳跟，漫天的黑煙籠罩着海面，使香港守軍無法沿海邊喪失了目標。符其對是九龍距離最近的地方，日軍就從那勢過海登陸，逐步向銅鑼灣推進。這時香港山嶺上的大砲已經轟不到這近過來的敵

人了，於是機關槍便代替了大砲，滿山谷都響着清晰的隆隆聲。孤島的保衛戰從此進入了巷戰階段。日方的漫軍，源源不斷的由九龍裝運過來，英方的坦克軍也出動在馬路上巡邏，漫天的黑煙，籠罩着整個的銅鑼灣。防守銅鑼灣方面的英軍，作戰的不夠沉着，是毋庸諱言的。有一個穿着黃色長褲的中國人，在跑馬地附近走路，英國兵突然向他開了一槍，原來他以為穿黃色褲的日軍已經繞到英軍後方來了。馬路上架起了機關槍，晚上，一發見對面有人影，英軍立刻架起無目標的掃射。

日本官兵環立圍觀生葬二華人一西人。

到跑馬地了！十二月二十四日的晚上，巷戰進行得很激烈，這一面放了一排子彈，接着那面也間了一排，幾乎全部是機關槍了，步槍整是聽不到的，此外便是擲彈筒的聲音和小鋼砲的聲音。第二天，便是聖誕節，這天上午，日軍佔領了跑馬地，戰爭在灣仔與島日報館附近進行，這裏是一個不吉祥的聖誕節，平時的狂歡熱鬧都成為過去的陳跡，香港居民都只好在防空洞裏渡過這黑色的聖誕日。到了下午，砲聲忽然停止，日機也不再丟擲炸彈，機關槍也不叫了，原來香港常局這時已和日軍進行和平談判，中環有一幢掛着白旗的汽車馳到跑馬地道面的日軍司令部來。

等到那輛汽車回到中環第二次再轉來的時候，香港的命運就決定了！下午六點鐘，雙方簽了字的「停止戰爭」，於懸崖是是由英帝國統治了一百年的香港，便暫時失去了他的統治權。先後繼續了十八天的戰爭，把香港從天堂帶到了地獄。米字旗換上血腥的太陽旗以後，這平靜了百年的海島，便整個的沉落在血腥裏了。日軍在奪得香港後二天，舉行規模盛大的「入城式」，除步兵排成隊形，海軍、海軍陸戰隊一起受指揮官的檢閱，軍樂隊的喇叭吹得特別響，銅鼓也敲得特別有勁。頭上三、四十架飛機，在低空飛過，飛過的時候，必須一律通用軍用批傳單，傳單是日軍到處，遠宕決嚴懲處罪。有一架飛機在九龍上空。

作種種技術表演，翻斗、兜圈子、玩了一火堆花樣，就在這時候，三艘小型日艦也載送映入香港和九龍間的海面，船上掛滿了旗幟，算是慶祝的意思。日軍在歡天喜地興高彩烈慶祝他們的「入城式」一後，士兵們放假縱樂，這些喝醉了酒的日兵，到夜半就四出尋找女人，他們二三個一組，敲打隨便那一家的門戶，門板被敲打得震天價響，有被敲得三、四層樓的屋頂上亂跑，很多女人遭到了侮辱，有幾個女人說：她們不怕炸彈和機關槍，因為那一來死去就是，她們最怕是日兵的電筒和使人胆寒的敲門聲，有三四個日兵，一起輪姦一個女人，女人們躲在各處，日兵的電筒就到處亂射，給他發現了立刻被拖出去。

女人嚇得在三、四層樓的屋頂上亂跑，很多女人遭到了侮辱，有幾個女人說：她們不怕炸彈和機關槍，因為那一來死去就是，她們最怕是日兵的電筒和使人胆寒的敲門聲，有三四個日兵，一起輪姦一個女人，女人們躲在各處，日兵的電筒就到處亂射，給一隻見沉重的皮鞋聲，女人們立刻就神經質地跳了起來，趕緊躲到預先設法隱藏的地方去。有些日兵很俏皮的，他在白天看見了這個房子

日軍任意將居民處死

虐殺犯人毛其士以正軍律

香港百年史（一九四八）

57

寓有女人進去，瞬上就一定來敲門，敲開了門以後，他的搜索也特別仔細地起勁。毫無抵抗力量的市民們，想出了一種消極的防禦辦法，每一條街每一幢房子的每一層樓，任何一家鐘房子的那一層，都預先商定，任何一家鐘房子的人家來敲門時，都預先商定，另一面就收起銅鐵或者面盆，這一家敲着臉盆，洋油箱，以及一切能夠發出聲音的東西，一面裝着要翻騰，使來找尋女人的日兵，感到心寒而不敢鬧事。馬路上被彈片擊斃的死屍，大多依舊躺在那裏。馬路來就遭這樣一直沒有人去理會。有幾條馬路上，日兵正在拉夫，看到有人家開了扇門的，他們就走進去拉了男人出來，叫他帶了掃帚在馬路上掃街，因為被拉的人身份不同，馬路上就充滿了奇怪的掃街夫，有穿着短衣的，有穿着長衫的，也有穿着西裝打一條大紅領帶的，有躺淺的地方，被日軍劃為軍事區域，禁止一切外人闖入，有一個青年男子在灣仔附近，不小心闖入了軍事區域裏，日兵奔上來常腕就是一刺刀，當那深深插進胸膛的刺刀拔出來的時候，鮮血從刺刀上不斷的流下來。那日兵招呼了兩個同伴來，很隨便的把屍體拖去了。馬路上的店舖沒有一家開門的，有許多店門上貼着寫的「被却一空」的條子，一些人的店舖都給封了，門口釘上大日本軍隊軍管理一或「海軍管理」的牌子。日軍的「安民佈告」上雖然寫着：「保護華人財產，香港戰爭是對付白種人的戰爭」，可是許多中國人的舖都給封了，那是比較大一些的店舖，如

朱施，永安，火新國貨公司，五金材料行，汽車行，以及資本比較雄厚的大商行，激人的佈告說明這平包括所有一切物質在內，都在禁制之列，沒有經過日軍的允許，一切物品都不許自由移動或搬運。一面他便加緊搜括所有的物質，香港所有的汽車，不論是卡車，公共汽車，小汽車，都被捨去，集中在匯豐銀行附近的草地上。日軍和中國打了四年多仗，從沒有得到過還條物質豐富的城市，在還次香港戰爭中，他們真可說是發了一大筆橫財。同時日軍又加緊的搜捕抗日份子了，日憲兵挨家搜查，發見有抗日嫌疑的，就被拖進門外的汽車裏去，可是抗日份子是捉不完的，一百六十萬居民中，那裏去找到他們呢？日軍的搜查並沒有多大效用，真的抗日份子都給漏網了！日軍雖然佔領香港，可是他們心目中的抗日份子，連我政府官吏在內，都已經早從水路和陸路洗了出去，平安地還離香港了。

香港在昔承平的時代，也有不少點綴昇平的韻事。到了風流雲散的今日，上了年紀的人還有津津樂道的。香港的九老團便是其中韻事之一。但是九老團除了一老還健在外，其他八老通老成凋謝了，現在還碩果僅存的一老，便是周壽臣爵士。周老雖鐵如恒，健步如飛，真好像地獄茂松，老而彌勁。還九老團照年齡的排列：（一）李煜堂。（二）周東生。（三）杜四端。（四）郭少遑。（五）傅襄鵬。（六）周壽臣。（七）郭靖堂。（八）周始南。（九）李右泉。在民國廿一年時計算，他們的年齡如下：李煜堂八十四歲，周東

日軍殺人之又一姿勢

香港九老團

生七十七歲，杜四端七十四歲，郭少遑七十四歲，傅襄鵬七十三歲，周壽臣七十二歲，郭靖堂七十二歲，周始南七十二歲，李右泉七十一歲，他有子孫十二歲。那時年齡最長的首推李煜堂，最幼的是李冠右泉，子孫最多的是周東生，他有子孫八十二人，九老年齡共六百七十六歲，共有子孫三百三十人。民國二十一年十一月二十四日，謝家寶，樂七貽和李冠的名義書贈一聯賀上壽，聯文是「一堂首叙慶頌千秋」。現恭逢匯九老，一堂首叙慶頌

春，曾舉九老團觀壽，謝家寶以東道主八歲了，想想他老人家閱歷當年，九老團的盛事，或者有很多感慨罷。

HONG KONG

第 二 章

政 治

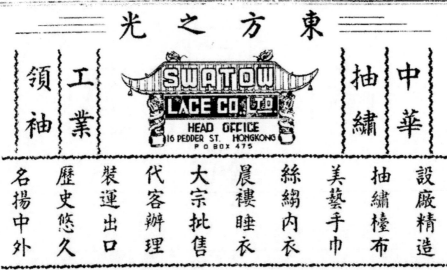

香港歷任總督

一八四一年義律（行政長官）
一八四三年砵甸乍爵士
一八四四年戴維斯爵士
一八四八年文咸（即般含）
一八五一年乍畏斯少將
一八五二年寶寧（署理）
一八五四年寶寧爵士
一八五九年羅便臣爵士
一八五九年孖沙（署理）
一八六五年麥當奴爵士
一八六五年孖撒爾（署理）
一八六六年威菲路少將
一八七一年麥當奴少將
一八七二年堅尼地爵士
一八七五年柯士甸（護督）
一八七七年堅尼地爵士
一八七七年軒尼詩爵士
一八八二年寶雲爵士
一八八三年馬殊（護督）
一八八五年馬殊
一八八七年金馬倫少將（護督）
一八八七年德輔爵士
一八九〇年德輔
一八九一年柏架少將（護督）
一八九一年羅便臣爵士

一八九八年布力少將（護督）
一八九八年卜力爵士
一九〇二年加斯覺少將（護督）
一九〇三年梅氏（護督）
一九〇四年彌敦爵士
一九〇六年梅氏（護督）
一九〇七年彌敦（即魯格）
一九〇七年盧押准將（即魯格）
一九一〇—一二年梅含理爵士（護督）
一九一二年盧押准將（護督）
一九一二年梅爵士
一九一三年史雲（護督）
一九一四—一九年梅爵士
一九一七—一八年史雲（護督）
一九一八年史塔士爵士
一九二二年金文泰（護督）
一九二五年史塔士爵士
一九二五年金文泰爵士
一九二八年修頓（護督）
一九三〇年金文泰爵士
一九三〇年貝璐爵士
一九三五年修頓（護督）
一九三五年貝璐爵士
一九三〇—三七年郝德傑爵士
一九三七年羅富國爵士
一九四一年岳桐中將（代督）
一九四一年楊慕琦爵士
一九四二—四六年日本佔領及英軍事政府，司令官區夏縋中將
一九四六—四七年楊慕琦爵士
一九四七年葛量洪爵士

第二章 政治

八十年前之海軍船塢

香港立法局

蘇福祥

香港的立法局，等於英國的國會，一切法律條文的頒布，都要經過立法局的首肯，二讀和三讀通過的，任何的決案，如果不經過立法局的三讀通過，便不能夠成為法律的。除了議訂法律之外，香港政府的財政預算案也要在立法局提出通過的。

立法局的英文原名是 Legislative Council 或「議政局」這些名稱也常常被提出。現在，中文報紙都已把它的名字譯作「立法局」，以前曾經繙譯成「定例局」和「議政局」。到

立法局設有非官議員席，這些非官議員就是民眾的代表，雖然他們是香港政府委任而不是由民眾公開選舉的，但他們在名義上和事實上確是民眾代表，因為在討論法案和預算案的時候，他們的犧牲是站在民眾方面講說話的。

立法局的組織可以說是一種代議制度，因為立法局有非官議員兩種。有官守議員指定由各主要機關首長充任，都是當然議員，各機關首長如下：香港總督（兼任當然主席）·陸軍司令·輔政司·律政司·財政司·醫務總監·工務司。非官議員都是由港督呈准殖民部大臣委任的，計分英國·中國·和葡萄牙籍三個國籍的民眾代表，席位分配如次，英國籍三名，中國籍三名，葡萄牙籍一名。

不知是否根據什麼法律或不成文的法律任何

法案在立法局提出首讀通過時必定獲得一致通過的，對任何法案的辯論，都是在那法案提出之三讀通過時舉行的，如果二讀通過不受到障礙，三讀通過時也就再無問題的了。財政預算案的辯論也是在預算案提出三讀通過的時候才舉行的。立法局或立法局議員在辯論法案或者預算案的時候，有時候也爭持得很劇烈，不過，因為有官守議員的席位比較非官議員的席位多，所以，任使全體非官議員對某一法案一致堅持着反對的意見，結果也不易把案推翻的。雖然他們的劇烈反對有時候可以影響到政府當局要把眼案修正一下。

立法局會議議程，都是預先印好的，途給各議員的。議員如有對政府提出任何質問或提案，也要預先通知立法局秘書，把質問和提案列入議程來。因此，立法局的會議，除了辯論會外，不很費時間的，臨時動議如屬特殊事件，在會議席上徵得主席同意，也可以提出的，不過，臨時動議是不常有的。

現任的立法局議員名單如次：有官守議員：有香港總督葛量洪爵士（主席），輔政司麥道高，財政司富蘭士，陸軍司令區士頓少將，律政司祁禮芬，醫務總監羅士，華民政務司杜德，工務司簡義夫。非官議員，羅文錦，蘭道爾，周俊年，羅文錦，醫務總督羅士，華特生。

和周俊年這三位變華人代表，廖亞利孖打是葡萄牙籍的居民代表。英國籍居民代表中，周俊年是一個股商，蘭道爾和基爾斯比都是這裏英國大商行的經理，華特生是一個有名的律師，三位華人代表中，周俊年是一個股商，蘭道爾是一位註冊西醫生。葡萄牙籍居民代表廖亞利孖打是一位大律師，但他在香港復員以後，便受僱於香港法院做一個法官。

立法局議員這一羣，都是德高望重，而且是富有經驗的人，他們年紀雖不很老，可是他們中有七位，因為事業的繁忙或者年齡的關係有位完全光禿的，根據我們中國人的說法，不曾有位完全光禿的，根據我們中國人的說法，禿了頭，雖然他們禿頭的程度有所不同，雖然禿頭的那幾位，戴眼鏡並不就是禿頭的那幾位，有七位是戴眼鏡的，人數恰巧和禿頭的相等，不？立法局議員，包括有官守議員和非官議員的，禿頭也許就是勞心的結果吧？

立法局議員這一羣，人數卻不比戴眼鏡的多。十五名有官守議員和非官議員中，紙有四位蓄鬍子的，同時，他們所蓄的鬍子式樣也各自不同，非官議員蘭道爾和基爾斯比。議員們對於服裝的選擇，雖然各自不同，但大多數都穿洋服。茲別祇有兩位是陸軍司令區士頓少將。其中僅有兩位不穿洋服的一位是陸軍司令區士頓少將，歐式和質地。另一位是華人代表，每次出席會議都穿陸軍制服。有兩位都穿洋服，茲別祇有一位是陸軍司令區士頓少將，從來不曾在公共場所看見過他穿

這三位是英國籍居民的代表，周俊年，羅文錦，華特生。在非官議員中，蘭道爾，基爾斯比和華特生，每次出席會議都穿洋服，只有周俊年先生，他一向都穿着中國長袍子。

香港·澳門雙城成長經典

香港的法律精神

胡學青

初到香港的人們，對於香港的法律，許多都不大明瞭，由於對當地法律的不了解，他們對於有關法律的事情或問題，顯然感覺有點奇怪。

其實，香港的法律精神是根據英國法律精神的，英國法律就是所謂的「海島法律」，跟歐洲大陸的法律，有點不同，我們中國的法律，不能否認多少受到日本法律的影響，日本的法律是根據德國法律作藍本的，德國法律即所謂「大陸法律」。因為「海島法律」和「大陸法律」精神根本有所不同，所以習慣於「大陸法律」的，對於「海島法律」，常然不免看得奇怪了。

「海島法律」和「大陸法律」的差別，最顯著的例證是：一件由法庭審訊中而未判決的案，根據「大陸法律」的精神，任何人都可以對該案發表意見，但到該案判決以後，大家再不能有說話了。但根據「海島法律」的精神：在法庭還未審訊終結之前，任何人對於該案都不能發表任何意見或批評，罵的恐怕還些批評會影響到法官對該案的見解和判決。「法律吧！

六十年前之聖約翰禮拜堂

是盲目的」，這是「海島法律」的精神，換句話說，即是「法律無私」不偏不倚。

香港的法律精神根本就是「海島法律」精神，所以，在香港發生的任何案子，不論案情怎樣，只要在法庭尚在進行審訊中，任何人都不能加以批評或就該案的情節或案中人發表任何的意見。不然的話，他可能被起訴：「藐視法庭」的罪名。因為這裏的法律是這樣的，尚以這裏的報紙，對於任何在審訊中的案子，祗有依照法庭審訊情形，平鋪直叙的記載，沒有批評，這就是明白當地法律的編輯先生和新聞記者的審慎，為的他們怕被起訴「藐視法庭」的罪名。

不過，在案子審訊終結以後，任何人都可對該案發表意見，因為這是一種「海島法律」精神所容許的，在香港，情形也爲如此，祗要批評不涉及私人，不觸犯「誹謗」法條，就不會遭受限制的。香港帮紙很少看得見在案子審訊終結後對該案的批評，大概也是由於過度的謹慎的批評。

香港大罷工印象記

法國安得烈·馬爾洛著

一九二五年秋天，省港大罷工之際，一位法國作家經過香港的印象。

六月二十五日，在印度洋舟中

香港這一個島，地圖上是用黑色塗的，並且畫得很顯明，她像一根用什麼似的封住了珠江·沿江岸展開着灰色的一塊，那就是廣州，周圍的點子，則表示着散處四郊的鄉鎮。牠們與英國大礮的距離，紙有幾小時的路程。每天，旅客們總是注視着這類小黑點，彷彿在期待着什麼啟示。他們開始有點不安，現在却憂愁起來了，而且焦灼地猜度着：究竟他們生命所寄托的煤墨——這世界上最富的煤墨，行將如何防衛。

假使香港遇到了災害，早晚淪落為小小的商埠，又假使牠簡直就此衰竭了。我們乘客中的一些棉花商與馬商，很清楚地懂得這一點，他們大概都在盤算着，「這事件會怎樣地影響到我的事業？」他們那一付滿腔心事的臉色，就是目前進行着的可怕鬥爭的反映，這鬥爭乃是一個混亂的，臨時糾結起來的國家，反對着世上那個最有力的，最堅韌與最強有力的民族。……

七月五日九點鐘，在香港灣內

我們剛剛經過了燈塔，誰都不想去睡覺。我們無論男女，都留在甲板上，喝着檸檬，威士忌酒與蘇打水。

平水望去，一排排電燈泡，用光明的紫綫繪出了中國茶館的輪廓。在邊上面，隆起那有名的與可怕的大山，牠的下部是黑暗而深窈的，逐漸高聳到天上的星星之間，形成了圓頂，變成為一種東式的浮雕，上面蒙着一層薄霧。牠不是一種具有深度與立體的東西，有如一個黑暗的帶電燈，（這是馬路嗎？）圍繞着那兩個浮雕的世界。一

最高點，即山頂，好像是一隻項圈，遠望房屋之中。

減像是一簇簇櫊其聚接的燈光，差不多與中國朵館那個凶猛的側面的上端混和；隨着山勢的上升，牠們遂漸稀淡，一直消失在明亮的星光之中。

海灣裏停泊着無數大汽船，由各層窗洞中射出來的高低不一的燈光，反映在倉未冷却的水中，與市內體燈的倒影相混。無論在中國天空與水上的這些燈光，都不能叫人想起牠們的創造者——白人——的權力，而只能令人想到波黑內西亞島上閃耀的神祇，在黑暗中散佈了許多發光蟲......

有一張昏暗的垂直的幕布，打我們的面前程過，牠逃蓋了一切，除了單純的月季聲外，再聽不到其他的聲音。這是一艘中國沙船。空氣是溫暖的，而且是那樣的半靜......

燈光閃爍的大地，突然間不向我們面前奔來了。船已經停了。開始下錨，發出一陣鐵練擊動的聲音。明晨七時，警察要上前來檢查。目前誰都不准登岸。

香港，次日早晨

船上水手把我們的行李搬上公司的小汽輪沒有一個苦力來兜攬生意。我們在平滑的水面上前進，一點沒有搖動。突然間，常我們的小船繞過一個小小的失端，商業區域出現在我們的眼前了。沿碼頭有許多高大的建築，有一艘從編敦或漢堡來的郵船。小汽輪停靠在軍站附近的碼頭上，這是廣九鐵路的終點。

歐洲人間的旅館遣派搬運夫來，一個搬夫也沒有。據說輪船公司曾發電請求各個仍然沒有苦力。

旅客們在水兵的幫助之下，自己把搬運行李到岸上來，費了很大的力氣。

現在我是在碼頭上了。那是寂寞荒涼的，連一個人影兒都沒有。我從一條寬廣的馬路上走去

，看來似乎可以走到市中心去的。房屋的建築是一半法蘭達式與一半現代式的：三角形的屋頂與三合土的平頂相互地錯綜着。八層樓的房屋夾成好幾條狹窄的街道，在那些街道的盡頭，乃是些長老會的圓頂禮拜堂，還叫人想起倫敦的聖保祿教堂來。上面，到處都能望見石山與絕頂的叢綠。地面板軟，人們的靴子走過，並無聲息。

那裏沒有住宅，而祇有銀行，公司——公司……貼着廣告的牌子。在這一切的上面，中國的尖削的山，又在靜寂中圍住了我們。全市也許染上了某種沒病吧……還是一座廢棄的城市了，被一種夜的靜寂所統治着。不過她還不像脫了韁繩的大機器。

在那准許停靠汽車與人力車的揭示牌底下，沒有一輛車子，一個英國兵穿過馬路。在我的後面，一個穿木屐的中國人在走路，發出滴搭的聲音，似乎有意姿加強靜寂的惆悵。

在香港旅館裏，入口的過道沒有一個人。撳全島活動的中心，但在今天，連此地都是寂靜荒涼的。山頂去的馬路，都橫栽過道像大道。本來此地是逗留了三日。開始來同我講話，與一個從安南來的法國人，他因罷工之故，在此已遊走路的雜沓。看不到白色的展長老會分配蔬菜或肉食。遠遠地，人們可以聽到木屐走路的雜沓。看不到摩涼的。一對穿着不軍服裝的英國龍勇兵，很密切聯絡着，偵探着，有如警探。這些安南的侍者。還些安南的侍者的話，他開始一句也不懂我的話。這些安南的侍者，請安南政府派遣場去分配蔬菜或肉食。

店裏是黑暗的，因為電燈已經拆了。到處都能見到漢朝的大花靴，不過一個顧客也沒有，人們看見一羣神采煥發的人，大家都一動也不動地讀着門上貼着的罷工佈告。南華早報館的牆邊擺着印字機的架子，但是沒有一個人在那上面工作。在旅客，他們正在尋找房間，彷徨着，忙碌得有如跌蕩，手更緊攀皮似或頭盔，用手巾揩拭前額，向後梳掠頭髮，頭髮早已給汗水濕透了的一陣大喧鬧已經平靜，現在，說起來很奇怪時的一陣大喧鬧完全停住了；這些人穿着熱帶地方的白衣，在那些行李上透出來的牛皮氣氛中，靜靜地走來走去。孩子還是在哭。靠近我，有一個從安南來的法國人，他因罷工之故，在此已逗留了三日。開始來同我講話，與這樣天氣下，一個人祇要稍微動一下體力的勞動。在這樣天氣下，一個人祇要稍

少，要侍候搭快港內輪船上來的所有旅客，還嫌不夠。有人勸我到酒排間吃飯，酒排間雖此不遠，但我本來可以到船上去吃飯的。但是那隻小汽艇已經開了，而還裏可沒有別的小船。假使風扇一停來，老是恐慌着電氣供給的斷絕。時間還沒有到正午，但那些白種人簡直是無法生存下去了。我們來此，那些歐洲人組成的志願軍在電氣廠做工，才算除去了這個危險，到處都可以看見上下亂跑的算除了。幸有歐洲人組成的志願軍在電氣廠做工，才沒有到正午，但那是炎熱已經叫人幾乎睡着不能醒了。到處都能望逛去，時間還此，那些白種人簡直是無法生存下去了。

妓穿着極簡單的衣服，因為時間還太早，歌是去也沒用，因為老闆是中國人，酒排間關着。我打靈咸街走上山去，那條路是狹窄而傾陡。在此地，開始可以看到道地的中國風光：歌妓穿着極簡單的衣服，因為時間還太早，她們各種的姑娘們正要走到大學裏去聽講，身穿白色的上衫，短頭髮，鼻架牛角眼鏡。沒有男人。各家報紙的印刷所是空無所有。一陣濃郁的水仙香，從花市場中傳出來。還時我從窗口望逛去，見到漢朝的大花靴，不過一個顧客也沒有，人們

李放好，我又出來了。

中午

午飯不開。昨天才從安南來的侍者，人數太

開了，偏用著歐亞混血兒或從上海來的白俄，一位名叫克那因的德國工的情形……似乎與龍一組織有關，他向我談起這裏囂工的情形：

「呀，老朋友，這是一個好景象，早晨到了之後，看見過得道上的情形嗎？你今天不得什麼，要真正能懂得牠，必細從內骨子裏去看。」

「那末你從內骨子裏看到些什麼呢？」

「呀！那就是無奇不有！你且看貨物的價格吧。去年要值五千塊錢的房子，今年祇能賣一千五百。就是這樣的價錢，也還是很難賣掉。還種房屋的價格，並不是沒有意義的，這一點，你總該知道的吧。再則，還有那些商店，假使他們在日前還沒有關完，那你不妨到這些大鋪子，例如到惠羅公司，滬甸公司或耶魯公司去買一只鉛筆，那你唯恐不及地跑來侍候你。那裏也許會有三個人過來給你包紮你所買好的東西，哈哈，他們現在是有空時間了。……而且知道怎樣去利用這些閒暇，夫，水菓店員，輪船上的裝貨員，都是忘願軍充

這是因為有銀行可以通融呀，老朋友，這是因為銀行奉到了命令，不得不借貸給他們。這當然會使銀行家受到損失的，如果你想到這些情形的話如何，渣甸公司或耶魯公司去買一只鉛筆，可以付賬的新水，這一點你總也可相信的。錢，五百元。去年要值五千塊錢的房子，今年祇能賣一千

香港之高等法庭及其前面之維多利亞女皇像

任的……看見麥金朵公司，經理的肩上揹著一支步槍，倒是很貴心悅目的。他的身上穿著皮外套，在海灣裏停泊的。

上了船，佔了艙位之後，我就跑到甲板上去。船開了，到倚在椅子裏，我在暮色蒼茫中間看著香港，她的燈光在遠漸地亮起來……漸漸地，那座石山上的燈火，開始像一套不勤的火星，也還是白色的，天空則很快地在變換顏色。

香港之夜

六點鐘。在碼頭上，光輝已經從天際消失……

現在我所能看見的香港島的全部，只是由一串閃爍的光點所織成的一個倒影，這些光點在幽黑的大空中，無力地縮小著。巨大的廣告字浮現在房屋的上面，還都是英國大公司的廣告，在一個月以前，這些燦爛的光明的電球曾照耀濱全市的。可是現在因為電氣太寶貴了，不能作為廣告之用。他們那光亮的顏色已經消逝在黑暗中～，攝器業已生了銹，而且既了窗簾。在一個突變之後，他們的地位將被中國山上的頹垣殘壁所代替。過地泥濘，復點綴磚塊叢草。這地方將如牠在三千年以前的情景一樣。聰敏的蛙木器，就這地樣使這水浸蜂擁蒼蚊蟲的夜裏，牠將消失在的島嶼問返家味狀態，留著牠富麗堂皇的外觀，但使那輝煌過的財富的象徵，（現在已變成巨大的黑招牌，）將不能滿天照耀了。

（梵希節譯自「征服者」）

……在對面，即在九龍，有二十幾個煙卤，似乎是死的，但其中有幾個卻開始嚷洋洋地以一縷輕烟，在清爽的大空中散佈黑點。兩斐公事汽船（都是由麻軍駕駛的）一來一往地在卤的面前慢慢地行著。沿著碼頭，泊了許多無人看管的、的

「太平紳士」的由來

潘孔言

香港太平紳士，其職責為傳達民意，及協助港政府維持治安，在非常時期，尤為港政府所倚重，如第一次全港大罷工時，檢查郵電，檢查報紙新聞等工作，皆由太平紳士擔任，此外，根據一八八六年香港保守治安則例，太平紳士更有極大權威，有權解散在街上聚衆滋擾之人，指揮侮上任何人協助維持治安，不聽命者得拘拿嫌疑人犯，不過，此權力僅限於非常時期使用。

一九〇八年，港督盧押，因爲維持香港治安，宣佈此則例，賦予太平紳士上述各項權力，是年因爲「二辰丸」案，中國各地抵制日貨，香港華人尤其熱心，侮賣日貨商人，都受蹂躪制裁，或投石毀其窗棚，或奪取日貨而焚之，甚至拘拿到處制裁焚賣日貨倉，存有大量日貨，致被敢死隊包圍，勢將衝入搗毀，有大隊警差判堆彈壓，始得無事，而致於放槍傷人，港督甚至調動陸軍入市，協助警察維持治安，但是羣情洶湧，無法禁制，敢死會依然四出活動，受割耳刑者日有所聞，日本僑民，更匿不敢出，港督盧押因此宣佈一八八六年香港保守治安條例，賦予太平紳士以協助維持治安之權，其佈告全文如下：

大英欽命總督香港新埠等處地方提督軍務水師提督部門佩帶二等寶星盧，爲出示曉諭，照得日來本港暴動之事，殊見迭出，實屬大礙地方治安，查一千八百八十六年第十條保守治安則例第六款內載，香港總督會同議政局因防有礙本港治安，可將本例佈告頒行等語，現本部堂特會同議政局議定施行該例，以懲不法，俾眾安謐，並將要摘出佈告園城色人等知悉，自出示後，凡屬本港各屬均一律照下項施行，各宜凜遵，切切特示。

計開：

（一）凡本港太平紳士見有擾亂之事出現，可飭令附近之人協同平亂，拘拿犯人，以保治安，倘無故而不允助力者，監禁三月。

（二）太平紳士見有聚衆變亂之事須先曉以大義，着其即行解散，不聽則拘之於案，監禁三月。

（三）除日用手作器具外，凡一切軍械刀劍等類均不准攜帶收藏，倘有違犯者，監禁六月。

（四）滋擾治安攜藏軍械之人除處以別種刑罰之外，兼可判以鞭笞之刑。

（五）太平紳士可以自己或飭令差役人等屋拘捕嫌疑滋事之人，並搜查軍械。

（六）倘有聯同龍市或禁嚇舖戶貿易運貨物，或阻人購買貨物，則拘控罰銀五十元，或監禁三月，或監禁罰欵兼行。

（七）倘緝捕查出犯例擾亂治安之人，報由督憲會同議政局不分其曾否入英籍，將其遞解出境。」

第 二 章 政 治

香港的「大車」

達源

「大車」是香港警察專用來拘捕小販的一種車輛。假如你從中環海市一帶熱鬧的地方走過，你便會時常看見很多小販，賣蔬菜的，賣雞蛋的，賣麵包的，賣花生的，賣糖果的，突然聞到「大車」來了的叫呼聲，便像戰時遠避敵機轟炸一樣，四散奔竄躲避。有些連隨在地上的貨品也來不及收拾，便溜之大吉。過了一會，警察便從車上巨黧的貨車裝出來，果然有停定，突然便叫車上蜂擁的跳下來，那些賣東西的男女老少，不一會被抓着的嫂子，任你甚麼樣求情，哭，不去睬，那些被捉着的哭，那麼警察也容不勤容，因為他們奉命執行聯務是不能隨便拘情的，結果呢，男的，女的，老的，統統都要連同自己的貨物，一齊被捕上車，車上時常都是滿載的，載得滿就開行。所以，小販們萬一走避不及，不幸而坐上「大車」，那麼一定要興備好三四十元，才能夠保釋出來。而所有的貨物，如果是食物，一定照數充公。沒有衛生局許可擅自製出來的食品，一定要興備繳納。就算可以發還貨食品經過隔宿之後，怎麼能夠賣貨呢？遇着這個時候，恐怕比老鼠喫着貓兒更為着張了。但是，小販們一經被捉上了「大車」之後，人人便曉得自己的命連業已註定了。身邊帶有銀錢的，還可以滿不在乎，假如所有的錢不夠作保欵的話，可以滿不在乎，轉告他的親屬或朋友證着便帶錢去贖。他們唯一的希望，就是希望保欵不會太高，那麼雖遭「不幸」，也算是幸了。故此，香港小販對於「大車」的恐懼，實在是非常懼的可以形容的。（參看五十六頁，有「大車」插圖。）

香港陪審員的制度

高峰

英國是個極講究法治的國家，司法制度舉世界各國所推崇。香港的司法行政自然是秉承英國司法制度來辦理。但因為地方上情形各有差異，為適應環境的需要，這裏的司法行政自然和在倫敦施行的有多少差異地方。

舉例如陪審制度條例，香港法庭所規定的陪審員人數和英國法庭的就不是一致，在英裏審訊的案件，其中涉人可以判處死刑的，則規定要有陪審員不少過十二人，香港法庭所規定的為七人，關於上述陪審員人數問題，戰前許多年以前香港的法律界人士曾經主張效英國法庭的制度。他們的理由認為香港最初規定的陪審員人數較諸英國為少。自然是因為香港懂得英語的人不多，所以陪審員人數不能規定太多，倒如一八六四年時，香港陪審員名冊裏僅祇得二十三人。但到一九二七年已增加到數百人，陪審員不能自由行為。到一八六八年那年，有兩人被控謀殺，審訊終日仍未能了結，要押候到第二天才繼續審訊，該案的陪審員均想目行返家休息，他要引用一八六四年條反對，可是濫法官反對，他要引用一八六四年條例，要派員把陪審員監視，結果各陪審員在法庭

香港陪審員制度和英國的還有一些未能一致的地方。將香港陪審員制期的條例，規定陪審員的制度就在去年底產生。在另一個角度看來，婦女在社會的地位因此而提高不鮮。到陪審員的，一呼就有一千七百名以上，但真正到現在，她們的名字雖然經由慈善發表，可是還沒一人奉命出庭。

關於做陪審員的資格，很是簡單。第一要你懂聽英語。年齡在廿一歲至六十歲。第二要你心

監察目監視下在一個酒店居住一晚，好把陪審的所謂懂聽英語的懂聽刊什麼用地而？就是要你懂得法官向陪審員申述案情綱要，證人的口供，和律師的辯論，當然這些程度已經不是容易，不過他們自己審度能夠有這些程度的話你就要向高級法庭申請擔當陪審員義務，毋容經過任何考試的，假如你有這種程度而不申報的話，可罰你一百元以下罰欵。又假如你被傳召庭而不到或遲到的，法庭也得向你罰欵。

關於陪審員人數問題。到夫年曾經一度修訂。考一八八七年陪審員條例，在審制刑事案件時要有陪審員五名以上一致之意見為意見，而在案情重大被告可被制死刑時，則七個陪審員的意見必須一致，該條例又規定：陪審員中有一人或二名因死亡，或患病、或有特別原因不能出庭時，不能繼續審訊，而須另選陪審員七名將案重新一名或二名陪審員經法庭准免予到庭，亦可繼續審訊，又遇一陪審員缺席時，則法官屬可處極刑之案件，如有六個陪審員亦可審判，這些修改，自然是因為時間的經濟和人力的節省。

戰後香港的法庭比戰前忙得加倍。登記陪審員人數不足以應實際上的需要，女性擔任陪審的制度就在去年底產生。

法律規定有幾種人：（甲）外國政府駐港機關官員而非營業者。（丙）報館的編輯和職員。（丁）現任大律師和書記。（戊）註冊醫生。（己）在職化學之教授，講師及其他職員。（庚）正式教會的傳道士。（辛）本港漢文學校以外，任何學校之教員及香港大學之教授，講師及其他職員。（壬）軍人包括海陸義勇軍人。（癸）船主及本港領港人。

身健全，非聾非啞，此外就沒有甚麼特別資格了。

做陪審員的出庭究竟要穿什麼衣服呢？法律沒有規定。記得高等法院長白樂高爵士對女陪審員廣播說過，謂有人問應否穿制於女陪審員應該穿什麼衣服到庭，他說他並非服裝專家，但女陪審員的衣服，毋須到出庭時之華麗。白爵士又謂，女陪審員可以參加結婚禮時之華麗。但切莫因做陪審員而要求丈夫買一件新帽。

女役時陪審員的資格常常和男的一樣要懂英語英國政府官吏（乙）如果她們能懂得他在去年十月八日晚在本港之BBW電台對女陪審員的廣播詞，那就算不到資格了。香則就要馬上申請免役（對已登記者而言）。

「報窮」的手續

一色

經營島業常然是希望賺錢，不過有時却會虧本的，許多人到這時候因不明本港法例一走了之，這樣情形便成為一個虧空者，按照法律，債團人是可以請求香港政府下通緝令的。

香港有一條報窮的法例，無論何人經營商業虧折，或欠着別人的債項，無力償還，但立心確是沒有騙他人的，那麼便可將個人或公司的貨物財產，全盤的數目，自行或由律師或核數師呈遞香港政府報窮署報窮，這樣便不必出於逃亡那一着了。

報窮署接到報窮人的課章後，便着手整理報窮人的財產，將財產攤那些債團人，債團人是無法異議的。同時債團人如果知到欠債者有不穩妥的情形時，亦可呈遞課章於報窮署，請求欠債人根據法例報窮而還欵的。

且將有關報窮的法例搜集如下，以供參攷：

「財產處理」先將所欠香港政府和報窮署的費用作扣除外，所餘的欵項，照下列次序扣除：

（一）扣除發通告時所欠香港政府的債項，而那些債項為十二個月內應交的。

（二）扣除由批准報窮之日，前四個月所書記及僱人的薪金，而總數却在三百元以內的。

（三）扣除由批准報窮之日，前四個月欠工金，如每工金或每件工程的工金，總數在一百元以內的。

（四）扣除已收學徒的學費。

以上俱於實數扣除，如財產不敷的時候，則所封的月數多寡四分別扣除，

「業主查封」凡欠債人有欠到業主租項的時候，無論於報窮的前後，皆可將鋪屋查封。但在欠債人報窮才查的的，則所封的月數，規定不能多過六個月。

「貨物停運」凡已入課堂報窮，欠債人非得到報窮署命令，如有將價值二十五元以上的貨物搬運者，香港政府可將報窮人扣留查辦。

「扣留查辦」凡報窮者不遵命到法庭調問，而沒有充份理由的，則可將報窮人扣留查辦。不過凡欲將欠債人扣留，而事前未發給報窮通告的，却不得將欠債人扣留。

「不得沒收」下列欠債人的財物不能沒收：（一）凡財產屬於信托者不能沒收。（二）凡報窮後，生意的用具，和本人與家屬日用所需的衣物床舖等，其所值不過一百元的，不得沒收。

數十年前之省港輪碼頭停泊者為「河南」輪

虐待牲畜有罪　樂天

香港對於生物的保護，素稱注意，凡是牲畜，都不能虐待，否則就加以處罰，立法局通過有嚴禁虐待牲畜的條例，包括飛禽走獸家畜，宰殺割屠可隨時為之，但虐待酷刑，則加禁止，警察人員對於此例之執行頗為認真，如有所見，即加逮捕，送官判罰。

一般居民最易觸犯禁例的，就是從街市方面購得雞鴨後，在歸家途中，往往漫不經意的，著手持便利的關係，把牠倒吊執著，如果給警察看見，就認為這是虐待的一例，馬上把倒持雞鴨者拘回警署，科以罰金。如鷄鴨由內地運來，用籤裝裁，須實容適體，否則，如果把百數十頭鷄鴨，塞在一個籠裏，擁擠不堪，有如沙甸魚一般，那麼，本來是害人的動物，如被警察發覺，也是違例，老鼠，本來易發生死亡，至若黑死病，便是老鼠所傳染，死亡甚速，傳染亦至易，五十年前，本港鼠疫流行，死人無數，衞生當局除精極為市民住射防疫針外，並為激底撲滅起見，乃發出佈告，獎勵捕鼠，且强迫市民合作，經過相當時間，捕獲鼠子，經過激底消滅，但鼠疫之恐怖，已為一般人所稔知，及今思之，就有談虎色變之概，直至現在，衞生當局為著市民的健康，深恐鼠疫再有發生，故對於捕鼠一事，依然努力不懈，由政府製造大批捕鼠器，分發店戶應用，並在各街道燈柱縣掛鼠箱，內備消毒藥水，凡居民捕獲鼠子，將其處死後，即投入鼠箱，每日由潔淨局派工清除。可是，禁止虐待牲畜條例，鼠子也在共列，故在港捕鼠殺鼠，只能用王道，不能用霸道，這警察的干涉或拘罰，這法例，以供養狗的居民參考。

（一）蓄犬須往警局領牌，但新界不在此例。牌費每年牝犬六元，牡犬三元，每年以十二月底為期。

（二）如屬看守環植之犬，呈上警局察驗，得警局之許可，可免領牌照。

（三）凡領牌時，警局所發之銅質鐵牌一個，須繫犬頸帶上。否則定為警察提去，或槍斃，叫遺失牌照，須要補領，補領費則收回一元。

（四）非領得入口之許可證，不得攜犬到港。

（五）凡攜犬附輪來港，如船主見有獸醫官發給「犬禁」許可證，方准搭客攜犬登岸。

（六）凡入「犬禁」時期，犬主須每日每頭繳納食桂一毛，如過期十五日不交者，則將該犬發售，犬主不得追究。

（七）凡在香港、九龍、及新九龍，蓄犬者，每日在下午十時至翌晨六時內，不得放犬出外遊行，否則遭警禁之拘繁。

（八）凡攜犬過境，須領執照，因華界附近時有狂犬發現，如犬主欲由小輪或汽車攜犬入新界，或由新界攜犬至本港各處者，須先向獸醫處領取執照。

（九）凡港府須行示驗，於瀕犬病發生時期，犬主如放犬出外，須帶咀套，或用鍊鎖拽引，否則控罰不貲。

警士無權毆人　止水

不久之前報載栽會箕洞警害一零七號三德佳客譚新泉控訴歐打判，被齊箕將大街一零七號三德佳客譚新泉控訴歐打，結果官制麥氏罰金二十元，或入獄兩個月之處分，港例警察執行職務，本無毆人之權，對犯法者雖能予以拘捕，控之於案，處分之權，諸法官，而不在於警士。毆人，寶屬違法，其理甚明。一九一八年七月三十日，亦曾有同樣事件發生，當年出入口客耕私帶辦遮衣威路，李煜棠之孫李煥才控訴殿打罪，威氏延僱臣律師處領取執照。為辯護，法官卒以辦無權毆人，判罰一百元，否則控罰不貲。

養狗的規例　一色

戰後的香港，居民對於養狗已成為一种時髦的風尚，可是許多人多不知本港的法例，常遭受警察特搜集關於本港蓄犬的法例，以供居民參考：

種族歧視的辯論

潘孔言

香港早年，中外居民，頗存種族歧視的觀念，直至坪在，此種觀念，佐然未能根絕。當年還有公然倡議電車和公園另設西人座位，不許華人進入者，此迫與上海租界公園「狗與華人不許入內」的禁條，同一使人氣憤也。此種倡議，雖祇發現於當日之西報，而未見諸於實行，但由此可見當日西人心目中視華人為如何矣！

俱是議者自認為美國人，其後致函西報殷論者則為蘇格蘭人，但勿論為美國人或為蘇格蘭人，此種倡議，皆為其平日歧視華人之心理所造成，則無可否認者矣。

此為一九〇八年事，是年九月二十六日，有歧視華人者投函英文南華早報，其大意謂，港政府治理地方，未甚適宜，以公共場所，克滿一切不潔淨之華人，西人咸欲避之而不可得，當宜於電車及公園等處，另設西人座位，禁止華人混入，以分別中西界限，庶可免與不潔華人接近等語。此函寄出後，有華商李惠霖者，全港華人譁然，致函痛斥之，原函云：

「逕啓者：貴報十九二十兩日所登自認為美人之投函，立論荒謬已極，不得不詢而闢之，近日有一種外國人，初到中國未久，即忘卻其本來面目，奮想自出，自高自傲，當其未離祖國前，家中一切雜務如刷鞋掃地，洗滌碗碟等工作，多自料理，不以此為賤役而不背為，及到中國後，則氣象頓更，妄自尊大，余料投函賈報之美人殆忘其類矣。此二君者，竟忘其在中國老

無所餐，此等西人，華人皆欲其速去，即上流歐美人亦不欲親之，蓋中西士商，交誼甚洽，西商則每欲設法使益加親睦，而每為此等所離間，此等人直可使被視為下流的華人也

吾請問此二君，假如盡屏華人於香港之外，二君能換回香港之地位否？蓋香港繁榮多賴華人之力也，彼若憎惡華人欲避之而不能，何不另圖他處以避之，此二君欲盡屏華人雖之於下流之列，方以為快，幸本港在英國管治之下，凡屬有智識的華人，俱知英例一視同仁，至公無私，本港進英人之功若何，華人之功若何，吾人應昭昭不慚。以此見割分中西界限，頁無異將華人自行出賣購來的權利也。再者，前有辱謗華人者，華人雖鄙之而誡默不言，近日中國民智日開，有毀之者必不容！」

此函在南華早報發表後，越數日，又有署名蘇格蘭人者復函，責無異將華人自行出賣購來之耳，吾惡告二君曰恩之，毋再言為此惡言也。

至有今日者，皆英人之功也，吾是指全國人而言，非指個人而言，吾請李二君直接答復，不可支吾，英國人開闢香港之功何等偉大，英海陸軍對於香港，其功之高又若何，英人輸納之賦稅，香港防備之我多半賴之，功又若何，香港因運鴉片入中國觀勝而得香港，引以為恥，然則非此之論，香港何得為英屬乎？欧鴉片一少

部份之人而已。至於李君貸賣華人好善之德，然則香京輪船沉沒，（按是年大風，香港輪主遇難）船主翦鐵，華人船東何不捐二百元以恤其家屬，好善者固如是乎？（下署名蘇格蘭人）

此函發表後，更別起李君的興趣，復致函中駁之，函云：「蘇格蘭人之償，殊欠博理，蓋吾人之指責也。

此二君欲盡屏華人雖之於下流之列，見如是，他人未必如是，況亦與現在所研究之中西界限，問題相離太遠，蘇格蘭人之意是雖如此，我華人之意見，未必能為其所移也。

英人之功若何，華人之功若何，此可聽之，吾人應昭不理，英國商務對於發展香港之功，亦極羨慕之，以其有裨於華人也。然華人的金錢為其取去者，已不知多少矣，蘇格蘭人其亦思之乎？不有華人的工商及華人的資財，則英國商務又何能若是其發達，蘇格蘭人更有誤會者，英京輪沉沒之事，伊並未查確，便竟以該輪之船東為不是，迫苦稠查，方知英京並無投資焉，船東損失約值十四萬元，而該船主之搜救及身後一切，船東仍力任之，約費二百元，蘇格蘭人之所望亦懂二百元且，則亦應足於心也，該船東此舉不欲使人知之，故無發表，不若蘇格蘭人之欲使人之指安也。」

以上雖為一個蘇格蘭人之意見，但實亦可代表當時西人之意見，觀於此，可見當時香港種族歧視觀念為如何矣。

英國人稱夷之辯

東印度公司與淸政府交涉文件

蘇福祥

香港在一百多年前脫離了中國的版圖，改豎了米字旗，成爲了英國皇家殖民地，就是鴉片戰爭的結果。鴉片戰爭的促成，是由於英屬東印度公司要求通商。所以，談到作爲英國殖民地的香港底歷史，卻不能不追溯到英國東印度公司。

東印度公司在滿淸光緒年間便開始對華通商了。他們最初的目的當然在於貿易，如果淸代的官員不是夜郎自大，故步自封，而能够運用機智，好好的應付那些外國商人，斷不致招致了那結果要火吃飯的戰爭。

淸朝的不鮮明和不完善的外交，顯然招致了許多壞的影響。官員們完全抱着閉關自守的態度，根本不大認識外國的國情，每每把最小的事化成敎大的事，結果把事情完全養傻了。單就滿淸官員和東印度公司負責人關於稱呼問題的交涉，可以窺見當時的官員對於外國的認識是怎樣的缺乏，雖然還交涉充份的表現出雙方的固執和自大也……。

淸道光十二年，東印度公司胡夏米與上海道來往的公文，曾經爲了「夷」字的稱謂，發生了許多的糾葛，公文往返，辯論不休。這些已成歷史陳跡的照會公文，照理無從查考，但英國牛津地方的波德利安圖書館還保存着。遺些公文可以說是中國與英國交換外交文件的濫觴。遺些公文，在今日看來，頗堪發噱。

東印度公司胡夏米上禀蘇松太道書

「英吉利船主謹上書蘇松太道大人，現已領到拊示文書。惟該文書未有印，亦未載有合體之言……大英帝國終不是夷國，乃係外國，其偉大之稱盛，與遼闊幅員，普天下萬國皆以駕而上之。善人至此，不過通商，使彼此均獲利而已，現吾人欲往上海……敬求轉報兩江總督大人……」

——蘇松太道問書

「……南方謂之蠻，東方謂之夷，西方謂之戎，北方謂之狄。中國古聖人之書，固已明言之，自始至今，均如此稱呼，不能更改！況舜與文王皆中國之大聖人，孟子尚曰舜東夷之人，文王西夷之人也。有何不合體之意義？無庸多疑可也。」

——胡夏米再上蘇松太道書

「大英國船主敬禀貴國稱東方外國人爲夷類，仍未安。試實其理由：（一）貴國古人稱朝鮮爲東夷，今英吉利人民之本之屬土方同則在貴國之東西南北各方，並非僅東方。（三）貴國全典卷十一載苗羌戲豬等之居於中國者與夷同，薛日窗獸然，求其大治，必至於大亂，文王知然，是故以不治治之。」由此觀之，稱爲奧人，卽禦豬而已矣。偷必以大英人民爲夷人，是乃凌辱大英國之體面，觸犯大英國人民，必致激怒成仇也。」

夜間通行證

緒

六十年的的香港，還沒有成爲一個繁盛的都會，僑居島上的人民，不及今天十分之一，警察的設備，也不算得完善，所以鄰近廣東的寶小們，大多以香港作逃遁地，那些不能在內地立足的強盜門，也都跑過這來，於是港島的治安，被他們破壞了。香港治安當局，爲了維持夜間安寧秩序的原故，便有居民夜行條例的頒發，每晚九點鐘以後，居民出戶外去，必須要隨身攜帶通行證，以備警察們搶查，遺種通行證，當時的華人叫做「街紙」。同時也須要攜備燈籠，不然的話，如果現在也有人叫警署做的話，「綠衣樓的」（即警察，現在也有人叫警署做的「綠衣」）可以加以申辯。一交九時，便入半戒嚴狀態，綠衣們在街上往來巡查，遇着那些沒有燈籠和通行證的人，毫不客氣，好像現在拘拿「阻街」女郎一般，拘押囘到警署，控以圖謀不軌的罪名，可是，當時雖然遺樣嚴密防範，竊刼的案件，仍然不斷地發生呢。

香港的警察

吳占美

香港的警察在戰前只要能上了一根警棒，就可應付裕如，可是戰後的警軍，需要裝上無綫電，四出邀遊，衝鋒車不時的準備隨時出勤和匪徒戰鬥，情形就有天淵之別。

倘市民對香港的警力起了一根懷疑的話，還完全是估計上的錯誤。然而需要澈底明瞭香港真正有多少能夠執行任務的警察，到現在還沒有人能確實表過：但根據最近的調查，官方雖沒有正式發表過：警員數約在二千三百名以上，警官約在三份之一弱，戰前警察數目，在三千名之數的香港，現在的人口，曾經超過一百五十萬，光復後的香港，到現在已經達到戰前人口，照理目前的警力，實足以維持市面的治安，應付裕如。香港現在分佈各市區，共有十二個警署，其他新界及邊邊區警署，還沒有包括在內。市區每段，經常出勤巡遊的，警習裏面，邊常駐有「士啤」（補充）警員二三十人，如遇有嚴重緊急案件發生，隨時可以增派到場彈壓。

同時另一方面，比較沒有捻却那末狙獗的歹徒，就是那「爆倉」與「劏窩」，這又是香港治安上的大患，爆倉的手段，殊足驚人。銀窟上常常刊載十多顧煤，在一夜間不知不覺地會給竊去，還數量確足驚人。警衛森嚴的啓德機場的航空設備，也會給人拆卸了去，昂船洲運軍械厙的火箭砲和砲彈，也會不翼而飛，這樣的狙獗，不能不使警方感到頭痛。

在碼頭方面，歹徒也大肆活動，光顧到往來的旅客，與海外的歸僑，不獨向裹裏的東西，是光顧的對象，連廊火的箱篋，也整批的給你搬走，在衆目睽睽下，一樣如是，這樣，不能不使他們嘆息他們的手段高明。

其次的「文雀」（即扒手），也分佈在港九各區，在交通繁忙的地方，就是他們發財的好所在，電車，巴士，渡海小輪，和行人最稠密的地方，一施空空妙手。在洋水兵聚集的地方，他們也光顧到，所以水兵們常常搖頭大嘆：雖然用手掩著口袋也會連鈔票，手鏢不翼而飛！專門應付劫案的EU衛鋒隊港九共有二百多名，中區是域多利亞城的最繁盛的地點，但也是警署最集中的地段，自從劫案頻頻發生後，中央警署已增派武裝，巡遊市面，凡在新增派的BU警察，都是訓練有素的。其中也有不少機搶能手，增強警察作戰的實力，警方透露的消息，自從增加了無綫電警軍後，本港的警網，更加嚴密了。

兩九地，增設偵探長各一名，每區警署原有華探大隊長一名駐守，下設探員若干人，其次還有英探幫辦，華探幫辦，探員是從服務多年的警察出身的，所以他對下屬社會情形最熟識，而且自己手下的一束頭仔，所以他對一（繼人）從中協助，歷年的無頭公案，也是靠這樣破獲的，所以香港英籍的偵探和警官，即使是英格蘭碼頭出身，在香港也得「倚重」他們。

香港警察的隊伍，戰前分英，印，華，魯三種，現在印度俄二種已經被冠汰了，新增的警一隊，起而代之。開近來有恢復印警的可能，目前後備警察，還沒有調練完竣，在訓練完畢後，相信可以增強警力不少。

香港不失為一個法治的地方，因此這裏的市民對警力的態度，仍是相當尊重，因為警察是維持法治的地方秩序的執行者。他們有保護大眾生活自由的義務，同時也有保衛我們生命財產的職責，所以我們才尊重他，相信他，但香港的警察，沒有達到我們現在所需要的水準，還最好由我們自己調察一下便可明瞭。

禍患在今日的香港，已成了一個社會的病態，雖然警力的加強，可是「道高一尺，魔高一丈」這不過是一種治標的方法。然而什麼才是「治本」，還得需要當局的執政者，從各方面觀察，求出答案來。

後備警察與自衛隊

前身是特別巡警隊

陳世豐

香港治安的良好，已為有目共覩的事實，負責維持地方治安秩序的，不是派駐香港的軍隊，而是人數有限的警察，充任警察的包括英、中、印，衛等國人在內，其中以英國人為領導。分區分段負責，井井有條，整個香港和九龍以及新界的治安，在這些調練良好的警察維持下，使居民安居樂業，除了這種正規警察之外，還有一種後備警察，是輔助正規警察防衛的不逮，來維持地方治安，在戰前，後備警察的功績，也是不可埋沒的。

香港的後備警察，類似內地的民團及自衛團隊，是人民武力的一種，它的前身是「特別巡警隊」。

當一九二五年，五卅慘案發生後，風潮擴大，全國掀起了怒潮，鄰近國內的香港，也遭波及，卒前未有的大罷工，就在遺個時候發生。市面頓起騷動，閙閙不安，那時任香港總督的是史塔士傅士，他鑒於市面情形混亂，人心惶憐，於是採取緊急措施。宣佈戒嚴條例，又以糧食及交通對市民至有關係，乃第一步禁止粮食出口，其次招募人員擔任維持交通及充任工役，并委派清凈局總辦士麥為粮食管理員，庫務司馬沙為運輸管理員，郵政司蒲連為郵政需檢查員，又委兼紳曹富尤博士管理工務。

在火會臺設辦事處，厚資招人出任工役，一方面

警察的勤務　董淘作

即加派防軍與義勇團，會令警察出勤，巡邏市面，嚴密維持治安，可是，局勢異常嚴重，市面風聲鶴唳，正規警察人數太少，在港九各區不足分配，留港的富商巨賈為保全個人的生命財產，提議組織人民武裝，協助警察維持地方治安，乃擬就組織辦法，由華人紳士向史塔士總督提出，史氏當即贊同，於是由各大洋行公司商店派出職員組織，定名為「特別巡警隊」，由港督委派曹善尤為該隊負責人，組成之日，即出勤市面，協助警察巡邏，維持治安之日，各隊員勇于任事，頗能盡職，故成績甚佳，直至工潮平息，市面秩序恢復，正規警察在承平時代，力量足數有餘，特別巡警隊已無存在必要，但對於服務社會均感興趣，原任商店受職，乃宣告解散，各隊員返回其中有一部份且表示隨意服務警界。同時，各富紳及各大商家以此輩在工潮期間，熱心服務，盡忠職守，輔助正規警察，維護市民，厥功至偉，此次解散，至屬可惜，乃由曹善尤向當時任警察司的胡樂甫貢獻意見，謂以港九地區人口稠密，事務紛繁，現有警察敷目，懂可敷平時之用，若遇有事時，則實感不足，現在此輩特別巡警隊與既志願護各服務地方的，何不因利乘便，把他們組織起來，成為警察的後備隊，無事時，用來幫助警察巡邏站崗，有事時，協同警察出動，維持治安，彈壓

騷亂，這些人員均是有薪業的受薪階級，他們可以不要政府發餉，不致耗費公帑，而爲政府服務，一舉兩得，何樂不有？

胡樂甫警可對曹氏此項建議，表示同意，一方面着手草擬後備警察隊茂務條例，一方面卽委派曹氏爲後備警察隊茂務總監，進行組織後備警察華隊，各特別巡警隊員乃紛紛加入，有些富家子弟有服務興趣的亦樂意參加，政府雖不發給圖項，但供給槍枝制服的，這些隊員經過曹氏挑選後，卽加以訓練，這時候，後備警察華隊總部設在雲咸街，另在畢打行設立華警會所，作爲聯絡機關。

訓練完畢後，卽行出勤，隊員多爲智識份子，一般均合水準，故秦質優良，服務成績甚佳，加入人數日多，後來印商人士不甘落後，繼起組織，加入印度人組有後備警察印隊，但人數不及華隊之多，商衙人則多加入富單車隊及衙警隊，所需槍枝亦多自己斥資購備，至此，後備警察組織已臻健全，綜合華隊，印隊，電單車隊及衙警隊四個單位，構成後備警察的整體，組織的宗旨和龐大，羌不多和正規警察並駕齊驅，而隊員服務精神的旺盛，維持地方的得力，亦足以媲美正規警察，居民對於他們的印象，一般極良好，政府當局亦極感滿意，送予嘉獎。

後來曹允博士以後備警察已其規模，組織已上軌道，功成身退，自行告辭總監職位，當局完全復原，未幾，且有「海外青年行勤派」的出現，特別巡警隊也是以自衛團的姿態出現，去年秒本港方面首先成立自衛團

……受聘的青年，志願加入者，均可由各誌商店保……途加入，施行短期訓練後，卽派出市面値勤，詎料衙未實行，日軍卽突襲香港，這一計劃乃中止進行，在戰爭期內，全體後備警察實行總動員，配合正規警察出勤，協助防軍守衛香港，各隊員難贋務職務性質，但服務的勇敢，以及刻苦耐勞的精神，深得當局與人民嘉許，近香港淪陷，大部份隊員都返回內地，有些參加英軍服務圖，有些卽自尋生活，少數留港的隊員，被日寇指爲間諜，加以拘捕，分別囚於憲兵部及赤柱監獄，計達百餘人之多，其中且有被虐待至死或殺害，情形頗爲悽慘。

香港重光之初，軍政府當局曾召集原日後備警察隊員，協助憲警維持市面治安，後來治安恢復，始行解散。到去年秒，警察當局觀察後備警察有恢復組織的必要，乃再度派青總安負責召集自衛團，可是經過這一次的戰亂，不少隊員，重新組織，死亡，生存者亦多散諸四方，且有爲生活驅使，已無暇服役，故初期入款甚少，只着手進行內警察局用勤，經過幾個月添招新人入伍，加以訓練，現在已派出少數隊員，協助交通，維持治安等任務，至於巡邏偵査等任務，則因目前隊員人數不多，暫時不能派足担任。

歉，造成市面上恐怖氣氛，雖經警察當局嚴密查辑，但匪徒獉不畏法，猖獗如故，商人以正規警察只能流動値勤，遇闖邁巡，或圍定站崗，爲全體市民服務，斷不能專爲某一街道或某一商店警遶護去後，或警力量薄弱時，卽乘機襲發，而容械搶刦，施放炸彈等恐怖行動，亦在這種情形下發生，那些商店坊衆以有前車可鑑，深懷憂懼，爲防範周密，儲讓組織自衛團隊，醖蓄購備槍械，招募人員，担任守衛繁備，以防萬一，當卽人衆香港政府及警察當局，請予核准，藉使商民先居樂業，不致長恐恐怖氣氛，港府當局以此項建諡，對於市民旣屬安全防備一種措施，而於地方治安亦有裨補，乃表示贊同，准予成立，這就是自衛團組織的經過。

自衛團和後備警察雖然同是一種人民的武力，性質與同樣是組織有異，因爲自衛團是由商民自己組織訓練，自己處理監督，槍械和制服也是由自己購辦，它可以說是純粹人民武力，至於後備警察，組織的成員雖是人民担任，但衙械裝備就由政府供給，組織居民監督組織領導地位，負責長官也是由政府的委派，它可以說是半官半民的地方武力，兩審組織雖有差別，但同爲協助警察維持地方治安則一。

自衛團的組織不是在今日始，遠在四十年前些街坊及大商店以地方初告光復，一切秩序猶未完全復原，匪盜增刼，一切秩序猶未……南北行的商家已有類似組織，卽一九二五年的特別巡警隊也是以自衛團的姿態出現，去年秒本港方面首先成立自衛團的爲文咸東街，文咸西街以作端爲和器恐嚇勒索，向商店打單威脅繳械巨……擬計卻擴充，增招隊員五百名，規定凡在中西商

法律二十六條

絡

香港的法律，有許多在我們國內判罪頗很輕的，可是，在香港卻會判處終身監禁的，香港法律，大概可分爲二十六條，除了其中判刑終身監禁的，占了十五條外，可判十四年監判的三條，可判十年監禁的二條，可判七年監禁的二條，可判三年監禁的三條，可判兩年監禁的一條，現在分寫在下面：

（一）用毒藥謀殺或傷害別人肢體者。

（二）誤殺用火藥或炸彈毀壞房屋者。

（三）在船上放火者。

（四）用毒藥槍彈弓箭謀殺，或燒死及絪斃人命者。

（五）輪船過險時，阻止別人逃生者。

（六）用麻藥胡椒末行不端事者。

（七）代人下私胎者。

（八）假冒別人股份及牧息票子。

（九）改別人銀行數目，及私造股份轉手證冒名者。

（十）簽假字者。

（十一）寸運或私鑄政府命銀幣者。

（十二）私將別人遺囑書鑑取毀壞或藏匿者。

（十三）寫打單信勒索別人者。

（十四）恐嚇迫勒人簽字者。

（十五）誤殺別人生命者。

以上十五欵都有判處終身監禁可能。

（一）在火車路軌上堆放木料等，或致壞路軌者。

以上一欵有判處終身監禁可能。

（二）拐帶人口及擄人勒索者。

（三）在政府機關常錯而霸空公欵者。

以上三欵均有判處十四年監禁的可能。

（一）用信恐嚇謀殺別人者。

（二）使人或幽閉謀殺者。

以上二欵可判十年監禁。

（一）藏賊贓者。

（二）爲權利人私將物件轉賣與別人爲自己當利者。

以上兩欵可判七年監禁。

（一）在身上懷有多過三個僞幣者。

（二）用器械或無器械傷害人肢體者。

（三）將二歲以下之小孩丟棄，或放於空曠地危及生命者。

以上三欵可判三年監禁。

駕駛車輛傷及人肢體者，以上可判兩年監禁了。

（上文接五十七頁）

‧永樂東街，永樂西街，乍畏街等幾個地區‧他們是街坊聯合組織的自衛團，先由這幾處街坊的商店住戶，捐集一宗欵項，向政府價領一些槍械，然後由坊衆中選出一些職員充作隊員，不是之致，再行招慕，這些自衛團日夜分班出勤，他們的服裝劃一齊整，制服和警察差不多，服務的精神良好，成績甚佳，遺幾處街坊自從成立自衛隊之後，因爲防範週密，匪徒無法涉足活動，盜竊案件很少發生。此外成立自衛團的卽皇后大道一帶的金銀號等火商店，這些自衛團有穿着制服，佩的是長槍，團員有些是店員自任，有些是受僱而來，其中也有印度人，他們的分佈是每隔二三家舖位則派一人站守，或坐或立，對他們的行人或入店交易的人，採取監視態度，其值勤時間以商店營業時間爲限‧一屆夜晚商店關門，停止營業，他們的值勤也告終止。這些自衛團的即皇后大道的薪水，和正規的警察差不多，每月內一百二十元至二百元不等，過些支出，在皇后道方面則由金銀號的安全總益負擔，所繳費用有限，但對於店舖的安全獲益卻很大，所以這些店戶是非常樂意繳欵的。可是，這些自衛團所擬以保衛商店舖安全恐遏匪徒塗刼的武器，到了今年六七月間初時是經政府許可配長槍，到了今年六七月間，當局以匪風已熾，自衛團的軍械只准佩帶鳥槍，換言之，這些自衛團已無存在的必要，現在，自衛團在形式上是存在店戶心理上的安全線繼成立是可以的，不過僅具模型就足夠有欵。現在，自衛團在形式上是存在了，然而，可以說是空有其支吧！

香港的絞刑

小文

人道主義者雖然提倡廢除死刑，但世界上各地方的法律，到現在還保存着「死刑」這一條，雖然被判死刑的犯罪行爲，程度有深淺的分別。

就以香港來談吧，這裏的法律是有死刑的罪罰，因爲香港的法律是基於英國法律而製訂的，所以這裏的死刑罪罰，祇能夠加諸那些殺人犯犯，其他的犯罪行爲，却不會受到死刑的處分。

在香港，死刑的執行方式，如同在英國一樣，採用「絞刑」，自從英國人統治香港，一直到了現在，死刑的執行方式都沒有改變。這種死刑的執行方式——絞刑，即在祇有英國和若干歐洲國家還採取着，中國已經採用「槍斃」的行刑方法，美國的死刑執行方法更是科學機械化，他們用的刑具是「電椅」一刑法。雖然日本還採用着古老的、殘忍的「殺頭」一刑法。

自從英國人統治了這個原爲海盜巢次的小島，對於處決死刑犯的方式，一向就採用絞刑。香港第一個被執行死刑的罪犯是一個被控謀殺英國籍緊張而給割了罪的中國籍的殺人罪犯，行刑的日期是一八四四年一月四日早晨，行刑地點是在堅尼地城的荒地，第二個行刑日期是一八四五年七月三日。在英國人統治香港的初年，行刑是完全公開的，行刑的時候遲鳴蟬名衆參觀。當年的行刑地點，多數在堅尼地城，因爲那時候的堅尼地城還是荒蕪之地。到一八五六年，裁判司著新斜落成，因爲交通不方便的理由，捨棄了堅尼地城的行刑場，再移到赤柱監獄落成以後，行刑地點就在赤柱監獄內。

公開行刑顯然含有「殺一警百」的意思，不過，從人道主義看來，這是殘忍的野蠻行爲，所以，當年中西輿論都付經嚴厲譴責公開行刑的措施，英國政府當局知道了這事，可是，也曾經由殖民部頒令以香港政府當局予以改善，可是，公開行刑的措施繼續實行了許久，直至一八九五年，才告停止。

一八九五年一月廿九日，一名經判罪的海盜被執行死刑，行刑地點在維多利亞監獄裏，祇有得語個外國新聞記者獲准許到監獄裏參觀，其他中外人士，一律給謝絕看行刑。自從那次行刑後，死刑的執行，既不公開，任何人等，都不得參觀，罪犯的家屬，也祇能夠於行刑後收領死者屍體，不能親看行刑。

刑具也經過了多次的改良，現在赤柱監獄設備的「絞架」，可以說是最完善的絞刑上具。其一

絞架設在一個密室內，上面的大橫木中央拱着一個螺栓。一條很堅韌的蘇蔴繩穿過那個螺栓，兩端下垂。一端是用來吊着死罪犯人的頸，另一端繫着一個小沙包。沙包的重量比較犯人的身體重量輕一點，藉着那端向上升起，由犯人的痲繩那端向下垂去，繫着沙包那端向上升起，絞架之下設有一度活門。犯人站在活門上，被行刑官用繩子綁牢了頸部活門便打開了，犯人的沉重身體便從活門跌下去，他便窒息而死，時間不過兩分鐘，這比較早年所用的刑具，顯然進步好多了！早所用的刑具，應用時常發生毛病，致使死囚吊在架上突眼吐舌，久久不能絕氣，死者所受的痛苦，使人目不忍覩。

行刑的時間，法律上雖然沒有正式的規定，但通常都是在黎明時間舉行，每次舉行絞刑之前，由牧師禁死囚禱告上帝，使他的靈魂到達天堂，在行刑的前一天，死囚可以被得到他所喜歡的葷食。

香港的官

(一)香港總督由英皇任命，事實上歸殖民部管轄。

(二)立法局（舊稱定例局），爲最高立法機關，其中發若干民衆代表的，使民衆對政府所提讓之法案有發言權。

(三)行政局（舊稱議政局），爲最高行政機關，協助港督，辦理行政事宜。

(四)大葛輔司（舊稱布政司），爲最高司法機關，等於我國高等法院，民事訴訟法庭附設於此。

(五)立法局及行政局員，由港督委派呈請英皇核准。

(六)輔政司的職務：（一）頒佈港督簽習之法令及行政府之議案。（二）接收及呈遞英國政府之公文。（三）辦理其他不屬各司之事務。其職務略似我國政府機關之總務司。

(七)教育司之評議會，爲顧問性質之機關。

(八)核數局即印化稅局。

(九)律政司，即檢查官。主理刑事案件及起草法規。

(十)田土廳即土地局。

(十一)牌照局，即商業牌照，由各機關人員組織，以輔政司爲主席。

(十二)經歷司，即法院書記長。

(十三)工務局，管理商業牌照。

(十四)裁判司著，即初級法庭或地方法院。

香港的消防設備

曹嘯虹

在香港聽到「火燭」兩個字，有誰還能處之泰然呢？記得本港數十年前，火燒馬場，火燒英皇酒店，和西區煤汽爆炸大火，傷斃人命在敷百以上，情形慘烈，這些火災的故事，至今猶深印在一些老香港的腦海中。幾月以前火燒西安輪，死傷百餘人，也曾轟動一時。而香港消防隊在這幾役中，也建立不少功績。

本港消防隊已有悠久的歷史，設備固且瀰改進，時至今日，已成為組織最完善，設備現代化，在遠東方面堪稱第一的消防隊。戰前消防隊長是布碌士，在戰事發生之前一年，布氏年老退休，由韭土軒利接任，戰後消防局復員伊始，菲氏曾一度恢復穩任，僅一年，即因體弱告退。現在的消防局長是史美夫，副局長是布蘭。

昨天記者訪史美夫局長，和未來的計劃。

現在港九兩地的消防局共有五間，香港方面有四間，九龍方面是分局：第六號救生梯減火機，香港總局，尖沙咀分局，西灣分局，其他本港郊外九龍新界旺角分局，尖沙咀分局八間，就是：筲箕灣，香港仔，元朗，大埔，上水，長洲，大澳，大嶼山。戰後的消防工具，都是現代化，和平後俱不能使用，戰前被駐日盟軍當局所發現，運返本港。

戰事發生前一年間，消防當局曾向美國購置最新型的「牽法蘭七」式減火機，分別駐於港九。本港淪陷時，日人將其中兩輛運回日本，一旦發生火警，不知如何報告消防局，引出那些殘舊的，因此在重光後，便向英訂購了一百新個

型的火警鐘，將來在本港各區街道普遍設立，使居民一旦有事，消防隊能迅即前往施救。

現在港九各消防局駐有減火機共十間輛，及早等惠總共紙有四百五十名，但比戰前的敷目已增加九十八名。自從消防隊員改善待遇之後，不獨薪金尸提高，即當值時間，也改善了。以前消防隊員規定在局內當值五天，才有一天的休假。現在當值二十四小時之後，便有廿四小時休息，因此各隊自總過了一天的休息。至翌日當值，火都精神飽滿，工作比前更有進步。兩人都辦布朗和布碌生大火，消防員勇敢撲救的結果。

一個消防隊員的訓練，要經為三個月的操練，投考的時候，必要來一個「力」的操練。投考的人在機尾用兩手分持第二和第三張鐘，而那個投考的人在機尾用兩手分持第二和第三梯，放在地上，首先要將約八尺的小梯四張，將老的人從地上由機梯逐級架起。

現在的訓練班是每天早晨在灣仔分局訓練。他們學習的科目很多，而各減火機照例每輛有隊員六名，這六人的動作，各有其實任，有些取喉筆，有些開水，須要調練純熟，才能合格。每輛減火機作用不同，操法也有分別，除此之外，他們要學習了很多種的打結方法，由樓上如何負救人們下來，他們又要懂得救傷，惜得步操，三個月以後，由長局親至試驗，各式操法認為合格，方得正式算是一個消防員。

香港禁烟史話　潘孔言

現在香港的鴉片烟，雖然還未竟禁絕，可是公賣制度已撤消，吸烟者有罪。開烟館者要罰，無赦。雖然偷吸偷賣的還不少，但當局的政策是要把鴉片烟毒肅清的。

賣鴉片烟，是英國的絕大污點，英國稍明事理的人士，都極力的反對。為着要禁絕香港的鴉片，曾發表過幾次精極的主張，可惜駐港英人斤斤於烟膏稅的收入，以影響香港的財政歲意，不肯把牠禁止，甚至當時的香港華人紳士，如何啓、馮華川，劉鑄伯等，都一致同情於這一派英人，主張緩禁，遂使鴉片烟的流毒，蔓延全今。

至於他們何故反對禁烟呢？除影響烟稅收一點理由之外，第二點理由是：「香港雖禁鴉片，中國不禁，也是無用，徒使香港受損失。」他們却忘記英京禁烟總會委員希利剌來葉，調查鴉片情形，同國後向英國上下議院提議，我英政府命令行香港總督查明其報，以憑核論，我英國不必問中國之禁與不禁，亦應由我英國先行禁絕烟片，這主張可謂光明磊落之至，可惜他們都囿於一己之私見而忽略之，則鴉片早已禁絕，又何至今始實行呢？

一九〇八年，英京禁烟總會，曾派委員希利剌來葉，調查鴉片情形，認為非立即禁絕不可，會向英國上下議院提議，結果由英政府令行香港總督查明其報，以憑核辦，還就是英國人士運動禁烟最激烈的一次。是年五月間，港督乃籌這個問題，曾多次徵求華人紳士的意見，以備答覆英廷，這些華人紳士，富時意見如何呢，可於他們的答覆英文南華早報之徵求見之，當時南華早報也為着這個問題，提出八項意見，徵求香港市民答覆，這八項意見如下：

（一）禁烟有益於港人之品行否？（二）禁烟能防止港人之吸食否？（三）承辦烟餉者應否補置其損失？（四）對於香港財政有傷害否？（五）如以各問題均否，應以何法彌補餉源？（六）中國政府禁烟？（七）則有意見發表否？（八）如禁烟後，每年少去稅餉，又須補沼烟商之損失，其數非少，若果加稅以補之，則目下加稅，必非眾人所願。觀以上兩種答覆，則華紳之不贊成禁烟，已可概見。

本港為人商務局為廣這問題，於禁年五月十六日開會討論，決議反對英廷立即禁烟封閉烟館的主張，其大意謂，倘中國不能誠眾禁，把鴉片廢除，而祇責香港獨施禁，則華人未見其益，香港財政，徒受其害，此事應請香港督轉達英廷，請勿操之過急，不贊成立即禁絕，以貼損香港之過念，實受其害，香港財政，而若假以時日，逐漸推行，則為眾人所許也云云。至是月二十九日，定例局叙會，議員士刁活發言，極力攻擊英政，謂理藩院之不當，謂理藩院此舉大有礙於本港之財政，應力拒之，華議員何啓附和之，謂大礙香港財政，祇因英廷不先知會港紳商量預器抵款，故本席附和之。於是港督宣佈云，此事已將詳細情形報告英各大員料必亦能曲諒香港的為難情形，暫行緩辦，至此，香港禁烟問題，因以上各人的反對，已全被擱置，這是一九〇八年香港討論烟禁最劇烈的一年。

至於是年何以有還一個禁烟問題的發動呢？上文會說過，由於英京禁烟總會委員希利剌來葉，調查鴉片實情的結果，他在華詳細調查以後，把調查情形早報於總會，認為非禁不可，總會因此而遺這問題的發動，今並將希利剌的報告原文，略為表

還八項意見發表後，西人之答覆者，完全主張禁，祇成禁者竟無一人，他們祇就他們的立場發言，他們對於受害者甚不相關，他們不主張禁，這也難怪。至於華紳的答復呢，馮華川的答覆云：（一）是。（二）否，祇可使畏父母受拘束的少年不吸烟而已，大部份人無法禁止。（三）不答。（四）是，惟其數不甚巨，數年前祇有二烟館，並無烟賓室，政府財政亦充裕。（五）應征捲烟烟士等餉以彌補之，並裁減淨局之人員，亦可省費甚巨。（六）否，廣州之瘾於急切也。（七）是。（八）無賴等常駐烟庯，如將烟膏封朗，必火為有益。

劉鑄伯的答覆：（一）是。（二）現時不能。（三）是。（四）亦是。（五）由減軍餉及加稅以資彌補，惟目下各人加稅均非所願。（六）否。（七）以中央政府而論，稅均非所願。（八）現時不能。

剌來葉，調查鴉片情形，認為非立即禁絕不可，結果由英政府令行香港總督查明其報，以憑核辦，還就是英國人士運動禁烟最激烈的一次。是年五月間，港督乃籌這個問題，曾多次徵求華人紳士的意見，以備答覆英廷，這些華人紳士，富實情早報於總會。總會因此而遺這問題的發動，今並將希利剌的報告原文，略為表

婚姻註冊署

合法和簡便的結婚所

一色

居住在香港的市民，如要結婚的話，怎樣才算是合法呢？計香港政府承認的有：一、經在教堂由牧師由紳父證婚的。雙方在公開場合舉行結婚典禮署有婚書的。舊式經教結婚而有三書六禮的。此外還有一個最簡單和最經濟的辦法就是向香港政府婚姻註冊處登記結婚。

現在且把婚姻註冊處的條例介紹給欲結婚的人們參考，如果有一對欲結合的男女，便可到該署索取申請註冊結婚通知書，該通知書是免費供給的。那麼雙方依法填寫表格簽名，再交回該署呈報婚姻登記官，如果經該署批准，即發給結婚證給的一對未來的新人，而這對新人卻須照著下列的條例履行：

（一）在申請通知書遞呈後三個月內還不舉行結婚，其申請書和一切法定的程序，一律算作無效。將來舉行結婚時，須再提出新通知書再行申請。

（二）在婚姻登記官簽發核准證以前，申請人必要到婚姻登記處，當著登記官前宣誓，證明雙方男女沒有血統近親或其他法定妨礙婚姻的關係。

（三）如申報結婚男女任何一方，年齡在十六歲以下的，登記官或經管則認爲結婚年齡過輕，而不發給核准證書。

（四）如申報人非鰥寡，其年齡在十六歲以上而未到廿一歲的，則要有本人生父或生母的書面許可證，如父母供亡則改由合法監護人發出書面許可證。但這許可證，須先呈繳登記官備案，然後領取核准證。至若在港沒有上述的合法監護人，那麼便由登記官加以調查，如認爲屬於正當的，才發給許可證。

（五）登記官所發給的結婚證書，分爲正副兩本，分發各領有執照的教堂備用，正副本證書須由結婚牧師，結婚當事人，及參加見證各二人或二人以上簽名，婚禮完成後，證明牧師須將證書正本交與結婚當事人，副本於七天內移交登記官註冊備案。

（六）結婚地點可在港府有發給執照之任何教堂，或簡便的在登記官前證婚，惟在結婚前當事人，須當登記官前宣誓，並書立誓詞。

（七）在婚姻註冊署結婚，形式雖很簡單，惟已得到永久法律之保障。

（八）不論任何人明知未依法取得正當人的書面許可，與廿一歲以下而非鰥寡的人結婚，或助成或唆使其與他人結婚者，即犯簡輕刑罪得處二年以下的有期徒刑。

（九）證婚人於證成後七天內，不將結婚證書交回證婚登記官，得科五十元以下的罰金。

（十）無論任何人故意隱匿，改易，變換或毀滅任何婚姻申報書者，得科廿五元以下罰金。

（十一）無論任何人冒充合法而爲人證婚者，而又明知故犯爲人證婚，或冒充合法而爲人證婚的便以惡禁必要雷厲風行，務範根株而後已。（完）

（上文接六十一頁）

述，據云：……我在遠東，曾晤見各領事教士，及各朋友，均謂鴉片流毒中國極慘，倘英國不禁止漏煙入中國，則英國之罪將匪爲古血不賻，結果祇有印度人獨受其利，中國人則獨受共害而已。有等留在遠東之英人，明知鴉片之害而裝謂無害者我或不解其何心，我道經香港時，曾晤見一如你本身染有烟癖，你之子若孫亦復如是，你亦不照將中國人娛情淘樂之事特範之，害者之英窩，與之討論禁烟問題，彼之持論謂，不照將中國人娛情淘樂之事特範之，如此又常罰論導。在人受害則又以假可，存心如是，豈得謂乎？我深知烟毒之害，不祇有喪身之禍，殊不解在遠東的英人倘財無害於中國也，以化人的用心而論，不必問中國之禁與不禁，我英國亦應先行禁絕之云云。英京榮烟總會根據他的報告，途向英國議院發動這個禁烟問題，可惜還主持公道之英人，卻因爲香港一部份人的反對而延不得伸。現在吸烟賣烟開烟館等之難已顯爲例禁，可是，已經因還等人的反對延擱許多時日了！受害的人，正不知增加若千千萬。

據我所知，現在香港秘密吸烟的人仍多得很，單就一般勞動界而論，他們匿處於破樓爛屋中，直竹橫床，一燈相對者仍復不少，他們何以甚少被人發覺，何以若是其有恃無恐，這一點我不欲多所研究，我祇希望香港政府對於執行這種婚

香港法律與「言論自由」　蘇文光

雖然香港曾經有過受到廣泛抨擊，而且在立法局引起劇烈辯論的中文報紙新聞檢查制度，而今已經變成了歷史的陳跡。英國人於日本人對聯合國無條件投降後再握把握著香港的統治權，宣佈了對過去的居民保證四大自由，因而這裏的新聞界解脫了他們從前披在身上的枷鎖，眞眞正正的體驗到新聞自由的好處。

戰後，香港政府雖然還沒有完全撤銷了對新聞報紙的管理和限制，使到中文報紙與英文報紙獲得同等的待遇，到現在還跟戰前的一樣，要在華民政務司著申請登記，繳付三千元按金，才能夠出版，不過，這一個限制尚能容忍的，因爲據說這個保證金制度，是要來保證那張報紙履行他的法律上責任的。

在這新聞自由的制度下，遠處的報紙雖然有採訪和報導的自由，可是，自由不是沒有限度，還裏的報紙發表任何的消息或評論，都不能觸犯地方法律的，如果新聞的記述，或者評論，或者其他文字，是觸犯法律的，那就準備吃官司，傳受法律上的裁判。

一個老資格的新聞記者，對於新聞的報導，知所趨避，斷不肯因爲搶先發表或者增加新聞的興味，而多使新聞的發表方式抵觸地方法律。承印人，發行人和總編輯等要吃官司。基於這一個原因，還裏的報紙的港聞欄裏，時時發見許多新聞，內容記述得很詳盡，可是，卻沒有當事人的姓名和新聞發生地點的詳細報導，祇寫著某某的

某某貌某樓某氏，使人看了摸不著頭腦說沒有那段新聞是記者創造出來的，誰不知記者自有他的苦衷，因爲根據過去的法律，什麼都要驚奇麼，如果新聞中的主角要被認曾經有過那件事情發生，他可以向法庭起訴他們了，可是，在法庭公審之前，新聞也不能發揚他們的錯誤的行徑，雖然新聞記者也許從搜索或其他地方面獲得這樣的消息，因爲這樣的報導是對被告不利的，同時可能影響法官和陪審員對被告的宣判。

一切的報導，以爲要在法庭上提出的證據眼，一個犯人在警訊的時候就是在法庭上的口供不，新聞記者可能從搜索其他地方面預先獲得消息，可是，搶先發表了，就犯了「藐視法庭」的罪名，所以，慎重的新聞記者常可持重一點，也不「搶先發表」。

「藐視法庭」。

還裏的報紙，和中國的法律有些不同，所以這裏的報紙，在新聞報導上，也和中國內地報紙有些差別，例如一件偷竊案，在中國內地，報紙的標題可以寫「某某被起訴犯偷竊嫌疑」，在這裏的法律，一個未經法庭判罪的人，任何人都不能說他是罪犯，偵察官也祇能說他是嫌疑的犯人，報紙上就祇見「嫌犯」的名稱。

戰爭前夕暴佈而現在還未撤銷的一九四一年防衛法令，也是這裏的新聞記者要顧慮到的。新聞的報導以及批評的言論，如果含有破壞治安或引起暴動的性質的，政府當局可引用那條防衛法律，勒令報紙停版，不必經過法律手續，由法庭審訊，依法宣判處分。

時候，不曾考慮到地方法律的。如果他在報導新聞的是如開記者所最容易犯的。在還裏，譭謗的罪名一家商店因爲週轉不靈，給債主追到婆頭上門，這個消息或者是一個重要的消息，可是，新聞發表以後，如果那家要倒閉的商店獲得了數目，居然一筆得輕」了。那家商店可能向法庭起訴那家報紙，索取由於譭謗不利於該商店的新聞所造成該商店的損失。其實，還不止此，報紙如果發

夫了一段新聞，說某家公司或者商店的生意冷淡，或者股份低跌，那家公司或商店也可以起訴那家報館的。

一切須由法庭審訊的案件，在法庭還未公開審訊之前，報紙不能夠發表有關該案和案中人的批評以及未在法庭提出的事實，否則除了案中人可以依法起訴報紙之外，那家報紙也可能給法庭察官提出公訴，罪名是「藐視法庭」。香港法律完全跟據海洋法律的精神，在法庭還沒宣判之前，任何人都不能對該案發表意見，因爲恐怕法官和陪審員受到輿論或其他意見影響致使下意識的對案中人抱著成見，裁判或許有不公正的地方，任何人都可以對該案甚至法

官的判斷，公開的發表意見，不涉及私人方面，不抵觸一段譭謗名譽的法律，事實上不被牛涉，可能有充分的自由。

「藐視法庭」還一個罪名，是新聞記者最容易犯的，如果他是不肯遵照遠訊法律而報導那新聞的時候不肯仔細考慮到法律問題的或者把一宗劫案或者騙案，給未判决的犯人原已進行起訴，一個犯人在警訊的時候就是在法庭上的口供不

斬雞頭誓願的故事　潘孔言

香港訴訟，雖根據英國法律審理，但前清割讓香港時約章規定，英國管治香港人民，不得違背中國人風俗習慣，故訴訟案件，仍參考中國習慣，以資判斷，如關於婚姻問題，親迎時女子係乘坐大紅轎者，即可視為正式夫婦，此其例也。

又如斬雞頭誓願，亦為中國民間風俗之一，遇爭訟不決時則斬雞頭誓願解之，此本非法律，但必係出於盜者之要求，並出於兩造之自願始行之，法官絕不相強，倘斬雞頭後，若仍不能解決，則法官仍循法例以求解決。英舉一事以為證，民國七年九月十七日，有商人李文溪及和隆店僱值帳問題，控陳裕文於案，請法庭判明陳裕文是否為昌興號之店東，而昌興號之司理人馮玉南出庭作證，要求原告之澄人許於所請，屆時由高等法庭通譯陳鍚英用黃紙繕就一措詞稿為誓辭，由兩位律師陪同前往，迨抵文武廟時，雄雞一隻，菜刀一柄，及香燭等物，原告先備，原告不背，因此斬雞頭之事未舉行，翌日再判利法庭以供參考，原告祿師乃立巴士誓，訟案之有關中國風俗習慣者，常事人且請律師出庭解釋之，擾老於香港法界者，斬雞頭誓願一事，法官多誓之罪，自願先斬雞頭發誓，然不要與告先誓，被告乃不肯發誓，以成立重刑罪嫌疑，於是仍根據法理，制原告不得傳，由此一事觀之，可見香港法庭每一律順循中國習慣辦理也。故香港風俗習慣者，亦頗於兒輩，可以驗盜者心理，倘其人確迷信神鬼，作偽心虛，必不敢誓，案情之真偽遂判，例如李文溪案，被告臨時退縮，不肯發誓，文武廟霎時退縮於一無法裁制以的法庭，是亦香港社會之異聞也。近年民智開通，因爭訟而斬雞頭誓願者，幾可謂絕無僅有矣。

香港懲治海盜條例沿革　吳蘊

香港在英領時代以前，從來即為海盜活動之中心，良自英屬統治香港後，關於防禦及懲治海盜條例，不分國籍，即英國普通法律，亦規定海盜罪成立後應處死刑。香港既刺讓於英，故用英國普通習慣法，故關於懲治海盜初未有作專律，後因海盜過於猖獗，遂不得不頒佈專律，此項最初防禦海盜條例成立於一八四七年，本經立法局審查通過，惟輪致理藩院於一八四八年一月一日調令不准施行，故即施於當年宣告發止。

一八六五年為與中國政府協力劃治海盜條例，後來一八八七年宣告廢止。一八六六年又頒佈第九號裁制海盜條例。次年加以修正，全一八六八年又加以重訂，為香港現行之懲治海盜提綱解制中國政府協力劃治海盜起見，特在當年頒佈第十三號，後經轉一八六九年第六號，一八七零年第二號，於五月二十三日公佈施行，一九二四年第五號，一九二七年十五號各條例修正，禁止私運械械。

除此以外，香港政府於一八六八年又頒佈第二號條例與中國政府通力合作制裁海盜。一九零零年又頒行小輪護航防盜條例，一九一四年頒行第二十三號防禦海盜條例，一九二三年又頒行補充軍火條例。

按一八六八年所頒行之『制裁海盜事件條例』，共計十條，其中第三條以及第八條第十條，均先後於一九一一年及一九二七年宣告廢止，有效者僅六條十項。其中規定，無論任何人明知故縱，讃發海盜刦掠航行，或從謀，協助，包庇，唆使，窩領，或主使任何人而為海盜刦掠之犯法行為者，以成立重刑罪論，得以十五年以下之有期徒刑。又刦掠時如兼犯殺人罪者，則無論從謀或主使之人，均得處死刑或無期徒刑。

關於『海盜行為』之解釋，曾先後經過多次研究，最後於一九三四年七月由倫敦樞密院組織司法委員會六人審定，認為關於海盜行為，並無已遂或未遂之分。凡在南洋中施行刦掠行為者，不論其曾否實際刦得貨物，或曾否傷害人命，均一律論為成立海盜行為。故自一九三四年八月以後，凡在香港領海內成立海盜行為者，不論其為未遂或意圖者，概以海盜論罪，得處死刑。

HONG KONG

第 三 章

地理

香港·澳門雙城成長經典

香港地理誌

李景新

香港島

香港島位於珠江口之東，西與澳門遙遙相對，距離約四十英里，在經緯一百二十四度五分，與一百一十四度十八分之東，緯經二十二度九分，與二十二度十七分之北。面積長約十一英里，寬則由二里以至五里，週圍約二十七英里，面積約二十二英方里。全境由山脈連綿由東而西，崇嶺峻疊，形勢綿峭，最高處為扯旗山峯，高為一千八百二十三尺。北岸與九龍半島對峙，島岸凹入，成新月狀，月弦之中即港埠所在，維多利亞城地勢向北斜傾，為商業薈萃之地。其北有九龍半島之由峯，為其屏障，在南有本島之高峯，為之拱衛。樓宇重疊，即點綴於山腹之上，馬路縱橫，密如蛛網。晚則燈光燦爛，遙遠望之，如滿天星宿，誠奇觀也。在東北隅，島峽外伸，與大陸邊岸相偎根近。在西部郡小島星羅棋布，有如天然之保壘。香港既處於島嶼山峯四之中，有如天然之保壘，故其地位堅固而拱衛之。

港內多深灣，水深灘少，利於航行停泊，此為遠諸大港所不及者，雖時有颶風奇襲，然能先事預防，則雖有猛烈之颶風亦可免於危險也。

香港既有此優良地勢，不特為中國重要門戶，而且亦為安南、新嘉坡、菲律賓、澳洲諸地間，勢重疊，港灣深入，風景頗佳。香港仔與中環有

為通之中樞，形勢揭要，可謂得天獨厚，故余曰·天然之環境，形勢揭要，可謂得天獨厚，故余曰·天然之環境，乃促成香港繁榮之重要因素也。

島中著名區域曰西環，曰上環，曰中環，曰灣仔，曰銅鑼灣，曰七姊妹，曰筲箕灣，曰香港仔，曰赤柱，曰淺水灣，曰山頂。

太平山　余本作

香港島之南有名曰香港仔者，為全島最大之漁港。西北枕加列山，南與鴨脷洲島隔水相望，著名為火嶺，紫羅蘭等山之高峙，與涌尼海峽之深入，西南有懸寨洲島之朝拱，故香港雖濱海，但山

而商業則以中環為最繁盛，亦即香港精華之所在

九龍

九龍為一半島，南與香港島，遙遙相對，相距約一英里。九龍由南連綿於北，成為九龍最好之埠區。廣九鐵路南端最終之站，即設於尖沙咀。近十數年來，常輻輳之雲集之，曩日僻靜荒蕪之地，今已成為繁盛之埠場。九龍塘、何文田等地佳宅林立，樓房宏敞，空氣之清爽，地方之雅潔，尤遠勝於香港商業繁盛，人煙稠密之地。

著名地域有九龍、油蔴地、旺角、深水埗、九龍塘、何文田、馬頭角、紅磡、土瓜灣、牛池灣、侯王廟、長沙灣、嘉林角等。工商業之繁榮、則以油蔴地旺角及深水埗為最，佳宅區，則以九龍塘、何文田等地為最清幽雅潔，而無囂塵喧嚷之弊。

新界

新界在九龍之北，面積約二百八十六英方里，包括三十餘島嶼，面積九十英方里。陸分為八大區，四十七分區。其著名區域曰大埔、粉嶺、沙田、上水、元朗、青山、荃灣、平山及澳頭等。邱陵起伏，山嶺連綿，地質肥沃，植物繁殖，故居民以農業為多，蓋地理

公共汽車及小汽船往來，與淺水灣赤柱等處亦有公路聯絡，與山頂區則有步行道上下，故交通頗為便利。

環境使然也。

其他島嶼

香港島嶼衆多，如星羅棋布，其在軍事上經濟上與交通上，佔有重要之地位，然從各島嶼之地勢與價值言之，則有東西之懸殊，東方島嶼少，而西方島嶼多。面且東部荒涼，西部繁庶。大抵由於氣候使然，蓋每年六七月間，太平洋颶風多從東南進襲，船不能泊，人不能居，此東部島嶼荒涼之主因也。

大嶼山　在香港西部，較香港島面積太約兩倍，精華薈萃於西部之大澳，其次爲北部之東涌。大澳盛產魚鹽，環島各村落，略有發米出產。畜牧稍少，梅窩、大澳各村，亦有銀礦，銀鑛灣之得名由此。

博寮島，一名林馬島（Lamma Island）距長洲之東五英里，與鴨脷洲相隔一東博寮海峽，遠約一英里餘，面積爲五英方里，峯巒聯踞屬，形如裙帶，自赤柱窒之，更如長屛矣。最高之山

「杯渡禪踪」爲舊安新八景之一，地在今之青山，相傳六朝時高僧杯渡曾渡海卓錫此山，因以得名〇

爲一一六〇英尺。有榕倒瀑。茅箟、東澳、榕樹下、大灣、流蘇城、橫塱、高塱、大坪、職洲、蘆荻灣、榕樹凹、符箕篤，居北角等村。以榕樹灣面窒西博寮洲之西北，倚大坪而窒最繁盛，居海峽，濶廣一英里，亦稱龍水濶，有小市集及天后廟。洲有居民二千，多業農漁，有小艇往還鴨胸洲，赤柱爾地，考古者亦嘗在該處發掘古代兵器，謂爲鴰夷漢間之遺物也。

長洲　在博寮島之西，面積約二英方里，此爲一著名漁區，與荃箕灣香港仔兩地齊名。蓋以共漁業集散地，故交通利便，人物繁庶。有學校，有醫院，有村莊，每屆炎夏，西人多至此消夏者。

鴨胸洲　此係香港仔對面之一小島，面積約長洲之一半，中間成爲天然避風港，故爲漁人聚集之地，惟無出產，與長洲一樣。

林洲島　在長洲之北，面積約長洲之一牛。

香港地名考

永言

香港海島，由明朝至今，共有四地名。一，裙帶路，明末鄧元勳鄧璣獄縣拓港島開闢農場時也；二，赤柱山，清初至嘉慶年間駐兵島上，防禦海寇時也；三，欲帶路，指黏船艘停泊海面時也。港仔帶路至今中環一帶，指黏船艘停泊海面時也。（此「帶路」三字與上文「裙帶路」三字音彼此相同，不過將一條裙之裙改作人數之眾而已。）

明末鄉僑人鄧元勳及其堂兄弟鄧璣獄安葬祖墳三世，一在賣泥涌，一在籠籃環，一在菁場、莆場地方近黃泥涌前，常時全島地方，開拓良田以頃數，皆屬元勳鄧璣二人物業。在東莞縣名勝載，穆冊均爲「裙帶路地方其處，某屬由張，至明除嘉六年，今香港及新界一帶，德二年，遂新安縣，始撥歸新安縣年間，仍在東莞縣納根，冊至今尚有存也。

「裙帶路」命名取義，有二說：一，當時香港全島梏由由，關爲田陇，農民除開關墾荒耕作外，又登山劏斷柴供燃料，山麓上之割草時，自對岸察之，上下縱橫，縞細似百裙之裙草路，此說也，故老相傳，多主之；二，「港島在九龍尖沙嘴之南，中橋一港，故名港島，一名裙帶路」，是說也清朝廣廣總督毛鴻賓及兩廣總督瑞麟指主

志成，志中新安縣全圖，於今香港島上，大書「赤柱山」三字。新安縣志，山水略曰：「赤柱山（中略）駐兵島上，防禦海寇」事之「海氛」二字，乃指滿初防明道門鄰鄉鄧璣成功及嘉慶時防張保仔事，赤柱山地方，最義非清初之大木棉樹，故老相傳，今港島赤柱地方，有大木棉樹一株，某年颶風擺毀，枝葉盡落，樹幹皮脫，屹立不榮不枯，自遊彎之，坡一赤色的大木柱時，當時港島全島，即由脚海濱，滿乾隆時，陳姓人在赤柱村之枯木棉附近砌村，名赤柱村，至今近赤柱村一帶之地，統稱赤柱。

欲帶路，故老傳說，謂開埠之初，英人容陸海港，潤湘船裝，伸得避颶風，遇頂至今城多亞利城前之海岸，遂引導之全今香港仔及鴨脷洲相對之海面，後以潤不能容巨艦，乃由石排灣（今稱香港仔）起，沿海扶林一帶山巷行，厥後，薄扶林山僻築大路，乃於道旁豎立三角形條石路碑，每若干哩，堅碑一條，向石排灣方，是說也清爾廣廣總督毛鴻賓及兩廣總督瑞麟指主

清嘉慶二十四年新安縣知縣懿舒官修新安縣志中，在今香港島上，大書「赤柱山」三字。新安縣志，山水略曰：「赤柱山橫拱，爲海外藩籬，駐兵島上，有兵防守。」上文所載「赤柱山（中略）駐兵島上」事之「海氛」二字之，見載入二人前後主編之廣東圖說卷十三之新安圖設書內。

尼姑洲 亦名大沽洲，在長洲坪洲之間，人烟稀少，地方荒涼，昔日有人在此經營灰窰，今沒水門島

沒水門島 亦名馬鴋島，在菁農之西、坪洲之北，兩相相距於坪洲，與香港交通亦頗便利，以漁艇爲商業之大者。近年有一美國人，欲在島上發展農牧，供給全港需要，但計劃未大，至今尚未成功。粤港線輪船必經其地，東南端小嶼有燈塔，島西少馬角咀，亦建燈塔，以指示航行。

菁農島 面積約等於博寮島之半，灰窰亦有數所。其地爲香港島之東略肥蔇米，灰窰亦有數所，故相當便利。

橫瀾島 在香港東南，島作長形，恍如橫瀾海上，爲鯉魚門港口外之一重要交通撞點，爲外洋與香港航線必經之路，設燈塔，以指示航行。

青洲 在香港西端港口昇與，共與岸間之海道，稱琉璜海峽，爲港澳線輪船必經之處，設有燈塔，以指示航行。

高洲 此登新界東部最大之島，爛坭蔣之南，面積約二方里半，地瘠靜而荒涼。

巨洲 界於高洲西賞之間，面積約二英方里，週開小嶼林立，各擁爭雄，爲漁人紛集之地。

東龍洲 在鯉魚門之口，面積略大於鴨脷洲

（上文接六六頁）

面，則繫「石排灣若干哩」字樣，向域多利城方
面，則繫「荃帶路若干哩」字樣，所有路傍，於
今猶存，遊薄按林道者，於近山一便路旁，猶能
見之，蓋老相傳，祇知陳羣帶路在從前五月，
惟年與日均已忘矣。

香港：上文已言「香港由開埠至今全島名也
」，伺年月日始名全島曰香港，待考。「香港」
二字，原爲明朝至淸嘉慶時一小港（小海灣）之
名，該海灣在今香港仔附近之香港村海濱，名曰
「香港」之小海灣，以蓮香木出口著名，香木爲
檀香，伽楠香，沉香等，輒稱「莞香」，東莞縣
境所產之香也。今香港及新界，由唐金明，屬東
莞，見上文。

東莞縣境及新界所產之香，自明朝至淸乾隆
年間，南自廣東全省，北至淸代江蘇省之蘇州府
松江府一帶，均甚著名，每年中秋之夜，蘇松一
帶，必以莞香億只焚燒，號爲「薰月」。「莞香
」鎮江蘇之吳闆門地方者，常一夕鹽售，每年貿
易額，佰明朝通用銀幣數高兩。新界大埔匪之沙
螺灣，及沙田匪之瀝源，產香尤佳，婦女繫香者
，潛跡其最好之香木，待價而沽，（見新安縣志
），卽世人盛傳之一東莞女兒香」也。莞香
之香樹，名「古蜜香樹一，唐朝時代，名「棧香
樹」，繫出備焚燒之香木有其黑如漆，其黃如金
之良者，有鐵格，鷓鴣斑，黃熟，黑格，碎種名
之堅如鐵，擲地作金石聲者，斯爲最上，香木

目，自來東莞南部及今新界所產之香，恆在尖沙
頭（今尖沙嘴）之香踈頭（當年蓮香出口之舊式
碼頭），用小舟載至石排灣（今香港仔）附近之
小港，名香港者，然後改用艚船（大眼雞船）轉
廣州城，駛陸而北，論南雄嶺直達江蘇省蘇松一
帶，貿易極盛。淸雍正間，有奉旨到莞地指賹異
香之專使，大索不獲，知縣官杖殺里役數人，一
時薰香家多斬去所植香栅逃亡，自是而香商貿易
遂漸消散，繁盛漸減，終成冷落海岸矣。廣東
新語箭海見闆專中見莞南東莞新安兩縣志，嘗當
年香業，及宜於種香之地，所有種香及繫香之法
，甚詳，恐煩不贅，近年盧鄉沙田之香粉查一帶
，仍有利用水礁養香粉搓線香，長
淸季光緒年間，倘念念不忘莞香之
螺灣等出售，常年會至其地者，想能記憶之，

淸乾隆四十九年，當六次南巡，江寧人內闆
侍讀嚴長明迎駕後，往隨園訪袁枚不遇，時袁枚
遊廣東、長明致袁書，有一先生久游羊城，喹當
華之荔、南漢王劉氏
所建苑佈也，原址在今廣州市荔枝灣，所產荔枝
以更莞之香，與昌華
之蒿同稱，乾隆年間，在雍正年間，莞人蓺香
倜逃亡後，倘念念不忘莞香，莞香亦名於江浙間
，從可想見。

香港得香業淵常後，至淸代乾隆二十四年（
公元一八五九）有周啓文者，在潭之附近開村，
名香港村，屬官富巡檢司管屬村莊（見新安縣志
都里表），其裔於今仍盛。以香港二字爲島名，
鑿鑿之，使者雖勞役而不從者之謀，
敗其山脈，勢果大挫，其族亦瀟替，至今其墓亦

胴洲之繁盛耳。

（上文接六七頁）

魚門外之將軍澳灣海中，洲上權薼氏一家。淸時
設稅關及砲台於此。砲台移置方能窯城，稅關亦
亦廢，固佛堂門海峽之將角也。

蒲台　夫香島東南二英里。面積約得靑衣之半
，山高七九二英尺。西北對躁洲、橫闌洲、天涯
海角、烟波浩渺、瀣頭十丈、一望漠漠。北有天
后廟、小商店、及茶市等。夏秋之間、漁艇紛集
，出品以蠔竹，魚那爲破著名。有天
日蒲台，居民四百餘，多來自寶安南頭者。亦
來赤柱。天后誕時，建棚演戲、端陽競渡，較處
亦頗活躍也。

浪打金鐘　潯西海前一小洲也。去西貢東南
五英里，與龍船灣相近，洲高數丈，形如翌釜。
側有沙痕，遠接火山，沒於水中，潮退可見。其
南遙望水牛洲，莫洲、橫壁洲、風鑑家因
美其名曰絲絛吊金鐘，亦曰浪打金鐘。俗傳明末
有顯宦某，相地至此，謂地至此，遂安其先墓於此
，至嘉慶間，其後人有巡撫者，戴値淸明，換族
人數百，到此掃墓，惟水淺不能，乃遠附近漁
船，聯接爲橋，並環繞其洲，以壯聲勢，不從者
，至今其墓亦

山，薼帶縣等古名遂隱。

無存矣。（完）

香港的地理環境

達源

香港位於粵珠江口外，是一個四面環水的小島，南距海南島三百哩，地當東西航路的要衝，它長約十一哩，面積三十二方哩，全島遍布花崗石的斷岩，拔海八千尺，踞高臨下，爲天然的要險。在遜清咸豐十年以前，香港向是蒿萊未闢，僅是一些漁翁出沒棲息之所。但是港英人所重視，終於滿政府便將之割讓給英國。

香港是世界第七大商港，海運事業非常發達，紐約居第一位，倫敦，神戶，上海次之，再次就是香港。在香港進出船舶的噸數，有一年多至五千三百餘萬噸，即以一九三四年數字來看，於四四〇四三艘船隻，總數中英船佔四八二四艘，計二二〇五三〇八七噸。

自香港割讓於英國，闢爲自由口岸後，英國特設總督府治理軍民事務。從此竭力經營，終使香港成爲遠東商業根據地。同時，建築堅固倉庫，以爲防守。英人喻香港爲「英國皇冠中最輝煌的寶石」，其對香港之重視可知。葉蔴士運河鑿通後，香港在軍事上的地位，更見重要，貿易繁盛，工業發達，敎育逐漸發展，且有造船廠與船塢其他工廠等，蔚然爲一重要的工商業都市。

香港環島的海水成綠色，著名的淺水灣是香島人士暑日游泳的集中去處，其地勢是「三山六脉約一分地」型的，全島僅有三條寬廣的火道，沿海的是干諾道，向內是德輔道與皇后大道，狗語上海的南京路，九江路，漢口路，成平行之勢。所以說，香港確像一個海上的花園，從海面望去，鮮紅的建築物襯托在濃綠的背景中，最夠美麗。這裏是一個深水的港口，航輪都能停靠，且因廣九鐵路關係，恰好控制了西江的出海口。香港對岸爲九龍半島，相隔不過半山哩，彼此的形勢是互成掎角的形，九龍不僅形勢險隘，可泊巨艦，抑且地形又凹入。爲一天然的避風港。若以軍事地理上觀察，九龍的確便於香港，兩地是分不開的。英國在獲得香港之後，以「一島孤懸」，難以發展，又與清政府交涉，一八五八年，便以一個人名義，要求租借九龍。英國即在九龍增築砲台，駐紮軍艦，以爲屏衡。及至一八九八年，廣州灣成了法國的租借地，英國又開拓九龍北部，訂立條約，爲期九十九年，從此九龍的全半島及附近諸島嶼，都爲英國的開拓地畝。

一八六〇年，四英哩的九龍半島尖端，遂由私人租借一變爲公開。

香港扼水道方面，在柴灣地方，有兩幽砲台。一在鯉魚門的南岸，即香港島的北岸，即人陸側，西水道方面，在灣竹石匠島附近，計有中央砲台，東南砲台，和西南砲台等六座。北端更有北部砲台。九龍方面，也有砲台多

地理小識

▲香港全島幾盡爲山阜盤紆，峯巒相聯，彼突此兀，峯嶂所擁，就地勢觀之，中部最高，東西則漸次低降，山之最高者爲維多利亞山，（俗稱扯旗山）高一千八百二十三英尺，次爲筆架山，高一千七百五十三英尺，次爲歌賦山，高一千四百三十英尺，又其次爲柏架山，高一千零二十二英尺，又其次爲金馬倫山，高一千零... 西有黃泥涌谷，掃桿埔谷，與南之香港仔谷，鼎足而三。

▲香港有三峽，西有璜峽，界乎青洲與香港之間，急水門峽，爲入珠江之要道，東有鯉魚門峽，爲入港之要隘。

▲香港四週，海灣羅列。東有大浪灣，石澳，南有加列灣，鴨巴甸灣，深水灣，淺水灣，大灣，士灣，大水灣，瀑布灣，大潭灣。西有先地灣，利保路灣，奇勒灣，西灣，北有西環，大口灣，海灣，鯉魚門灣，筲箕灣，城多利灣，銅鑼灣，灣仔。

香港地圖史話

欽之

英國正式佔有香港島的第二年——一八四二年基家工程院就開始本島的測繪工程。根據這次測繪成績而製成的地圖是由工程師柯寧遜擔任的，於一八四五年出版，是四英寸一里的大圖，據吉斯布在一九三二年三卷的「香港自然界」季刊上說，直到近或二十年以前，柯寧遜的地圖仍是本港通用的僅有的測繪地圖。

一八四四年出版的「納米昔斯航程及作戰史」下卷，附有一幅香港島的地形略圖，據沙雅氏在「香港的誕生奇蹟年」一書上說，這幅地圖是本港最早的地圖，作者是貝爾記斗。圖上已繪有城多利城的重要建築物所在地及島上羣座高山的高度。拉旗山的高度，這圖上所計的數字是一八二七尺，這與今日所測量的一七七零尺相差五十七尺。

柯寧遜的地圖，因為製作年代太早，已無法適應後來日益發展的香港市政府的需要。一八六零年，為了登記建築物和公私地段，政府將城多利城一帶繪成了更大的一批新圖，是以表明每條街道及各座建築物的所在地。九龍半島是一八六零年才割讓的，因此柯寧遜的地圖當然不會將九龍包括在內。關於九龍的地圖，直到一八六零年以後，方由當時的工務局加以測繪，因為九龍的移山填海工程不斷的在進行，這樣製成的地圖不久又不適用了。

九龍新界是在一八九八年訂約租借的，在這以前，關於這一帶的詳圖，中英方面都沒有，唯一可用的關於這一帶地方的較大的地圖，奮是由義大利神父們測繪的。這是一寸一里的大圖，據說是根據英國海軍航海地圖製成的，編者新安縣，因此香港九龍及所謂「新界」一帶包括在內。這圖份有中文本和英文本，雖然很簡略，但在當時是唯一可適用的地圖。

英國租借新界以後，為了要劃定邊界和確定鄉民的田地範圍加以測收稅，便喚起了新界土地的測繪工作。這工作是印度測量隊在兩名歐籍人員指導之下進行的。工作的主要目的本島為了明確新界出地分佈的情形，但後來也就根據測繪所得製成了地形圖，還張地圖的比例是二英寸一里，有用地居民的地形圖比較準雜，高山和荒地就很有出入，舉例說，大嶼山北面的赤筋洲島，高度應該是五百尺，還圖竟差一千尺。

當然，還樣的地圖在軍事價值上是一點沒有用的，於是本港軍事當局便開始了新界地圖的正式測繪工作，完成的時候是在第一次歐戰前，香港也包括在內。說來使人不解，這幅地圖的九龍大陸部份繪測得穩好，但繪成香港的主臟部份卻港島，所表現的成績壹十分低劣，連經緯線的位置都弄錯了。第一次歐戰便這種測繪工作暫時停頓，直到一九二四年才正式繼續。這時，穿中測繪方法已經被利用，於是香港便開始了最新科學的地圖測繪工作。還次工作便完成了香港九龍和新界租借地測繪得二萬分之一的大地圖，差不多三英寸等於一里。

目前香港公開發售的最詳細最新的大地圖，便是還種二萬分之一的詳圖，還批地圖共分二十四幅包括整個新界及香港四週的島嶼在內，正式出版，一九三八年又加修正。目前市上發售的是一九四五年最新修正的。香港本島及九龍半島所急部份當然是於第十九頁分圖，還是本港中外市民所急切需要最好的地圖，可惜不容易得到，早幾個月從英民運來了一批，每幅售價二先令，第十九號分圖立刻一搶而光了。

目前市上所有的其他香港地圖，大都是以這圖作底本的。因了縮繪方法不合科學，所以在地形上大都是不正確的，惜可以辨別地名而已。上述的二萬分之一的地圖，唯一缺點是沒有中文說明，使一般的中國市民參用的時候有著麻煩。

關於香港較多利城市區的部份地圖，因了市政上需要，本港政府從一八四三年以來，就先後測繪過多次，但大部份的初期地圖到今天已經變成很有歷史價值的東西了，奧期基氏所編繪的中國通商圖錄，其中關於香港市區地圖，曾紀錄了不少初期的香港圖的正確的香港市區部份，編者以柯氏原圖作為標準，以紅線與據一八六二年愛爾夫斯的一幅新圖表示街巷變遷的狀況。在紅線以外，編者更以紅色虛線表示一九二三年以來（即該書出版時）的海傍地形現狀。這比較是有趣的，我們可以看出自今日的九龍半島後道及當時的移山填海圖的經過。

愛爾夫斯氏於一八六二年所測繪的市區圖，相當精美，現在大英博物院奧圖室裏還藏有一幅，長六十五寸半，闊四十二寸半。在他的圖上一幅海，今日的德輔道已漸漸的形成了，但整個干諾道還在海中。

大嶼山與蜑民

劉樸士

一

距今百有餘年，香港原是荒島，漁樵棲息，未解文化，生斯食斯，等同世外桃源，周知棼漢；致令文獻不足，史料雜微，鑿往知來，登容湮沒？不佞愛珍往籍，撫槍攀聞，姑述一二，就正大雅。

香港環濠拊山，如杯渡、屯門，官富，及老萬山等；而「大嶼」為靈山之一，往籍紀載，頗有可稽，其關於有歷史性者，以與蜑民之關繫尤切，故昱篇述之。

大嶼山原屬東莞，（或稱新安，原與新安合縣，後析為二：曰東莞，寶安）在海瀕荒山中，地頗廣袤，蜑民（一案，蜑民近代稱漁民，不侫行文偶別舊籍，原稱故從之）逐水而居，源流頗遠，廣史通惹都志云：

「大奚山一名大漁山，為急水，佛堂二門之障：周圍二百餘里，有異鳥出，則大風生。山下有村，多鹽田，宋以為李文簡食邑。」

都志簡略，未嘗及與蜑民有關者，僅述其名稱與往蹟而已。至於其民俗如何？則有下列之別籍紀載。

南海古蹟犯云：

「大奚山在新安南大海中，一曰梅州。（案，梅州名稱之來源，待考）山有三十六嶼，山民蜑魚鹽，不農。宋紹興間，招其少壯區各軍，嘯聚，澄墟其地。今有數百家，有傳。」（偶文從略）

未有嘗明盧循是蜑民，而唐獨恂嶺表錄異有云：

「盧亭者，盧循前據廣州既敗，餘黨奔入海島野居，惟食蠔蠣，壘殼為墻壁。」

從此一則所述言之，盧循是野居，並非水居。其後顏炎武天下郡國利病書，廣東人所引後山叢談云：

「嘗賊盧循兵敗入廣，從卅逃居水上，久之，無所得衣食，生子拌赤體，謂之盧亭。常下海捕魚為衣食，其人能於水中伏三四月不死，虛化為魚類也。」

鄧氏叢述本之，蓋有未得其史實矣。

所稱：

「以卅為室，視水如陸，浮生水上者，蜑也。」蜑民云：即如周去非嶺外代答

二

東莞鄧淳「嶺南叢述」盧亭條云：

「大奚山三十六嶼，在東莞縣海中，水邊巖穴，多居蜑蠻種類。或傳係晉盧循遺種，今名盧亭，亦曰盧餘。似人非人，獸形鳧舌，椎髻裸體，出沒波濤，有類水獺，往往持魚與漁人換米，或迫之，則投水中，能復如舊。率食生物，以魚體為羹飯。其捕魚，使人張眥，則數人下水，引繩弆魚入罟內，既入，別繩示之，則眾曺並其人以上。正德中，其入入水時，偶值颶風不能起，渟浮游數月，至香山，見官以為己物，乃坐其中，為人所獲，所謂：「蜑蠻」官，或識之曰：此盧亭也。初德，言語不通，久之，曉漢語，詢之，信然。」

從上一則觀察，在宋時之居民，仍屬原始時代生活，自給未能自足，寧有未受教化者？至於大嶼山與蜑民有無歷史性之雜繫？試看下述一段有興之起載。

又范成大桂海虞衡志蠻條稱：

「蛋，海上水居蠻也。」

至於廣東之有蛋民，遠在漢代，卽如晉書陶璜上疏所云：

「晉時廣州南岸周旋六十餘里，已有不少蛋民。」

是則大嶼山之有蛋民，來源已久，而蛋族之繁殖已遍及閩粵海岸各地，信而有徵，蓋不徒以附會臆斷爲言，晉書陶璜所稱，則大嶼山其尤者矣。

三

關於蛋民之起源、人口、敎育、風俗、信仰及其生活各問題，吾國向乏有系統之記載。而散見於說部筆記者，又語焉不詳，論者病之。一九〇九年美籍婦女特杜（Drew）來華，在蛋民中傳基督敎已二十餘年，分著有「南中國艇船傳道報告（Reports forth CHINA boatmission）一書，叙述廣州香港傳道經過，可供參考。近人陳序經先生著有：「蛋民的研究」引證淵博，諸斷精審，港稱佳作。

四

蛋民生活，爲一般人所經常談笑者，厥有蛋家妹鹹水歌，編歌謠者，每喜道之。玆摘錄其有合於香港地方性者，如次：

女唱：番人「識當」唐人坐落；兄哥，「哥歪」二字趣兄台。

（註：識當爲Sitdown，哥歪Goaway也）

男答：識當爲香港姑娘無個襲氣，姑妹，眞心從此結合佳期。

女唱：上東落西携帶小妹；兄哥，帶埋小妹去到江湖。

男答：上東落西欲携小妹；姑妹，海波浪火我姑娘行。

女唱：香港生涯還要到底；兄哥，有婆懷念莫把妹題之。

男答：香港花街情太重；姑妹，誰知今日火不同。

女唱：香港鹹蛋蹍大馬諸散，兄哥，哥你風流不顧海凄涼。

男答：香港生涯容易散；姑妹，常極留番養妻兒。

蛋民鹹水歌，語近於狎，大抵皆男女酬唱之辭，卻風識俗，見微知著，蓋爲有心人所應提倡蛋民敎育而改善之。

小記大嶼山

陳劍

在香港附近的島嶼，有一個島比香港島還大，它與香港聳立在珠江口，恍如一個是哥哥，一個是弟弟，它便是大嶼山。

大嶼山沿岸村子很多，最著名的是西北的大澳，南岸的同嚮，長沙、杯奧、東涌，西岸的梅窩。山中有溪澗的昂坪，在鳳凰山下，僧察懷念莫把妹題。鳳凰山高三千餘尺，爲香港與新界的第二高山。廣東通志載這山有神茶一株，據說有消食退暑的功能，但不可得，土人於清明日採下，名鳳凰茶。舊說大嶼山上分三十六嶼，攞已故的許地山敎授（曾考據它的地名說：「澄」嶼意義很晦，刊底是指出上分三十六嶼呢，還是大小有三十六個嶼呢？福建地名上很少兒洲爲山，「三十六嶼」的嶼字，廣東地名的必是福建人或海賊，也許原是「大漁」，否則初名這山的必是福建人。「大嶼山澗閒島嶼很多，不知道所指的「三十六嶼」那麼多。若說大嶼山分爲三十六嶼，那麼，這「嶼」字應是「案」的誤寫。但大嶼山的山坐高過一千尺的又沒那麼多，甚至運西稱都沒有。所以「三十六嶼」還是一個疑問，還遠的東涌汛和大澳，每日有和香港來往的輪渡，交通是很方便的。東涌有一座舊築城，覆炮幾尊仍在原處。我們欲想看一看百年前的香港是怎樣，就不妨到大嶼山一遊。

不佞述竟，離題已遠，寬有不虐已於晉，而有感於懷，大嶼山，森林菁茂，漁棠豐富，蛋民義聚，果能經之營之，拓植之，啓墾之，飛、潛等物，成棠於斯，其利甚溥。蛋民，吾種族也，敎化之、改善之，雖水居，柔異！此亦國民生計之一道也，盍起而圖之。

香港‧澳門雙城成長經典

維多利亞城

蘇福祥

維多利亞城是英國人在香港島上建立的一個都市，這個名字異用來紀念英后維多利亞的，因為香港是在英國維多利亞皇后的朝代改隸英國版圖，作為英國皇家殖民地。

維多利亞城的範圍並不包括整個香港島，這個城市的所在地是香港島的西北部。因為這個城雖然有城之名，卻沒有城牆，不比九龍城那般，建設了城牆，十足一個中國式的城，所以維多利亞城的界線，根本不容易分辨淸楚。最初建築維多利亞城的時候，也不曾劃定它的界線。

究竟維多利亞城原來的界線是怎樣的？最初灣仔也不列入維多利亞城，西營盤也是維多利亞城範圍之外，西環卻是堅尼地城。那末，最初的維多利亞城祇是中國的繁盛區域，後來維多利亞城逐漸的擴築起來，市區逐漸的擴大，四環九約，到如今，除了香港島前面海岸以外，北面的市區，都列入維多利亞城範圍內了。

維多利亞城是逐漸擴大的都市，就漸地勢而建築的。因爲香港根本就是祇有殘個由出的小島，海岸不關，維多利亞城不能不建築在由上。維多利亞城不純粹是一個山城，這裏區域分作三個區域——海岸，半山和山頂。海岸區域是商業區和華人住宅區，半山區域是高等住宅區，中國人不輕容易能夠在那裏建築房屋居住，潰禁例利戰後

才撤銷。

建築物顯示出維多利亞城的建築是逐漸完成的。維多利亞城有著最新的現代建築，如銀行區的大廈，也有古街的中國式建築，如荷李活道和灣仔道判而今還保存着中國式的房子。但道也有新舊之分，爲興有還舊與路中心關合一條明渠的古老街道還像從前一樣擠滿着行人。

維多利亞城也有「唐人街」，在香港的早年，華人區域是不與外國人區域混合的，中國人做生意，也要到而今還是一條猶濟中國人那些地方就是華人區，到而今還是華人區去。中環，上環這事實上祇是華人區多是繁盛熱鬧的區域，在那裏，從早到晚都保持着隱綠的景象，一切的景色無不分的表現出「唐人街」的色彩。華人區的熱

因爲這是一個由城，維多利亞城的街道並不全平坦的。這裏有斜坡，維多利亞城的路，也有石級的路。香港的居民習慣於跑斜路。他們跑路的姿勢也有點特別。不過，跑不慣斜路的人們，初到這裏來，跑路的時候也感覺相當的困難，雖然經過若干時間以後，他們還漸習慣了跑斜路了。因爲這裏有石級路和斜路，所以，「轎子」在這裏，還不曾給時代淘汰了。

又英國人爲維多利亞城取名的時候，曾引起一度劇烈的爭辯，因爲有人主張喚它作皇后城（

QUEEN TOWN），一部份主張將它喚做維多利亞城，後來終於請示英廷，才決定採取維多利亞城的今名。

香港地段分爲兩種，一曰環，一曰約，東由灣仔起，西至堅尼地城止，劃分四環，計爲下環，中環，上環，西環（後有將管英洲及銅鑼灣倂入，則爲六環），由銅鑼灣至堅尼地城止，復劃分九約，計爲堅尼地城，石塘咀，西營盤，上環，中環，下環，灣仔，鵝頸，銅鑼灣。茲將四環九約地段列下：

四環

西環　由堅尼地城起至威靈頓街西段
中環　由威靈頓街西段起至軍器廠街止
上環　由威靈頓街西頭街口起至舊國家醫院止
下環　由干諾道西起至堅尼地城止

九約

第一約　由堅尼地城起至石塘咀止
第二約　由石塘咀起至西營盤止
第三約　西營盤全段
第四約　干諾道西東半段
第五約　由上環街市起至中環街市止
第六約　由中環街市起至軍器廠地段止
第七約　由軍器廠起至灣仔道止
第八約　由灣仔道起至鵝頸橋止
第九約　由鵝頸橋起至銅鑼灣止

筲箕灣的傳奇

陸新大

筲箕灣，這偏處本港東隅的角落，在不久被人注意之中，已慢慢地走上建設的途徑。過去，這裏是充滿了神秘傳說的荒僻地區，是窮僻落後的漁民發華之處，工商業更落後得很。現在，火工廠陸續在建立中，一幢幢的新式樓宇，也在鳩工興建，市區拓展，人口日衆，將來的發展，正未可限量。

一位年逾七十的老居民，和記者談幾十年來的興替史，真有滄海桑田之感。據說：筲箕灣初初景給人喚做「餓人灣」，只是海盜經踞的地方。因從地形的關係，夾空變成了一個天然的避風良港，漁民常在這裏停泊，後來並將家屬移居上岸，外處的人來做大的主顧，靠神吃飯的也特別多。還有那些小商店、賣些漁船用具，日用品、衣料什物這一類東西，「好人來得多，才把海盜趕跑。這些商店還是當時的雛型。現在的東大街，陸續在東裏設立一家中學。

香港開埠以後，准他們享有各種特許的原住居民，獲得英瑪利皇后的特許，准他們享有九百九十九年的地權，只有七十五年的地權而已。至於後來拓展的地區，交通已經相當便利，但在最初的時候，除了荒幽僻壤之外，便只有搭艇。那如上賓，睇上了她自己以爲最低限度，同儕表示自傲。因爲她自己以爲最低限度，同儕們對……

那如上賓，睇上了她自己的肉體和物質，然後，向解衣推食的對待他。把他招待到自己的家裏，待大多數除了丈夫之外，都另有一個或以上的情郎。這些覗得她們芳心的倖運兒，她會推心置腹，形中卻爲「應常的」。所以，在過去，她們似乎每每情難自遣，而做出百份之百的文盲，而習慣於無事件，又何怪她們百份之百的文盲，而這些私立中學、私立中學，在這每每情難自遣，就是飽受着風教薰陶束縛的女子，也獨守閨闈，大部份時間要到港上長住，做丈夫的又忙了衣食門，大半將家眷邊到別地，因爲漁民到她（或他）整噸力量，常常令便近取喉蕊，雙方都想用激詞唱到令對方折服。這天氣的好時辰心，唱個不休，遑大光燈，吭嗓喉嚨，你來我往地有時與之互至，就是在黑夜之中，也有亮着當空，水天一色。常有三兩漁舟，在海中此唱彼偶一看到。每當夕陽西下，碧海流金，或是皓月古詩聲中的漁歌唱晚，現在還可以在筲箕灣

因爲過去這裏是窮識落後的漁民麇聚之區，教育非常落後。但在銜坊們努力提倡之下，已有到她那空洞的榮譽。這天天金鋪的老板，不把這靑年小伙子看在眼裏，在營業競爭中，顯新金鋪會請出筲箕灣會副出「麗博衔天天金鋪的輕視，珠寶懸雙天」的對聯，來表示他們對天天金鋪的輕視，但在這老板慘淡經營之下，天天的營業一日千里，卒之壓新N要關門大吉。

多賽而定名份，賢愚不肖，品德良莠，在所不計，故此全無建設。到現在，筲箕灣已有商會設立，擁有會員二百餘家，現任理事譚仲良，是以這裏的治安一向都很好。本港光復以後，許多區域都常有兇刻事件發生，但這裏邊沒有發生過。警察在這裏，此任何一區都較清閑。

香港開埠以後，准他們享有各種特許的原佳民，獲得英瑪利皇后的特許，准他們享有九百九十九年的地權，只有七十五年的地權而已。

黃泥涌攷

吳灞陵

黃泥涌，是一支水勢頗大的溪流，而且又是一支從馬頭角長的溪流，水源溯流，片範圍非常廣大。黃坭涌有頭谷，下坭南村，村的下面是黃坭涌谷，谷的四面都給與黃坭涌谷續，過嶺頭出，出鵝頸而入於海，黃坭涌水塘就築在他的源頭。

現在黃坭涌谷闢成一個像火無比的跑馬場了，黃坭涌谷這個名字也改成『快活谷』了。還有一條環繞跑馬場的馬路，也改名黃坭涌道了，不再作黃坭涌村也給改成屏登的住宅區，黃坭涌村就變成革靚的景光街，鑪秀街，昌明街……了。

黃坭涌使人懷念，黃坭涌，是一片田園，荷姓村民，種稻種菜，蓄魚養豬，日出而作，日入而息，自食其力，怡然自得。後來，村變成洋化的住宅區，一片田園也跟着一命逝，變成今天的音源地。而二十五年後的今天，這些士頭士腦的黃坭涌士人了。

黃坭涌村更使人懷念，在二十五年前，一條古老的黃坭涌村依然是吳姓和居住，雖然他們只是舉行頭做禮拜，就是現在那些舊條時做營源得梓芳街興街……的房子了。清些房子的建造費，常時是每棟九百塊錢，可以唯是廉價的房子。

這一排房子，都是一磚兩房的房子，最適宜於源住村人的需要，所以與菜兩姓的村人都要回這些房子來居住，因為他們沒有領同士地造洋房那樣大木頼。只好住他這棟最簡廉值的小屋，那田園的地面，就是現在那些條時做營源得梓芳街興街……的房子了。

這一排房子，都是一磚兩房的房子，最適宜於源住村人的需要，所以與菜兩姓的村人都要回這些房子來居住，因為他們沒有領同士地造洋房那樣大木頼。只好住他這棟最簡廉值的小屋，他們的鄉下比起舊往陌生的地方居住好得多也。

他的房子雖然改變，可是他們的生活，門前坐食什物，雞犬在門前坐坐，說地談犬，兒常喧鬧，絕上也佐佐快樂喜在門前坐坐，說他閒常一樣，這種古樸渡濃郁的村鄉風味。

後來，住的問題住香港嚴重起來，房子高漲，這些村民們也把仙們餘下來的地方出賣給別處來的人居住，大概增城轉的人佔多數。

在廿五年前香港政府決定開關塊地方的時候，通知全村居民搬到指定的地方去住，假如你以為生於斯長於斯但指於斯，不肯關開這個地方，他自己心裏明白，長時間地令她獨守孤幃，是對不起她，或者甚至遇一套已經成過意不是怪的老例。當他繼便歸來之後，對他的妻子一樣地執行他丈夫的職權，她也循規蹈矩，安安份份地做齊妻子應做的工作，至於那位臨時的丈夫呢，他也會得識相地照常往來，偶或和那位丈夫碰頭，也只有互諒於心，不了了之。

因為有這樣的事情，所以在戰前，管實灣是沒有被稱為『阻街女郎』遠一類女性的。一個陌生的男子，如果想在那裏搜芳證與，一定會失望，易求無價寶，雖得有情郎，如果她認爲你是有情郎，意想不到的怪遇便會源臨你的身上。一定要有識途老馬爲之帶引，他知道那一位怨婦是希望得到異性的溫藉，便帶他到她家的寡夫。

但是在戰後，爲了房尾缺乏，許多人擠到遠來，居民的份子日谷複雜，許多選定這一塊縐棲的地點來做她們的『基地』也有許多她們有心想做天台化一個錢。因爲黃肉體家維持生活。正如魚支機所說的：一是黃肉體家維持生活。正如魚支機所說的：一這一來，什麼都變質了。真的有心想做天台遠來，爲了房尾缺乏，許多人擠到遠來。

（上文接七四頁）

她，如果她那個情郎確是相貌不凡，也會表示羨慕之意，絕不認爲這是不道德而加以鄙薄。

的到阮的人，也有魚扎混珠，無所間津之苦，行見這些風流韻事，即將雲散風流虎，徒留下一些美麗的傳說，給多情自用的現代名士來幻想而已。

長洲

吳灞陵

長洲在香港版圖的眾島中，可以說是一個中型的海島，因爲在眾島裏別牠大也有比牠大的，可是牠的繁榮程度要比別島來得強，除了香港不計，大嶼由比牠大得無法比較，但大嶼山西部的大澳，也趕不上牠。

香港範圍內有幾個被稱爲漁區的地方，香港本島有筲箕灣，香港仔，赤柱，新界大陸有大埔，西貢，新界羣島有塔門，大澳，長洲，蒲臺等，但除了筲箕灣和香港仔兩城之外，只有長洲是熱鬧的，大概因爲這一點，造成長洲的繁榮。

長洲的島形，顧名思義，我們曉得是長形的，東西，不過物東西兩面的海岸參差不齊，而且其東部花類，南崎，寵蝦灣一帶，是突出的部份，東澳和西澳的長洲澳又既深且廣，更使長洲形成一條藏腔，然而，輪的南北兩端的距離，足有兩英里之長，東西兩端，最狹之處不足一英里，牠所以能稱爲「長」的，大概因爲這個原故。

據說，長洲雖然有了居民百年，但在民國四年以前，長洲還不曾給人們注意，像一個世外桃源，偶然也有十數漁船，路過其間，修帆曬網，並不繁榮，直至民國四年以後，因了香港日形進步，人口漸衆，需要魚類的供應較多，才逐漸成爲漁船的集散地，因爲漁船多，養殖繁，其在生意方面是熱鬧的。

在戰前，有過一個極爲繁盛的時期，今日大家甚至叫長洲做「小金山」，這可見長洲之繁榮程度廣爲其他的島嶼所不及了。

長洲能夠成爲較有價值，較有資格的漁人島嶼，說到長洲的經業，牠是和漁業有密切相依的關係的，所以，由於漁業的興盛。凡是民生日用，長洲都小規模地具備起來。

因爲漁船在長洲羣集，修理設備少不得，戰前木材豐富的時候，裝船業務極爲發達，遠船工人有一千之衆。

長洲的設業，可以說是絕無僅有的，由於地勢關係，可耕的面積少之又少，因而出產無多，只是些瓜菜之類，還不夠本洲的需要，要靠附近梅窩與澳各地出產的農品來供應。

一個居住著近兩萬人口的小島，其文化如何，首先，我們曉得長洲上的教育有相當發達的，官立長洲小學校，已經有了相當歷史，也相當著名，校舍堂皇，校舍面前便是一個硬地球

南便山上已變成一派頹垣敗瓦，景況荒涼，不但沒有中國人，外國人的影子都沒了。
因了長洲是漁區，長洲便形成一個最理想的漁港。因從漁人口中瞭得：每年，漁獲物最大宗的，要算鮮魚（十一月至三月），黃花（九月至十一月），鮫（三月至四月），鱸（同上），狗棍魚等，他們很快就能夠回到安全的區域。五、距離香港本島只有一小時的輪船航程，關於漁獲物的運輸，漁業用品和糧食的供應，都極便利而充足。

因這種種關係，長洲成一個最理想的漁港。

這些魚類的供應較多，才逐漸成爲漁船的集散地，因爲漁船多，養殖繁，其在生意方面是熱鬧的，形成長洲今天的繁榮。在戰前，有過一個極爲繁盛的時期，大家甚至叫長洲做「小金山」，這可見長洲之繁榮程度廣爲其他的島嶼所不及了。

長洲能夠成爲較有價值的漁人島嶼，是因爲牠具備下面那幾個條件：一、港闊水深（每隸等於五華尺），就是潮水退落的時候，也還有水六尺，大小漁船在洞里停泊都不受到潮水漲退的影響。二、潮流緩慢，漁船出入長洲灣，絕不須顧慮潮水弱退緩急，毫無時間限制，隨時進出。三、長洲灣像一個西字形，南北商店民房的背後，也高出水平，嶺陵起伏，東面商店民房的U字形，足以減輕風力的襲擊，在颱風肆虐，東面商店民房，可以到颱風裏避風。四、距離漁場比較近些，只要一天半天的航程，便能夠即到擔杆山列島，萬山羣島附近的所謂「障棚」地帶作業，如果颱風吿相當著名，校舍堂皇，

說到長洲的經業，牠是和漁業有密切相依的關係的，所以，由於漁業的興盛，產業也隨之興盛。凡是民生日用，長洲都小規模地具備起來。商店林立，集處也成爲旺市。商店成爲其總匯，興隆得把貨客就湊到港外其他地方，現在是漁業改變成比合理的管理，制度不同了。

因爲漁船在長洲羣集，修理設備少不得，戰前木材豐富的時候，裝船業務極爲發達，遠船工人有一千之衆。

因爲漁船在長洲羣集，近年組成長洲華商會，會址在海人們十分團結，近年組成長洲華商會。

場，四週還有些花木，距離鬧市稍遠，是一個適宜讀書環境的學府。

此外，有全洲居民公立的小學一家，由東莞、惠洲、寶安三會館聯辦的小學三家，私立漢川幼稚園一家，長洲免費夜學一家，私立長洲女學一家，先不管就學的人數多少，只看看這學校的數字，便知道長洲的教育狀況還差強人意。

醫院有長洲醫院和長洲方便醫院。長洲醫院，建築院極為新型，建築兩層，樓上設有頭等病房，留產室、手術室、留醫室、兒童病室等。門診慮等，留醫大概能容納一百人左右。在民國二十三年以前，約期民求醫，特在長洲海濱設立附屬醫局，留醫的約四十人，候診的不知凡幾。後來由救傷隊的首長英理士與翟文虞接洽，由胡氏捐助大部份建院費，其餘由各方善士捐助，到民國二十三

年十一月二十一日落成開幕，到現在已經有了十等三年歷史。

在戰前，長洲已經有電力供應商戶，淪陷期間斷絕供給。直至最近才有人投資十五萬港元經營這種事業，仍然叫長洲電燈公司，短期內可能有電力供應。據說：將來電燈公司還利用餘力，設立製雪廠，供給漁民作冰鮮之用。

島人對於宗教的信仰，仍然以「拜神」為主。有洪聖廟，天后廟等，但以北帝廟為主。洲之西北方有廟曰主。洲之西北方有北帝的廟宇，就是奉祀北帝的廟宇，叫北帝宮。每年北帝誕日，島人便作醮前奮搭戲棚，演戲酬神，附近各鄉島人都來看戲。一時熱鬧。

娛樂方面，長洲有一家長洲戲院，是一般島人晚上消遣的唯一地方。游泳的機會比較多，因為長洲四面是水，有幾個海灣適宜游泳，著名的東灣，其餘西灣，蒲魚灣，南氹等，都

可以游泳，每逢假日，香港的學生界，文員……等，都會到那裏來玩半天。在各海灣中，以東灣為大，沙灘相當好，距離市區又極近，人多趨之，因之凡遊長洲的，沒有不到過東灣。

番鬼塘

在英國人來香港之前，香港附近早就有歐人的足跡。大澳前有一塊地方名喚「番鬼塘」，這名字在英國人佔據前一百多年就有了，「番鬼」是指佔領該處的荷蘭商菊菁寄寓大澳港，因而得名。荷蘭殘暴或就在那附近搭寮居住。

荷蘭人是受滿清政府特別優待的，因他們曾幫助清兵滅台灣鄭氏的原故。他們的商船來到廣州，卸貨之後，不駛回澳門，卻停泊在大澳及番鬼塘的東灣或西灣過冬。那時，遠行的船也像現在中國的漁船一樣，在相當時間必得拖上沙灘，把附近船底的動植物夾掉。和修補損壞的地方。船隻不在澳門修理，而在大澳一帶，覺這樣特別選的，恐怕只是荷蘭而已。

鴉翼山上有荷蘭炮台一座，是建自清初，人每談謂是荷蘭遺跡。在鴉翼山與大澳中間的二澳村，村北有島上最大的瀑布名一水嘴，可惜樹木少些，若用人工整頓一下，當令成為很好的風景區。水嘴噴瀑布從山上瀉下，曲折有漪，風景銳幽美，全瀑噴高千餘尺，所以又叫做「萬丈瀑」。

長洲全景

香港百年史（一九四八）

香港仔與鴨脷洲

楊飛

「香港仔」是香港島的一個相當繁盛的漁村，當英國人還未到達香港的時候，中國的漁人已經集居在「香港仔」建成一個富庶的漁村，雖然在這漁村裏也豪著一些新建築物，到現在還構成著「香港仔」的美麗漁村畫圖。在漁汛過了，漁民閒暇的時候，「香港仔」槍林立，「漁舟唱晚」的景色，顏為動人。

「香港仔」的海鮮，是能夠吸引著都市人的

可是，在當年的木漁船看來，還海灣雖然已是很深，可是一個良好的港口了。英國人初到香港的時候，他們誤會整個島都是叫做「香港」，後來，他們發現了遺個錯誤，於是把這個原因「香港」改名作「鴨巴甸」。基於遺個原因，日本佔領香港的時候，一面把這個島叫做「香港仔」，對岸的一個小島，土名叫做「鴨脷洲」，這個名大概是根據它的形狀而改定的，像一條鴨舌，「舌」，廣東人叫做「脷」，所以叫「鴨脷洲」。

在英國人統治香港的初期，「香港仔」成了「海盜」的一個背椅，閃鴛那時候，「香港仔」是海盜的巢穴。英國人經過了很長的時間，才剿平了海盜而賞定了「香港仔」的和平秩序。

經過百年以後，「香港仔」到而今還是一個漁村。可是，「香港仔」位於香港島的南面，海灣雖然已經是一個良好的帆船，最初，他們驅策香港島南面的一香港仔，都是未婜的帆船，最初，他

「日出而作，日入而息」。衣裝也樸質，還是戴上那頂竹織帽，赤著脚牌，女子從不繪脂抹粉。這裏有八十多家商店，大部都是經營與漁民有關的生意，但也有四家金舖，一間酒家，四間茶居。大的舖子，多集中於鴨脷洲大街，其次是洪聖街，惠豐街，平瀾街等。但這裏的生意並不衣帶水」。

鴨脷洲與香港仔去的。

「香港仔」。你站在香港仔的距離，真可以證得是「一鴨脷洲與香港仔的距離，真可以證得是「一

香港仔 余本作

港仔為遍。後來由妮沖積愈多，漁民們也開始在這塊土地上建立他們的「世界」了。但直到今天，還未有電燈設備，居民仍是點著火水燈，遙望對面香港仔的燈色輝煌，真如兩個世界。

住在還個小洲上的人口，大約有四千人，但也流動得很，到漁汛的時候，便會突然增加一批人，到漁汛的時候，卻又減少一批。他們的生活，仍是保留相當濃厚的原始方式，大部還是

好東西，遇末假期，不少都市人爲著吃海上鮮到

中間的距離，便是鴨脷洲了。

最初不過是一個荒山，只不過是一海道，倘若把那些弋艇連起來，也可以架成一庫浮橋

好景，繁絡大街卻給那些魚菜檔佔據著，因此一個初到的人要找一間商店的招牌，就相當吃力，閃鴛通往那些蓬籟遺蓋了。

因鴛居住的都是純樸的人民，所以這裏的治安非常好，真可做到「夜不閉戶」。說起來也許沒有人相信，住有两千多人口的鴨脷洲，只有一個警察駐守。佳民都有著傳統的思想：「生不入衙門，死不入地獄」閃鴛有許多紛爭，都還街坊調停，非到萬不得已時，不往香港仔警署報案。自然，這裏也沒有扯潔小販和拘捕阻街女郎的事，許多的火罪小事，都由遺裏形上的最高仲裁機關來解決。傳說「三餘別墅」是遺裏形上的最高仲裁機關，住民們對它的信任，比高等法庭還要高。

漁民與神，似乎有不可分離的關係。在這個小洲上，就有三間廟宇：洪聖廟，觀音廟，譚公廟。其中香火最盛的是洪聖廟，每年陰曆二月十三洪聖誕的時候，司真熱闐非凡。聽說該廟今年香燭開投，竟達五千八百元，雜怪該廟的南踏進門便有人叫一添香油」了。廟祝還傳說昔年張保仔曾途給遺間廟一枝簽語，文云：「中秋好明月，火家半掩門」。含義如何，讓你自己試猜猜吧。

青山史話

吳雲

坐了車子在貫通九龍半島西岸的公路上，沿着海邊山崖而行，走了一小時多以後，便可以走到青山。這裏被大海巫着的斷崖形成了開曠的沙灘和向東北展開的平地。海岸線向北深入靜遊的港灣。港灣之西有屹立峯巒海面筆直的巍然屹立。

挺出巨巖的山頂彷彿如城牆。外國人喚他做青山，他的後宮實就收容波斯的美麗妃嬪（Castle Peak）。這個地方現時雖喚做青山，但因韓愈有詩云：「屯門雖云高，亦闐波浪沒」。可見原是唐朝的屯門故址，這座有特色的山峯，自古以來就成爲由海上駛入珠江河口的一個目標。

誰也知道，廣東在傾古時代已成爲中國對外海上交通的中心了。但知道屯門是駛入廣州的中外船隻的停泊港口的人，卻就未必很多。唐朝著述如『古今郡國道縣四夷述』一書曾說過：「自廣州就東南海行二百里即至屯門。乃帆行二日又至九州石，（即海南島東北角的泰耶兹島）」。又宋朝周去非所著的『嶺外代答』（卷三「航海外夷」）一節中述自巨港，經交趾灣，以至中國境界的情形說：「其欲至泉州者，則自甲子門（廣東省碡磜）而入。其欲至廣州者，則自屯門，經交趾灣，以至中國境界。」

如此，屯門這個地名，顧名思義。大概是指設了屯田。

青山寺前之牌坊

防衛的兵司官。說不定這些屯田兵是擔任等轄這地方一帶的兵用的。在遠戍西北敦煌的玉門關擔任塞備流沙的兵士。同時，這些海濱也一樣有唐朝的屯田兵來守衛這過南毒而來的船隻的帆影。又在唐朝末葉附於廣州建立首都樹起王朝架的南漢王。他的後宮實就收容波斯的美麗妃嬪，這盤異國的美姬大橙在碼門坐了大食（阿拉伯）船渡至廣州時，一定曾在這兒的青山海濱停過一夜船吧？

時代遞降，葡萄牙人（葡萄牙）據新安縣忘說正德十一年有着夷佛即幾（葡萄牙）入寇，佔據屯門的……此之後，葡萄牙棄北上看中了寧波，復南下轉入澳門，決心放棄屯門這堡了。

於西曆一五一六年。又使葡萄牙文獻說，西曆一五一五年俟碩希，阿爾華列斯所統帶的中國遠征隊，曾在這曼穿陸，於海濱樹立一根刻了葡萄牙徽章的石柱，於此來做對華貿易的根據地。不消說，達達就是屯門之誕，這個根據地一直繼續了五年之久。可是，到了正德十六年（一五二二）正德晏駕晏儼之後，明朝的對外政策便起了變化，拒絕葡萄牙外交通商的請求。決意派出水師來包圍屯門的根據地，踏上危境的葡萄牙人雖然兩番門應戰，可是已經來不及了。據屯門的葡萄牙船隊重來此地，自

到了明末，珠江河口便失去通商交通的場面，不斷的受到海戎和外國船來襲的苦惱，屯門關流的土地就曾經幾次做過那種戰場。由青山海濱只隔一衣帶水的大嶼山。荷蘭因協助明朝討伐海賊有功而面特許在島上築了根據地，也是在那個時候。鄭成功的父親鄭芝龍發行爲兒孫交戰的戰場大概也是在這兒附近一帶吧？接着，中英發生了貿易關係，由印度把鴉片還到中國來的帆船，便牽伶打島以及。

•屯門這個地名，顧名思義。大概是指設了屯田。

港內三小島

程 騺

香港港內有三個小島，面積不很大，卻分佈在這個美麗的海港裏，這三個小島是「昂船洲」，「加列島」，和「海心島」。

「昂船洲」是三個島中最大的一個，位落海港的西面，朝齊油蔴地──旺角──深水埗的避風塘口。這個島是長形的，遠望有點像一條船，有些人說一「昂船洲」的得名是由於它的形狀，但也有人說因為這島附近風浪很大，輪船駛經這裏，很容易因為觸點或觸礁的，所以主人叫它做「昂船洲」。這個島，現在已經成為一個軍事基地，從前，島上的沙灘是開放的，在泳游的季節，弄潮兒女都到這裏來作海浴消遣的，但自從成為軍事基地以後，這些沙灘也封閉了，艇船沒有可證的，也不准靠攏這島了。

這島的英文名字是（STONECUTTERS ISLAND）。英國人把它叫做「打石匠島」，大概因為他們初到香港的時候，這個小島和香港島一樣的荒蕪，島上只有三幾戶為業採石便利鑿磨而在這島上築寨居住的打石匠。為齊易於辨認，他們索性叫它做「打石匠島」了。

「加列島」也是英國人改的名字，火燒是紀念一個英雄戰士或有功官員，改名的原因，無從考據。這島面積比一昂船洲一較小，位在銅鑼灣和愛爾仔距離間的燈籠洲對開海面，島形圓，好像一個燈籠，大概土名就是燈籠洲。後來因為這

個小島成為英國海軍的物業，島上居民要遷對接觸的場面便又遷到香港去，加之海運已入輪船時代，對外只有帆船停泊，因此就變成今日閒靜的漁村青山了。

（上文接七十九頁）

屯門灣來做為片走私地點。到了鴉片戰爭以後，香港割讓給英國，加之海運已入輪船時代，對外只有帆船停泊，因此就變成今日閒靜的漁村青山了。

在地圖上，常將島也列名「加列島」了。

「加列島」一直由英海軍等軍，直到戰前三幾年，海軍才移出這島，不過，這島面積很小，而且是一個獨島，像饅頭般浮在水面，不�開關，沒有什麼用處。後來由英國游艇會承受了，闢作會場，在戰前，英園商人多自置游艇，參加了游艇會，每逢週末假期，在海港內揚帆遊樂。游艇會有時也舉辦比賽，規模雖比不上英美等國家的游艇比賽那麼偉大，可是白帆片片，隨波起落，環集這個聚簇的孤山之間，增加了港口的美麗。

「海心島」是三個島中最小的一個，位在九龍土瓜灣對開的海面，島上沒有山崗，祇是幾塊大岩石，可是卻有一所面積很小的天后廟。大概因為早年這裏附近都是漁村的關係，所以島上建有天后廟。到而今，每年陰曆三月廿三日天后誕，而不載，沓杯渡由紀略，亦引屯門二語為證，獨廟字缺

在平時，這島很是冷落，不過，在夏天裏，這島又成為附近居民的海浴場，雖然這裏沒有沙灘，但本地方幽靜，許多愛尋幽探勝的人們，都來這裏找到消遣，在游泳的季節，土瓜灣岸邊，有許多艇仔，到這島來遊客的，還有許多遊艇，集乘興發韆，滿染火箭出之即，志又載，宋蔣之奇杯渡山紀略，亦引屯門二語為證，獨廟字缺而不載，杯渡由紀略，亦引屯門二語為證，獨廟

荒煙蔓草之間，以爹思古之幽情即已。這樣說來，韓愈是不是真的到過青山題過字，還有待更正確的考證。

燈念名頭之可珍，乃經工藝刻，謂之青山院，燈念名頭之可珍，乃經工藝刻，謂之青山院，已未仲冬，探勝至此，無待致詳耶？余於荒煙蔓草之間，以爹思古之幽情即已。這樣說來，韓愈是不是真的到過青山題過字，還有待更正確的考證。

韓愈是否到過青山

喬

青山有韓愈題字「高山第一」，傳為韓退之擒宦南來舟次青山所題。曹受培在他所寫「重摹韓文忠公碑記」中有這樣的紀述：

「高山第一四字，字大逾尺，在新安縣之屯門。屯門一名杯渡山，又名青山，縣志所謂青山之巔，鎸「高山第一」四字，相傳為韓愈題者也，其旁有「退之」二字，字畫劍逸，屯門「退之」之筆，术石互飛發，剝缺已云高，亦應波浪沒」四語，見縣志載「兩巖雞雲华，首屬款識，剝缺已久，無待致詳耶？余於這島來遊客到海心島去。

香港仔與赤柱

吳占美

環繞著香港島的村鎮，最富有詩情畫意的漁村，要算香港仔了，這裏有鄉村都市化的背景，光景燦爛饒風味的。它純粹是一個漁鄉的村鎮，所以建築物比不上淺水灣那麼新穎美觀，可是著名而往的旅客，每天都是絡繹不絕。它為甚麼能永遠吸引著那些遊客呢？假如你願意化牛文的時間，到那兒遊逛，便便可以領略到它的特色了。

那裏完全是撲素風味，沒有半點都市的浮囂，海鮮是食游最著名的，在糶市裏買不到的，在那兒都可以隨意吃個痛快。名貴的海鮮，剛提水缸內拿上來的新衣、火點、石斑價廉而物美，你如要食游雅潔，假如你嫌嘈雜，則可以到海心的漁艇上，饞涎的饞眼，斜俯江干，欣賞遊斌漁村的景色。

當夕陽西墜，天空麗一片歸繡似的晚霞，和蔚藍的海水相暎映，點點風帆，從遠處駛來。入夜，漁舟唱晚晚，隨聲柔柔的海風，送到岸上，使你心情愉快，感到別有一個珠江的風月。

香港仔一名鴨巴甸，它取名跟香港歷史很有關係，因香港的山姿，是像一條裙帶，香港仔便是處在裙帶環繞的當中，是一個天然築成的港灣，凡是犯罪的兒童，通通都交由這裏教育著，還有鰥寡無依的流浪小童，也另外的由第二個感化院管理，他們的日常生活和教養，是不錯的，此外還有教會的學校是幾個中國籍的神父主辦的。

偶香港島道，行的不過，便可看見香港仔兒童工藝院，內裏發著一堂堂偉的兒童。假期日，陸續是供人參觀遊覽，院方是一位慈祥的神文，他會很細心告訴你，他如何地教養著這一堂無依的遊客是很少到的，在巴七車站前，邊有一間新型的小餐室。點綴著古色古香的漁船，常夕陽映著這景色確有無限的詩意。

當明月當空，照著紫靜的柏油路，忽然一陣的海風，欣拂著身上的松府，你徘徊月下時，你會感到身有裝闊，或者在浮光躍金，陰影沉鬱，穿插著搖櫓隊裝五答的漁歌，使人心魂俱淨。

×　×　×

赤柱，也是香港島的一個漁村，雖然沒有香港仔那樣比較繁榮，可是這裏也另有一種風味。

過一個清新的印象，使你感到都市的煩囂，仔都樣比較繁榮，可是這裏也另有一種風味。

赤柱差不多是漁民的社會，他們終年累月的，都在驚濤駭浪中，廢寢可俯的歲月，尤其是在驚濤駭浪苦命的漁人。這裏雖然不及淺水灣，擁有別緻的海外寓公，這裏的地質，間樣是尺土寸金，不過非寓公們是買不起的。

赤柱不獨是軍事上的咽喉，而且是香港漁村之一，常你欣賞著松風海濤，你自然感到赤柱風光的清絕！

曉明的天空，蔚碧蒼翠鬱的蒼海，海水掉著蕭磁鬮的岩石，這裏躂立著一處深灰的小山坡，這說是遠東的第一監獄，依山而漁，形勢懷其雄壯，有新型的別墅在岸邊跨立，天風海濤，會令你心懷俱靜，在山顛的黃麻角砲台，撫香港軍事的咽喉，可惜自從香港淪陷後，經過了炮火的洗禮已經毀了。

西貢一瞥

焕文

本港大漁港之一的西貢，在港內慣作旅行生活的人士，誰也不會對它感到陌生的。這一個小墟市，隸屬於新界南約理民府，是九龍半島東北角最大的城鎮，宅和藥界的沙魚涌一次帶水之隔，普通輪船航駛，紙需六小時航程，便可抵達。所以在輪船期間，這地是本港對中國內地的交通運輸孔道，迨期間形成了歸帆點點，直至奇港光復後，才消失了它的光彩，現在它依舊寂然無關地體沒在半島的一個角落。

這地市內的面積約有二百餘人。街道計有五百人家，人口統計約二百餘人。街道計有「德隆前街」、「德隆後街」、「西貢道」、「海旁街」、「西貢正街」、「西貢橫街」、「西貢大街」等街道，各縱形式的商巧都有。不過火都作小本經營，圖北容不十分熱鬧，調戲有些生氣，唯一的遊客体憩處，『中央接』乘是有個關的茶寮，其餘關家都是較小的規模。唯一的場廠，紙有小型船勝四所，是船製造本質漁船，在四月至八月的漁汛期間，紙能製造木質漁船，工作人員紙有十數人至二三十人不等。

在風平浪靜的日子裏，大小漁船照舊用海捕魚，二門常郡找尋利便於捕魚的場所下碇，因此『永樂環』、『帆檣影疎』。因此，『永樂環』、『帆檣影疎』。因此，『永樂環』、『帆檣影疎』。但當風雨疼病的時候，大小漁點、空翅漁內貌避，一時續轆連江，靜寂的西貢點，一時熱鬧，城內貌遊，大都紙作漁汛，和漁船臘膝集民有期限的商店，大都紙作漁汛，會發展為水國的良好場所的一天的！

「大包米」

小文

旅客從遠洋乘船到香港來，當船駛進了鯉魚門，便可遠望着九龍灣上貼近尖沙嘴的尖角的地方，雜立着一座小山，山上豎着幾株椏樹，一株高聳上那幾株椏榕樹蔭，那株獨特，一枝橫得一枝橫得一調十字形狀，這坐小山的設施，是為進日輪點而設，那些小山的山脊橫斜下掛着兩條珠燈和風向的信景球，橫斜下掛着兩條珠燈和風向的信景球，那座小山上掛着一枝橫得一調十字形。

這座小山的設施，是為進日輪點而設，那些不明白的人會談會進口海船的告，啟然不通的人看來，當然不曉得那些就是報書颺風的警告，其實，灾史台那株風塔時些報風塊帆掛起幾盞燈雖那座小山上，英文的名稱是「黑頭山」(BLACK HEAD)，中文的名稱是「墨頭山」，綽誌及黑屋史地册澳沒有載，所以很難稽考它的名字來了。「大包米」為香港的名稱，若來好後，一袋米就以才把它叫着「大包米」的位置就在半島灣店左側，橫前了一條獨敎道和一座草場，由腳的馬路是漆咸道和中間道。

在這座小山上，以前曾經有過一座「時球台」，是一座很小的紅屋，是因豎着一枝旗桿，那球懸着一枝桿的自動升降，依時依刻的升降。後來，時球台被哭的那個報告時刻的球，在年的球懸台上，依時依刻的升降。後來，時球台被哭的那個報告時刻的球，也拆了下來，紙剩那所小紅屋。

鯉魚門閒話　　程擎

名作曲家狄桑夫人，於去年十月路經香港的時候，曾經作了一個歌曲，叫做「鯉魚門」贈給寰寰的兒童保育會。

這歌的內容，除了對「鯉魚門」的讚美歌頌以外，還解釋着「鯉魚門」的命名意義。根據狄桑夫人在歌詞裏的解釋：鯉魚是指在那裏捕得的一種魚，而「鯉魚門」在中國人是必有的一種祭儀，中國人喜歡在青年之意。「鯉」諧音「利」，開年時候吃鯉魚，司卜一年的幸運。因此，一「鯉魚」跳過那廣哀的海峽，化了形，變成了一條龍。

狄桑夫人在中國歌居了三十多年，結交了許多中國朋友，對於中國人的風俗習慣並不陌生，她的歌曲，從她這採風問俗所得，操作百多枝有關中國的歌曲，顯然已經探集得很多。不過，她和其他外國人講述中國故事的趣味，不惜把從各方面搜集得來的一些有趣的事情，拼湊在一起，因而造成穿鑿附會的故事。

以「鯉魚門」來說，它的名字的起源，很難考據。「鯉魚門」當然是土名，但那究是否很多鯉魚，抑或那個海峽的形狀宵似一尾鯉魚，究說不定。

一大利之門了。她在那歌詞裏，還刻述了中國的古代傳說，那就是「鯉魚跳龍門」的神話，她說一鯉魚一跳過那廣哀的海峽，化了形，變成了一條龍。

狄桑夫人在那歌詞裏三十多年，結交了許多中國朋友，對於中國人的風俗習慣並不陌生，她的歌曲，曾經根據採風問俗所得，操作百多枝有關中國的歌曲，顯然已經探集得很多。不過，她和其他外國人講述中國故事的趣味，不惜把從各方面搜集得來的一些有趣的事情，拼湊在一起，因而造成穿鑿附會的故事。

代傳說了，在香港這個名字可是時候，「魚躍龍門」這個典故，已經在中國史事的一鱗半爪，都可以代表滄海的南國風光。

外國人研究中國的史圖和地誌學，把「魚躍龍門」的典故，移到香港的鯉魚門來，顯然有點牽強附會了。

研究外國的風土人情，這是一件不經容易的工作。探風問俗，如果工作不能深入的話，很容易受到道聽途說的影響，在外國人研究中國的出圖，或者中國人考察西洋人的風俗習慣，那很容易犯了同樣的毛病，有時候，他們描寫了間接的人，有時候他們根據新他們前代的人對中國人沒有清楚的認識，或者傳抄電影或者小說，他們容易抄襲了間接的人，有時候看外國電影或者小說，他們容易犯了同樣的毛病，有時候他們根據想像的役源地，移到香港的鯉魚門來。

狄桑夫人常然不是密歪曲事實，她的錯誤或許傳由於她喜歡趣味化的故事，有意或無意的造成了這樣的錯誤。不過，她是值得原諒的。

以「鯉魚門」來敘，它的名字的起源，很難考據。「鯉魚門」當然是土名，但那究是否很多鯉魚，抑或那個海峽的形狀宵似一尾鯉魚，究說不定。

或許傳由於她喜歡趣味化的故事，有意或無意的造成了這樣的錯誤。不過，她是值得原諒的。

作為狄桑夫人採風問俗的參考材料。

石澳　　大風

石澳是香港東方的較前緣，也是香港被中遊的地方，輪船從東面過口，必先經過石澳。波浪比淺水灣大得多。有些是因香港游泳去度暑名的游泳季來臨，便到「樂來」者的好去處。它的後面積的僑人，那非其他涉海可以比得上。每年和面積的僑人，和太陽西落的時候，反映着湖景的漁夫，波浪的海岸，沙灘，都可以代表滄海的南國風光。

石澳和其他濱海的海灘不同之點，便是漁塞不甚發達，它雖然沒有漁民遺業，卻是餘除釣魚家的漁場，因為這裏情常產生大魚和各種奇怪魚類，便是專代客搜捕魚的漁民，也集中在這裏追逐。在石澳的漁民，也集中在這裏追逐。在石澳的由面上，遊客當看見半浮一個漁老年人，他一見有着海湖的經驗，他最善常看海湖的現象，能夠猜測出它是否大魚密聚，捕捉大魚的時候，就集中在這裏富若，或者最大魚置業。每當有大魚來到的時候，即鬧羅朱集，大家刻小船合力追捕，這時卻以它為副業，由人家分配，就能猜測出它是否大魚密聚。本來他們以據魚為主業，但現時卻以它為副業，他們在夏天的末明，天泳客來維持，他們在夏天蓋搭棚帳，和賃給泳客。但是世夏季的末明，政府卻將石澳賣晒夏容。利出投繪的人合辦，這對於他們的生活的一個天的打擊。橫利出投繪的人合辦，這對於他們的生活的一個重大的打擊。

第三章　地理

九龍租借史話

葉林豐

位摆在香港對岸的九龍半島，成為英國領土和租借地的經過，是先後經過兩個階段才完成的。第一階段，是經過簽訂一八六〇年的所謂北京條約，以尖沙咀為起點的這個半島的尖端，包括旁邊的昂船洲小島在內，正式割讓給英國，成為英國的領土。這一次所割讓的面積，成為英國的記載是二英方里又三分之二。但後來又有記載的數字更有出入了。

為四英方里的，遺記載的出入，是因為濫岸和發地逐年被填沒，面積無形中擴大了。加之後來租借了新界，有些新租得的區域也被劃入九龍範圍之內，形成今日之所謂老九龍與新九龍，所以在面積的數字更有出入了。

第二階段，是九龍半島尖端併入香港範圍以後，英國覺得對於香港的商業發展及軍事防禦工作仍不敷運用，便伺機機會再向北發展，這時正是光緒二十四年。甲午戰爭失敗之後，門戶大開，形成列強瓜分中國的局面。俄國租借旅順和大連，德國租借膠州灣，法國租借廣州灣。這時英國本已要求租借威海衛，但看見法國租借了廣州灣，又立刻提出要求，租借九龍以北的一大塊土地和香港週圍的若干島嶼。當時的滿清政府已是驚弓之鳥，對於列強的要求可說是有求必應，九龍半島的租

借條約自然很順利的完成。這一片的租借地的面積當麗大，自當時新安縣屬的深圳河以南、東起大鵬海，西迄深圳河，包括這兩個港灣的水面以及香港島前後左右的大小島嶼。全體的面積共有三百七十六英方里，遺裏面三百八十六英方里是大陸，其餘九十英方里是各大小島嶼面積的總和。這一片的租借地，便是今日之所謂新界。

新界的界限，也就是今日香港以南領土的北面界限，據一八九八年九龍租借條約所劃的地圖（見 Hong Kong Murray, Treaties and Conventions with land concerning China, 卷一第一三零頁），自馬士灣與深圳灣間劃一直綫，在過一直綫以南，北緯二十二度九分以北，東經一百十三度五十二分至一百十四度三十分之間，這區域以內的大陸、水面和島嶼，都是屬於香港的。新界北面邊界與中國領土的分界，當時的地圖僅劃了一條直綫，但在條文中卻聲明詳細的界限，當時的

界限，據日後雙方派員會同測定。後來，第二年三月間，雙方派員勘定，樹立木樁，北面的邊界便以深圳河為界，河北為中國的深圳，但在條約上卻聲明西面的深圳灣和東面的大鵬灣，中國的戰艦，仍得繼續使用這一帶的水域。

九龍城昔日之城基

在遺條約上，與遺領海權同時聲明出中國保留的，便是九龍城內的統治權。一八六〇年九龍半島尖端割讓香港時，這一小片土地是屬於新安縣的管轄範圍的，在中國官方的報告上輯說是屬於九龍司（見夏燮：「中西記事」卷六所載鴉片十年英語等人的英摺）及「夷務始末」，但九龍城司治並不在內。談判，一八九八年的擴大九龍租借條約完成，新安縣屬的轄地已經去了三分之二，九龍城也便包括在內，於是便有保留九龍城城內治權的聲明。

香港·澳門雙城成長經典

我始終不明白，那麼大的一片土地已經讓給人家了，對於九龍城（官方能稱作業，說不上城）這豆腐似的一方土地怎麼又珍重起來？這是英國給中國人留一點面子呢，還是當時滿清官吏爲了隱藏豪帝所要的一種花招？我會化覺了許多時間去研究過一點地方治權被保留的動機，至今還不能得到滿意的解答。因爲從當時的情形看來，清廷當然是不稀罕接收新界之區的土地和人民的，這從英軍去接收新界時，鎮田一帶租民紛紛逃避之意可以看出。

一八九八年的租借九龍條約，對於九龍城內中國治權的保存也許不是毫無附帶條件的。（請參閱八十六頁所附發的「展拓香港界址專條」第二項上說明：一，所有現在九龍城內駐紮香港之英官兵，仍可在城內各司其事，惟不得與保衛香港之武備有所妨礙。至於出海的通路，中國官民可以經由使用九龍城海傍的原質碼頭和通經新安的道路，且城內官民任便行走，各船渡艇也可以自由在該碼頭來去。

當時香港政府接收在條約完成的第二年（一八九九）四月十七日正式接收新界，可是作過日期的前兩天，英方軍隊開入新界準備接收工作時，英軍卻與錦田租民發生衝突。據摩斯氏在他的大著「滿清帝國國際關係史」卷上說，根據當時出版的英文報紙記載（North China Herald,

April 24, May 22, 1899）就爲了這種擾亂，英方認爲中國官方協助不力，便根據條約上載明於五月十六日將屬於九龍城內的中國官員驅逐出境，同時並將深圳及邊境其他戰略地帶佔領了六個月。

去年九月間，當該安撫政府擬在九龍城內恢復設治特，香港政府付發裴整明，表示一八九八年條約上所聲明出中國官吏在九龍城內治權，由於一八九九年，中國官吏在九龍城內行使治權，被認爲保衛香港之策事需要有所抵觸，因而中方認爲中國官方協助不力，自該日起，距今幾將五十年，英國當局在九龍城內，一如在其他新界地區，云云。

駿後掘山探石面自模棚

其實，旣成事實顯是一件事，條約是一件事。中國放棄九龍城內的治權，至今已近五十年向無意接復，這是中國政府的昏聵和懶惰，如果當時滿清政府對於自己治下的官吏被人驅逐出境並未異議，那是當時滿清政府的昏庸和懶惰，但這一切並不能便條約本身有甚麼改變。

一八九八年的九龍城租借問題，中國代表簽字的是李鴻章，英國是竇樂納。除了錦田的一幕不幸事件外，前後辦過可說進行得很順利。一八六零年的第一次割讓九龍半島尖端要經過一英大不相同。

六零年的第一次割讓九龍半島尖端要經過一英法聯軍一役。英軍因上而羅江船事件，進攻虎門和廣州，博上蘇容案名稱，這兵不下從印度來東調，再大舉北上，香港地方小，容納不下的九龍。當時來的作戰部隊，於是使用了對岸的九龍尖端土地在主權上本是屬於中國所有，可是既然發生了戰事，英軍便也不興會這許多，便將陸尖沙咀一帶當作紮營地。等到廣州問題局部解決

後，由於當時駐紮在九龍的一位英國軍官的提議，英方便向當時新來的兩廣總督勞崇光要租借角龍尖沙咀的土地，經作交涉全是由那位著名的廣州英領事巴夏禮主持的。這筆進借不信在你界東要，……也就是當時滿清大臣對於土地的代表概念。

鄧披圖氏的「巴夏禮傳」（The Life of Sir H. Parkes），關於巴夏禮私下向兩廣總督勞崇光租借尖沙咀的土地的緣由，記載得很詳細。從巴夏禮本人給他的太太的家信上，敘述中國廣東的各級官員，仍可在城內當官執事，且便城內官民任便往來營商。將來甲英交涉在原處展拓之界，將九龍半島失踪與體，鎮諸頓鹖希望。

官式的割讓九龍半島失踪與體，鎮諸頓鹖希望。

氏的「香港法律法院史」（The History of Laws and Courts of Hong Kong）卷二所載，係在一八六一年正月十九日舉行。當時粵東有關大大艦灣深州灣水面，但諭定孃兩灣中國兵船，仍可享用。

此領約於選擇後，自中國五月十三日、即西歷七月初一號，遠行互換，開辦施行。其批准文據，照在英京京城繕立漢文四分、英文四分。共八分。

大清國太子太傅文華殿大學士一等肅毅伯李

大英國欽差駐箚中華便宜行事大臣

口諭地，非非一內地要隘可比。……不足以資保衛。今中英兩國政府，議定大略，按照粘附地圖，展為界。其所需津絕租界線，復俟兩國派員勘明後，再行劃定。以九十九年為限期。又議定，所有現設九龍城內之中國官員，仍可在城內各司其職，惟不得與保衛香港之武備有所妨礙。……

英兩國政府，議定大略，……

展拓香港界址專條

溯查多年以來，英愛香港一處，非徒拓界址，經諸該官總部俱背許。

為了這個原故，一八五八年的「天津條約」中英部份，英國便有意不提到九龍問題，直到三年後訂立北京條約時，英國才提出賠款與廣東當局，訂立的租借九龍失踪的契約，要求將該地段割讓便臣、伊利近、巴夏禮。巴夏禮是精通華語的羅便臣、伊利近、巴夏禮。中國代表再將一袋泥土投給香港總督，便成完了九龍土地的官式讓與權。

「英口所增三條，一廳東九龍司地方，併該口聲稱：已經兩廣總督勞崇光批准九租，惟其地與香港毗連，保海事無實據，何可憑信，……但

一八五八年的……「中國問題辭典」上記載，當時的租約，包括尖沙咀在內，訂明每年租金一百二十鎊。民府尖大員可以日作主張將尖沙咀租給外國，而且是用來更準將港北上攻打自己政府，這難怪當時英國陸軍大臣鹖伯的特謗，「中國人真是世界上最怪的人了」！

九龍城

潘孔言

按一八九八年北京條約，有關於九龍城之條款稱：「……照有九龍城內駐紮之中國官員，仍可在城內各司其事，惟未得與保衛香港之武備有所妨礙，……的留駐近九龍城額東碼頭一區，以便中國官商各結度賑任便往來停泊且便使行走。」等語。九龍城之橫臂我，已顯不可移易之鐵案矣，但緣歷史事實，未經取消，我外交當局盛長未曾聲明決不放棄條約權益。

九龍境內而城，尚無確切的測量，大約總在七八百畝以上，城牆用花崗石砌成，由東門到西門，下廣正長，凡如堵鑽，港見淪落後，雖經出後修緝，但土著認在，偶臨還出令人增惜，現為衛生之居也，在我國官吏變出時，城內居民償有五十餘戶，甲女居民約二千人，猪鴨雞鴨及泥水木工等，向港英政府納稅，港九論屬，田博魚及泥水木工等，就此相安，居世下來，直至一九三三年，香港政府以城內蒙為貧民窟，地方不潔，有礙衛生，乃於是年六月以神俗席僑辦法，逼知城內居民速徙機堀附近之神墅居往，後不得續批，並要搬遷別處。其佈告云：「新界南約理民府為通告事：照得……

（一）汝等現在所居之屋地，退於一九三四年年底，如此辦法，諒無寬待，再者，本府場地代建新屋，不取價值，及港于註冊立案，地稅則照該片域常徵收，又如現在領有猪瓷執照者，政府亦代覓常微值，地亦建築等語，不另牧費，如汝等出牧建築者須於一九三三年九月以前領本署掛號可担。

（二）政府將指定築新屋地一所，如汝等徵承領者須於一九三四年為周恤起見，給予損失查二百五十六元省九錢。

（三）該新屋地值不另收費，惟該年役收地稅每年英獻二百五百元，倘該地上蓋未曾建築完妥，不得將屋地出賣，或按揭等事。（即每一分地役收二元），共建造費不得少過五百元。

（四）各經註冊機邊損失貸與其要建築諸賽之用，如欲承領者，亦由政府補習機邊損失貸與其要

……後來城內居民榮出代表間中央政府調顧，及向軍政部外交特派員余俊要求，依約抗議交涉，此事遂延拖下去，而未有實現。直至一九四〇年港九政府始強硬執行，將城內各屋強行拆毀，全城即遷搬散，一年之後，局面又完全不同。後投降日後，居民又逐漸回來，便從竹棚搭屋者，常雜全九龍炭毀之瓦礫重作有老人住一所，飽偷有屋人住一所，屋人住一所，又從新建設，依然尚存，蹈古衙一所。一年之後，大人等生葫盧，書幾堂一所，依然尚存，菁之斷壁殘瓦，依然尚存，然雨荒涼滿目，殊有不勝荊蕀銷疑之慼也。

……且由政府補習常價及給予屋地，不另取地價，如此辦法，諒無寬待，再者，本府將來在營年指定之新屋地代建新屋，不取價值，又如現在領有猪瓷執照者，政府亦代牧常微值，地亦建築等語，不另牧費，如汝等出牧建築者，則作為掛號本府所撰辦法，切切此佈。一千九百六十四年六月二十日」。終因居民不聽勸諭，並無背去掛號，港政府亦無可如何……

昔日之九龍司衙門

龍津橋亭現存之墟區

龍津義學

行者

「龍津義學」是九龍寨城有名的古老建築，因為穗界租九龍寨城同時在清光緒廿七年（一八四七年）建築完成，有年月可以稽究的。這一建築物在當時，規模相當壯麗實備崇徹。

當時對着的大照牆，橫寫「海濱鄒魯」四個大字，結個的有了方五尺大小，旁邊有一海魁星閣，共四座、高閣大多，趕在光緒二十三年建築物。

遺義學，訪細說是當時的鄉公所，因為凡是「九龍司的鄉集事務，都在這裏會議」，九龍寨郷是衙都來出席，「民國以後，九龍城人士皆在這裏辦過「九龍城公立高初兩等究學。」

歐式像從前的所謂「貢院」一般。門前有小扉，從右秘上去，左右建行杜石案。門上有石字。門的兩旁鐵有石碑。刻鐫當時續安縣知事王銘鼎所寫的一龍津義學」四字，門聯：「其瀕繞乎海洗糧炯賚兩・蠶洗糧炯賚兩，卜他年護化玻瞻之為日暮，暴徹目羹始地連海邊，過飾有官窩可，發漸海邊」。

聯上的釟文，也是王銘鼎所作，武洪像屋前君碑，宜顏有臨乎九龍縣歷別的紀藏，全文細下：

「有因時制宜省出，相機勢、緣經裕，即市求治鄉之一才，如此其難也。學東藥椿樂士，人文與中洲相均，待時之所率審，舜舸王甲於龍行，新安之邊，器之義目暴，素徽有官窩可，發漸海邊。然衣雜像也。

朋凡官邊情人者，靖共厥職，宜什伯中土，而壓薄之，獨何心歟？道光二十三年，厳務埔後，火焚楹情人者，改官富傷九龍分司，新景宣於選築城蕉宇，兼居屯以貴之，蕉傅內，不專為繁外，而此中變承刷讓，計安海宇，誠火有濟時之識於其閒，而非衝爲勞於他俗財也。今年余奉調九龍司新建罷津轅，識於其閒，而非衝爲勞於他俗財也。今年余奉調九龍司新建罷津轅，觀事鄭檢，許君文溧來官，有混津義學之建，前士氣既伸，而外吳亦將輒感於弦誦聲明，以柔其狷悍之氣，所爲漸被感隱者，崇淺鮮設之落成，以柔其獷悍之氣，所爲漸被感隱者，崇淺鮮設之落成，此黃四事求治，能以無形之徵，固有形者也。今國家教聚殷，武功赫濯，無遠弗屆、九龍民奧，交涉，人情頃費而潮詩揭，有以設繇作興，則國人以文諭，既滋操許君能助我不津，而東寫翆士氣既伸，而外吳亦將輒感於弦誦聲明，以柔其古家鄉之制，擇其尤者居醫，人必皆俗，噫乎，捐銀若千鸞輯始地，租箎可紹若干以勞生徒，仿人漲無窮之望也。犯之伸勒於石」。

碩果僅存之龍津義學及老人院

九龍城居民三次被迫遷經過　吳灞陵

香港政府工務司在去年十一月二十七日發出九龍城內居住着的一部分木屋居民，說那一塊地是「官地」，要在十四天裏撥遷，並要把那塊地皮整理清潔，否則即行代拆。

查次過去，香港政府的主管機關要九龍城裏的居民撥到別的地方，前後已經有三次了。

關於九龍城的管治，過去，有一個礙難的時期外交特派員，因了這一事件之發生，特根據條約，和英政府安涉；結果，英方終於取消原議。

三年以後，是民國二十五年（一九三六年）十二月廿九日，有英警三人，薪挐二人，工人五名，到城裏劈牌第二十五號民房，暫行皆拆，不是又惹起一番交涉。

當時，有九龍城居民代表盧章和楊偉雄二人，在當天上午十點鐘，用長途電話向兩廣外交特派員習作謙報苦，習氏即將情形報告外交部，卅一日，習特派員續和英國駐廣州總領事費理伯談判下面那兩點：一、前英國駐華大使曾聲明整明，以後不致再有強迫居民遷居事，但于十二月廿九日忽又強

香港政府工務司在去年十一月二十七日發出告的。

當時甘介侯做五省外交特派員，因了這一事件之發生，特根據條約，和英政府安涉；結果，英方終於取消原議。

三年以後，是民國二十五年（一九三六年）十二月廿九日，有英警三人，薪挐二人，工人五名，到城裏門牌第二十五號民房，暫行皆拆，于是又惹起一番交涉。

當時，有九龍城居民代表盧章和楊偉雄二人，在當天上午十點鐘，用長途電話向兩廣外交特派員習作謙報苦，習氏即將情形報告外交部，卅一日，習特派員續和英國駐廣州總領事費理伯談判下面那兩點：

習氏作同樣請願，由秘書長岑學呂接見，答應把請願各點轉達主席，其後省府也容囿習作謙氏從速切實辦理。但這一交涉的結果，沒有完滿解決點：一、前英國駐華大使曾聲明整明，而抗戰期即已發生，後來日軍在廣東登陸，侵陷廣州，這事件就一直成了縣案。

拆毀居民屋宇，顯有違背聲明文，承應展行前約之二。關於九龍城之管理，應體諒談判，早日慎復諒談之我方行政權。

一方，盧璋和楊偉雄二人，在三十一日那天往廣州史，謁見習特派員。點：一、香港政府違背前英國駐華大使曾聲明整明的聲明，已經由外交當局向英國駐華大使提出嚴重抗議，同時和英國駐廣州總領事費理伯進行交涉；門牌號數攝影清楚，以為進行交涉的充份證據；（三）對於已被英警督拆的民房，對屋主補回相當損失費。

兩代表對這三點表示滿意退出之後，再向廣東省政府主席黃慕松作同樣請願，由秘書長岑學呂接見，答應把請願各點轉達主席，其後省府也容囿習作謙氏從速切實辦理。

皮整理清潔，否則即行代拆。

查次過去，香港政府的主管機關要九龍城裏的居民撥到別的地方，前後已經有三次了。

第一次因為九龍城是「官地」，要在十四天裏撥遷的居民撥到別的地方，前後已經有三次了。

關於九龍城的管治，過去，有一個礙難的時期明，形成一個三不管的地方：第一，因為九龍城這一地方，區域太過狹小，人口又不很多，沒有牧人，不能設官治理，廣東官廳對於九龍城裏的居國主權，差早就很像不過問；第二，香港方面，因了條約的關係，也不過問，因此，九龍城裏的居民，只好自己過自己的活。

到民國二十二年（一九三三年）六月十日，新界南約的理民府就通告城裏居民，叫他們在九月以前，全部撥出，得的盡給回建屋費，並且指定九龍城外的狗虱嶺（在藥雲山麓）地段，為他們建築房屋之用。當時南約理民府要九龍城裏居民搬邊的理由是：九龍城無人管理，居民不講究衛生，城外市區的衛生建設，恐怕要受到影響，因而要把城裏的房屋拆掉，加以清潔。在事實也許是遷搬，可是，九龍城的居民，多數是貧苦人家，叫他們搬走，實在是沒有辦法，何況還要起屋？而且，他們又明白所住的地方，是一塊中國屬

侯王廟文獻

行者

九龍城侯王廟，是香港頗著名的廟宇，遊客沒有一個不去瞻仰過，關於侯王廟的紀載，以前也有過不少文章，然而大都「一鱗半爪」，很難看見一個全貌。在日本人不曾破壞九龍城若干名勝古蹟以前，筆者曾蒐集了許多關於侯王廟的史實而爲之保存，現在試把這些資料整理在下面：

遊玩侯王廟的道路，以前要從九龍寨城外西便的「廟道」進去，這是一條用磡石砌成平坦整齊的正路，入口處有一個牌門，上刻張壽仁所寫「廟道」一門額，背面也有一個牌門，上刻張壽仁「鶴嶺鎮邊」四字石刻。

廟道在清同治光廿二年（一八七六年）重修一次，在日本不曾速石與都掘去以前，已經破壞得可以。因市區建設的擴展，嘉林邊道已成爲侯王廟的唯一「廟道」了。

廟道牌門的右邊，原竪有一個路碑，寫着：「此路右直上侯王廟起，左九龍仔深水埔」。門柱左右又各有一個光緒二十一年（一八九五年）竪立的石碑碑，「廟道舊路碑記」含起來讀，可以知道今日湮沒了的許多正確地名。全是：「一維新安縣治之南，有九龍焉，濱臨大海，香藏其前，深圳深其左，左有火鵝之嶺，右有火棊之山，一帶村落，邐迤錯居。鞑鞸遠而往來九龍通道

者，不知凡幾。盛夏水漲，崖谷峻隘，十里百折，負重而上者各竭其心力以匡所不逮也，而遠於是邦，乃屬祀於余，余嘉其志之廬有是也，敢拜手而爲之記云。甲午科舉人三水榮殿元惠綢前拜撰，里人張壽仁謹山氏書丹。」

侯王廟旁邊的「鵝」字石和「鶴」字石，過去最爲遊客欣賞，鵝字石上鐫刻着張壽仁所寫的鵝字，一筆寫成，荟不勉強。鵝字兩旁，刻有光緒十三年（一八八七年）東莞黎慶堂所寫的對聯：

「古石背鵝臺頭少，名山獨鵝仰侯王」在鵝字石的右邊，是一「鶴」一字石，字體跟鵝字一樣火小，寫的人署名鳳山，兩旁伴着謝桂墀的對聯：一

廟的規模並不大，但重修已經三次。第一次重修在清咸豐九年（一八五九年）碑記已經全毀，無可稽考。第二次重在在道光二年（一八二二年）有羅惇常的「重修侯王廟木樓朽壞，衆儀重修杯」一全文抄在下面：「余客九龍本華夷雜處，首事八人，隨發簽緣誊題，莫不切子桑之忱，欣樂樂助，不踰月而廟貌煥然，謂非人之誠敬服人之切，而能如是乎，是宜立碑記之，以垂不朽。或者曰：捐資建廟，在左掲有，無足多也，又何記爲？余曰，不然，先王以神道設教，所以愚人心也，心慢神則無不懈矣。進敬神之心，遠以敬君父、敬師長、敬

君，于少蒙君，相方視位，傍侯王廟建牌門以壯觀，負岱狼陽，於風門巉石繚以障礙，復集衆人之力，從秦城門外轉風門坳而西，乃宣乃理，剖巨石，撲火木，堙其坚崎，乃歸乃築，平其陂陘，跨石者，砌直以休人力，甲午夏與事，迄乙未秋而功成，是役也，計用右工若干，夫工若干，所費不多，而爲利已溥。孟子云：民未病涉，詩云：周道如砥，其是之謂歟。此雖未足以垂利物濟人之思，其用心可知也。自中外通商後，風俗日壞，凡與戎居接壤，耳濡目染，鮮有不移者。况九龍本華夷雜處，其爲能講明正學，以敦化齊土，又豈倡建善堂，稍能諭朝於世道人心者不遺餘力，以期勸善之有濟，雖在遐邇，且能事之有濟？余曰，不然，先王以神道設教，所以愚人心也，心慢神則無不懈矣。進敬神之心，遠以敬君父、敬師長、敬

親友，亦如是已耳，是不無敬也，夫碑或有時
而剝淺，而此心此救顯而不可磨滅者也，是不可以
不紀也。且試卷斯圖之章，左望玻杯之石，右瞰
劍鼓之山，前王亭，後伯陵，松風縹緲，澗水流
香，其間之士女，探春莊，攬秋實，以光几筵
以充籩豆，自宋迄今，幾百年如一日，又安得
非僟十助法護宋。本此敬心以敬君父而能起後人
誠敬之心若此乎，烏得謂出誠發之心損實建圖無
足多也，子試思之。或曰，誠是也，謂書以爲記
。」

第三次重修則在光緒五年（一八七九年）
有一年修楊侯王宮碑記一說：「蓋以鶴嶺秀鍾
涯津廟貌，地靈人傑，華采壯觀，繽我侯王宮之
落成也，奐輪艱美爲，棟宇維新爲，踵事增華而
罄靈龢暢渥，朱囚鳩工告竣，鳥革翬飛，郁杳火
之輝煌，而丹流堊棟，纏綿霏之綺麗，而紫映形
庭，幸此日開映玉，摩擬流金，殷字籠峨，原章
集腋成裘之力，斯館宇爲妻，而貸勸深培袞表
，誌事，琢石勒名，盧均沽樂澤，而同人錫編無疆
，斯共濟和衷，而姓字永垂不朽云。」

以上各碑記，其內容都僅限於述說廟的重建
經過，一字沒有提到侯王是何許人，也沒有研考
到侯王的歷史。後來有一個九龍寅公叫陳伯陶的
節也。嗚呼！南宋之亡，諸臣崎嶇海上，有死無
貳，將則不可爲而爲之者也。史稱朝臣官秀王有
在史地方面考出侯王的來歷，寫了一篇侯王廟
聖史碑記」，刻石安放廟裏，爲侯王廟生色不少
，劉更生之忠，曹王皋之孝，宜留輔以隆顯本，乃
六年歲次丁巳六月。」

「九龍寨西北有侯王廟，其靈異，相傳神楊
姓，侯其名，南宋末忠臣，始封侯，故
，不親征，非秀王親宜，就德節十，以係民望
，奈何以此爲亮節罪乎？余謂亮節之忠，爲宋外
戚而死，而其英魂毅魄，奧食燕主，
到今不衰，有以也。」蹟考死，踵走溫州，亮節居二王步區由
二王建豪州，范文虎趨發，亮節窘二王步區由
中七日，張全追及，逢走溫州，亮節至元十二年五月
亮節修容弟如珏提舉二王府事，元兵入臨安，春
，徙王昰，俾修容僑主昰，德祐二年，以淑妃生
珠日侯王，余曰，此殆楊亮節也。史稱楊淑妃生
姓，侯其名，南宋末忠臣，始封侯，故
謂之出兵濟東，被貶而死，因加亮節以后妹之名
，然福州一隅，不圖進取，何以立國？景炎沖幼

第三章
地理

關於侯王廟

行者

新界的侯王廟，在大陸方面有兩間，在島嶼方面有三間，這三間都在大嶼山。

一間在沙田的大圍村，從大埔道上去沙田，在將要到達城門河橋邊，向右邊一望，那便是大圍村，道勞有路通進村，侯王廟便在這村裏。地點和沙田著名的車公廟很近，因爲到沙田遊玩的人，只知有車公廟，車公廟的聲名把侯王廟蓋住，所以遊人多不知到這裏有一間侯王廟。

一間在凹頭的米埔，凹頭在元朗墟和錦田鄉之間，當我們從凹頭往上水之際，我們能夠在馬路旁遙望仰到這間廟宇。規模頗爲細小，所以不大著名。但據說這廟的建設是用以擋寒水口的。什麼說寒水口呢？原因從米埔向后海灣西望，一片平原，后海灣的水勢，洶洶然像向這平坦的地方侵進來一樣，因此鄉人建這廟來擋「煞」。

一間在大嶼山的東涌，面臨東涌灣，顏近沙灘。照筆者所見，凡是瀕海的地方建立的廟宇，多是天后廟，獨東涌灣邊的卻例外的是侯王廟。規模的形式和外貌，都已十分古舊了。

一間在大澳的寶珠潭，和大澳相隔一涌，涌上有小洲，廟建在洲上，三檐一列，門額刻「侯王古廟」四字，裏面有一口巨鐘，重一百多斤，爲康熙三十八年（一六九九年）所鑄，距今已經二百四十八年。廟後有一幅高牆，以前是大鵬協武士的練習射擊場。廟後，建牆十丈，於嘉慶二十二年（一八一七年）跨王。」就是指這一牆面言。廟前築陞一直，隱時有些林木，風景不錯。

大嶼山有這麼多侯王廟，大概因爲楊亮節留在大嶼山的足跡特別多的緣故吧。

九龍城白鶴山腳的侯王廟，香火之盛，超過香港九龍其他廟宇，因爲善男信女一致承認侯王這神異常靈應，所以廟內廟外都掛滿「酬答神恩」一類的紀念物。正門的門楣掛有「惠及蒼方」這扁，就是同治七年一賞換花翎即選都府郭輕份，賞戴藍翎候選游府郭鵬榮」送出的。又有一個，題齊「廣東大鵬協鎮將領鎮邊途的」官員尙且這樣表敬，何況商民？所以「酬恩遠藤」一，「宮威重輝」，「侯保扶持」等等扁額掛滿四壁。我們在官吏題額之中，最注意的是「拆津鋤惡」這四個大字。年月是光緒十四年，署名是一班「信官一：大鵬協副將何長淸，中軍都司徒驗，右營守備陳鴻光，左營守備葉鴻謀，千總楊國芬，外委楊綉展，外委黃勛高，記委賴國寶……等。

因爲題詞的特別，引起好奇心，問起九龍城的老居民，找到一個神奇的解答。因爲光緒十四年間，廣東有遠股土匪，其中有一股名叫「花旦滿」的指押的。花旦滿這名字雖然過橾澀美而又兇惡，可是其人很兇，在鄉下橫行，打家劫舍，無惡不作，治安當局曾經派長闁劉，可是此舉彼賞，常常因爲他的耳目靈通，官軍不曾聞到以前，早就聞風而逃了，後來政府當局給他一箇大元，以爲重賞之下，必有勇夫，花旦滿這人的，給他一定難逃法網，可是花旦滿太兇狠，終於沒有誰敢向他下手，後來，官家對他束手無策，他雖然兇，也惜自己的性命，假使一不留神不早爲反正，或給仇家威脅，也難於保全首領，不能不早爲打算。

正門的門楣掛有「惠及蒼方」這扁，對於花旦滿的辯撫，常然也不遺餘力。大概花旦滿的活動範圍，是在寶安中山一帶，因之遭受他的疑惑九龍地方公安的首長，負責九龍地方政府常局所採用的辦說，何長淸這班，已漸漸馬政府常局所前請求指示機宜，結果，請由主管當局與外交官和九龍官吏合作，由九龍官大派班差弁，穿梭掩去，探悉花旦滿的展處，會同當地警察，將何長淸率領渡回九龍常地，執行去，於是這著名大盜就給以渡回九龍常地大害。何長淸等醫謀是侯王指示捕，除去地方大害，特遂扁恭頌之功，特遂扁恭頌。

龍津石橋

行者

談起「九龍碼頭歷史」，追溯起來，眞有無限滄桑之感！現在不但找不到九龍碼頭的故址，連九龍碼頭前身的一「龍津石橋」遺物，也化爲烏有！惟一「龍津石橋」遺物，如碑記、土砲等，也化爲烏有！惟一「龍津石橋」遺物，我們實有蒐集保存的必要，下面那些，就是我們要珍重保藏的史料。

當中國政府割讓九龍給英國而保留九龍寨城那豆樣小的地方之際，同時存條約訂明保留一碼頭，以爲九龍寨城通海之用，這座碼頭就是那著名的一「龍津石橋」了。

這橋根據文獻究竟起來，知道軸長六十丈，闊六尺，橋柱二十四條。清周治十二年（一八七三年）勁工，清光緒元年（一八七五年）完工；經過十八年後，因爲潮汐往來，沙石沖積，橋和水的距離，一天一天遠，沒有辦法不把牠加長，於是在光緒十六年（一八九一年）續作石橋，二十四丈，橋的盡頭，作丁字形，加長二十四丈，寬一丈二尺。因爲年後一年，不加修理，橋身的木石，漸漸散失，終於僅存一小部份石橋，交通當局爲了便利居民渡海，馬上利用這殘餘石橋建築起一座「九龍城碼頭」，給香港沖繩地小輪公司的香港九龍綫小輪灣泊。

龍津橋的來歷，是洗斌所書，而爲廣東有名文人何淡如（又雄）所作，全文是：「新安地瀕退海，九龍山翠，屏峙南隅，間津者咸便利之。酉，順地爲瓦道龍津石橋，創於同治癸酉，順地爲瓦道龍津石橋，創於同治癸往來，沙碛多停蓄，自成暢阻，環山居者，歡千萬家，崎相摩，踵相接，估船番舶，甲省東南，九龍趨集日盛。故觀，遞來橋之不達於水者，殆獨今之視昔焉。

蜑人操舟漁釣，橫流而渡無虞期，每落潮，篙師無所遠，地迫源阻深，蘭梁十，計長六十丈，廣六尺爲礎二十有一，礱金錢若干，光緒乙亥橋竣，夫除道成榮，然工程浩瀚，往往道滓於成，謀夫孔多，職此之故。今郡人士，一勞永逸，以告厥成功，使後時渡灣之艱，成今日津梁之便，與世無窮。此豈地之靈歟，抑亦由人之傑也。銘曰：

吐霓橫漢、攝龍搴帶、在天成象、在地成橋。杖虹飛、受書溪曲、秉揚擕絲、斬蛟神劍、騎虎誰人、高車駟馬、于彼前津、石昏神靈、詩思吟梅、風人眺輦、鑾繁雖覽、杼籟汛泉、乗鯉汛泉、釣鯨炳島、帽簷插杏、臨江炫彩、刻此滄溪、爐舫出海、乃識鄭祁、繁彼雕甍、命搥工、絙承怪石、片颿成風、南潮翠璧、鑿蛟斷鼉、彼往經營、此來負載、陵谷遷邊、滄桑不改、鼓棹歌、萍天水調、月夜漁歌、蘭橈剪浪、柱枻凌波、萬年斯在。」

後來，龍津石橋加上一節木橋，又竪一碑，記載橋過，全文寫在下面：「天下事有致力於此而牧效輒及於他埠者，其機不數裁。要惟好行方便者柱往得之。九龍濱海龍津石橋，創於同治癸酉，間津者咸便利之。順地爲互渡所朝宗，潮汐往來，沙碛多停蓄，自成暢阻，晷月積瀕、滄桑改觀，遞來橋之不達於水者，殆獨今之視昔焉。

於是商於是地者，謀所以善其後也，仿招商局碼頭之制，續作橋廿四丈，又於其端爲丁字形、寬一丈二尺、其製精而其費較省，且島石而木，泊船時亦無前堅激撞之患，其爲用亦更適、計縣捐洋錢一千七百有奇、至游港小輪船之利其載運也、每船顧月輪碼頭和銀若干、會嬰善堂施濟所需、捐款不恆，至僉謂碼頭租銀歸之善堂、永賁此財、即以濟斯地之樂善堂、永賁斯地、蓋藉斯地之財、即以濟斯地之用、實一舉而兩善其焉。昔莊子有雪：以崗耕者、天卻以閑芽遊之、玆卽以方便利者、天亦以方便應之、人事所感、卽天心所感、卽天心所錄、斯可以識其大丸矣。是不可以不記、且爲之銘曰：長虹飲川、波湧雲屆、架木爲樑、用拷驪足

龍津橋頭舊日之土砲

宋王台史話

潘孔言

宋皇臺為香港唯一古跡，從前經過香港的人，無不以得識宋皇臺為快，惟今已古石空留，荒涼滿目，古跡已為日敵拆毀，日敵當年強行拆毀此臺，有六百餘年歷史之建築物，淪為區區民房，擴築機場，圍墓能抗拒者也。動工之際，由所謂日本大法師宇津木氏偕中國比兵卒，舉行祭台禮，故意隆重其事。日當局並揚言未尼，行祭台禮，故意隆重其事。日當局並揚言使此漢家遺跡，獨勤其征服民族之家族觀念日。

嶺南宋史，端宗皇帝景炎二年，帝舟在泉州港，招撫使蒲壽庚作亂，帝走潮州，景炎二年正月遷潮州在惠州甲子門，七月遷潮州淺灣，十一月，元劉深以舟師襲淺灣，帝舟遷秀山，（按即東莞虎門）十二月，帝舟遷井澳，元劉深襲井澳謝女峽，景炎三年夏四月帝崩於碉洲，（又名海洲）帝昺即

位，悵匪憤以銅洲不可守，懷年春，元張弘範襲崖山，此即南宋覆滅之一段傷心史也。宋帝於景炎二年，由泉州而碉洲，庄山，兩年之間，東西播遷，棲涼已極。其移蹕九龍，即在此時，後人就其駐蹕之處，築台以爲紀念，即宋皇台是也。

景炎二年，即公曆一二七七年，距今爲六百七十年。今則故台已毀，只餘刻有宋皇台三個隸篆大字之頑石，孤峙山途，供人憑弔。

另一神話傳說，謂宋帝溺斃後數日，附近香港赤灣海岸，發現黑屍一團，鄉人總前親之，原來是烏鴉一羣，見人來卻捗天飛去。海面浮出童屍一具，鄉人謂烏鴉羣之宋帝昺，屍憶飄流至此，鴉爲皇靈所感，眼翼護之，乃出瘞於水，於天后廟之後，掘地埋之，今仍存荒塚云云，揆諸事理，毫無故實，儻寫流傳市井閭巷間之神話而已。

上面兩碑，不是放在龍津石橋的橋頭，而是放在一龍津亭」里，這座亭子，建築在龍津石橋之前，即九龍大街街口，九龍大街即後來的隔坑村道，現在一切都成陳跡。

龍津亭是與龍津石橋互有關連的一座建築物。亭的形式棲爲古雅，分上下兩層，作古代天壇模樣，四面有門，構造工巧。亭上有石額，劉着南海潘士釗寫的「龍津」二字。

遺亭子，可以供行客休憩和避雨，也能夠藉以迎接官吏，所以亦有人叫地做「接官亭」，因爲年久失修，清同治十三年曾重建一次。

一九三〇年，香港政府結局極延設九龍，一面填築降德道，一面開闢南貢道，衛前闢道，太子道，這座亭子才給毀滅，但是，當時商民請求保存亭子里圍廊石碑，與平鄰守龍津橋那岸砲壘的古碑，靖字第三十六號，二千勒砲一位，嘉慶十四年吉日；四面圍繞大砲（其中一座，刻有一嘉慶十四年吉日，匠頭萬靈」字樣。）香港政府答應了，於是把大砲和石碑放在九龍城寨前西貢道口的三角形草地上，三面圍繞鐵鍊，並加刻一塊銅碑放進去，寫着「世事滄桑」四字，下面還有幾句話：……一批碑石，爲香港政府於一千九百三十年由海至九龍舊城之軍用水排門樓遷至此地，各誌爲守該水淺砲台之軍用品，今謂慈善以保存古跡。」

（上文接九十三頁）

斯人之得欲，合藏市以出壑，慰成功而相告，銘貞石以賜來茲，擬鵰閣之頌於蜀。光緒十八年歲次壬辰仲秋選縣知縣麥祕侍謹撰。

上面兩碑，不是放在龍津石橋的橋頭，而是放在一龍津亭」里，這座亭子，建築在龍津石橋之前，即九龍大街街口，九龍大街即後來的隔坑村道，現在一切都成陳跡。

昔日九龍城之宋王台

宋王臺史話補

行者

孔賢先生在本書所寫宋王臺史話，引起我的興趣，把資料所得，「一補」在這裏。

宋王臺的位置，在馬頭涌一座小崗上面，這座小崗英國人喚之爲Sacred Hill（聖山），高一百一十四英尺，周圍有百碼大小，距離九龍寨城大約有半英里光景，東邊與馬頭涌，南邊與馬頭的只隔一涌，西邊爲禮頓公道，北邊與蒙杯石的宋每、帝得，勘得相接，是二王殿討。

英國人取得九龍半島以後，開山闢海，建屋築路，可是他們對於這個且有幾百年歷史的古蹟，極力設決爲之保存。而日本人一佔領香港，便把這座古蹟毀滅。

保存宋王臺的請求，是由九龍居民發起的。到一八九八年八月十五日，立法局華人代表何啓爵士叫宋王堂（因爲刻在石上的豪字筆，所以有人叫宋王堂），他的提案大意說：「英屬九龍有地一段，特建議永遠得租賃給別人作爲建築屋宇等之用途，以後還一地段不得建築屋宇等之用途。爲公衆利益計，應予保存。」何氏並詳細指出：（一）宋王臺有六百年歷史，保存這一地方爲居民遊玩商，猶款十餘萬元，築成爲小康家。（二）九龍開闢之後，作爲後人考據古蹟之用。

正於宋王臺下擇地挖之際，忽於其下發現一次、似爲人工造成者。探手其內，既氣溫人，所石斷巖，掘得一匣，雕刻精緻，古色盎然，四週復嵌以龍文鳳爪，知爲名貴品，攜歸啓親之，竟得八寶物，此八寶，除古匣外，一爲古龍宋瓶，色如白天，勞細以暴能，栩栩如生。一爲坐山古硯，似爲入質，青綠薄翠，個中藏出環繞渺奇景。一爲就香佛，雕製奇巧而有異香。一爲龍耕印，長約六寸餘，印身爲金色。一爲形白色五瓜金龍靈綱共鑄，龍身爲金色。一爲五龍環，珥瓏之大小，洽爲咫尺。一爲龍帝之私印，作朝主之狀，龍鱗甲畢現，殿之作金玉璧，投如驚鐘，爐開豆皮光得之，分售於洋。

圖唱秋臺王宋

自題宋王臺秋唱圖

選楹　黃葉

一聲殘照上姻蘿，海天澟屬宋山河，鼎湖龍去石流存，三字巖崖映銀門，一曲水仙杯淚消，自揚風韻閱孤魂，鏦離承泰故宮秋，羌見降幡出石頭，終古雞消亡國恨，怒濤嗚咽向東流，漁樵閒坐話南朝，鴉點堤柳拂橋，繪出蒼涼天水碧，白頭詞客亦魂銷。

宋王遺跡

宋王台、二王村，梳妝石　　小文

宋末幼主帝昺是帝昺等所曾逃難到九龍，所以在九龍留下了一些給後人憑弔的遺跡，最著名的就是九龍灣畔的「宋王台」。據說宋帝昺逃難到了九龍，給元兵追趕到一個小崗上。因為她是個員命天子，命不該絕在遺裏，突然裂而分二，讓宋帝昺避難在裏頭，逃過了元兵的搜索。後來，當地的土人，為着紀念宋帝昺，把遺小崗叫做「宋王台」。

英國人統治〔香港九龍〕以後，這個宋王遺跡一直給保存着，被看作一個有價值的古跡。而且恐怕許多人不知道「宋王台」曾經有過一段神話式的氣氛的。

英國人開拓九龍城區域，「二王村」常然也不在例外，「二王村」原址也許被移平，現在除了那些老土著之外，還有許多現代化建築物的，知而今除了馬頭涵雜民營之外，那裏還有一塊方石叫做「梳妝石」，據老土著的傳說，那塊方石就是宋王一行已經去了。

說宋帝昺是帶着那些隨從的那些大臣曾在九龍，究竟是否曾在那條小村落遺兩個挑難的皇帝，遺兩個逃難時候，據老土著的傳說，懷疑宋王一行已經發現了宋帝昺的遺影，後來跟蹤追尋而去，才認定宋王的遺影，遺個傳說顯然有過神話色彩，不過，許多的民間故事都不能脫離神話的氣氛的。

九龍城馬頭涵地方的一條小村落叫做「二王村」。據說宋末君王曾經在那裏住過一些時間，所以那條小村落曾設立行轅，史籍已經無可參考，不過，根據宋王在九龍邊有一些遺跡。宋王是在九龍逃避過，「二王村」距離「宋王台」不遠，土人的傳說，也許不靈是無稽，遺個推斷，我去看那塊梳妝石，祗是一塊長方形的石塊，外表已經給年代風雨剝蝕了，根本看不出有什麼像的影子。戰後，九龍城的城牆已給拆毀了，再像登臨，徒生「河山如舊，景物全非」之感，連那塊土著傳說中的宋王后梳妝石也不再見了。

「二王村」位落在九龍馬頭涵，即今之馬頭涵雜民營所在地，在常時，那區域有許多村落。如「馬頭圍」，「馬頭角」等，即「宋王台」山脚也有一個三家村。「二王村」不過是其中之一。「二王村」常然也不在例外，這些村落都還移到，「二王村」原址也許被移平，現在除了那些老土著之外，還有許多現代化建築物呢。知而今除了馬頭涵雜民營之外，那裏還有一塊方石叫做「梳妝石」，據老土著的傳說，那塊方石是宋王后梳妝的鏡石，因為土人也許不會常時隨護聖帝的一個大臣也是王帝。

九龍城詩抄

暮春遊九龍城署有感　蘇選樓
（原載宋台秋唱集）

余前三十年客游，寓協戎署中，邑人賴雲石提戎，陳琯山協戎，拊曾宦斯地，丙辰避亂重來，此署已頹廢，不勝今昔之感，淒然有作。

載日滄游航，龍城誤故壚，（九龍原隸東莞）管絃喝盛地，顧曲有周郎。（時多演戲，余曾偕李若星到聽。）將軍能下士，樽酒落賓情，（謂陳協戎留飲署中）不道紅羊劫，河山一戰秤。

鯉門賓控禦，胡馬竟南來，春色漫宮靈，馨燈似客哀。

登九龍城放歌　陳伯陶
（原載瓜廬詩勝）

鯉魚風緊驟人泣，鯉魚門開互鯨入，飛雲蓋海鵝鸛灞，直拍九龍城下濕。九龍之山高插天，下瞰澂碧鯉淵，濤時置戌防海賊，海賊未平夷患喘。石城何慘澹，玄黃血濺蕘龍肪。鯉城突兀如故，人民半已非，傷心令丁鶴，訪花隨處●

城罪緣如故，人民牛已非，傷心令丁鶴，訪九龍城與山鈎連，龍頭龍從衂戰格，城邊野老長苦飢，眺慘我魂，千山鱗甲怒破碎，逗沼南望與邊袖，左走東嘉右西竺，回看直北我亦不知蛇叫蛇外蛇顯來已，橫瞰滄溟海吾安歸，寓公歌式微，內●公歌式微，呼嗟乎橫流滄海吾安歸！

九龍城惜字亭

潘孔言

富有歷史意味之九龍寨城，已於香港淪陷期中為敵軍拆毀，現在城中建築物猶有存者，惟都已丹青剝落，頹殘不堪。城北角之惜字亭，僅留殘址，倘幸碑銘尚在，作考者誰，猶可按碑而得名，貴租積累，惜字旋工，貫出於此，督造雙爐，在寨城裏，外建一亭，重廂迴俗，右柱雕鎊，往來垂運，工人推運，土掩沙藏，業殘破毀，撿拾勿淨几，付之靈煇，歸之海渓，甌之海湯，亭爐已成，揮之以指淨几，吾則更爾，亭爐已成，揮之以指惜字有銘，墓嗚鋤裡，伏繁華公，體償斯旨，久而行之，功德無已，咸豐九年歲次己未仲秋者大鵬協副將張玉堂撰書。

在此舉成於滿咸豐九年，（即公歷一八五九年）。為者大鵬協副將張玉堂捐廉所建，張為武人而能文者，搖拳書指書，牽之桂牖及嵌壁題字碑銘等，皆其筆與指所書也。張生平愛惜字紙，故建此亭，屋人濫得撿拾字紙而焚之故也。並自撰一銘以記建亭之緣起。此銘亦用指書，字體秀麗而震活，有如龍蛇飛走，茲錄原銘如下，幸無殘缺，惟此為雛叢所藏矣。

是亦九龍史料之一也。

「敬惜字紙銘」：文帝教人，敬惜字紙，矧麗文中，力闡厥美，自古名賢，惜若九淺，食報榮身，實曆稠疊，桂籍一書，彰彰可紀，乃有愚夫，任其拋棄，或墊灰鹽，或包飴餌，或糊窗櫺，或置床笫，殘盼褻展，疾病災殃，雖云荒經，時還讀史。余本書生，投生卅年，譯腦軍寄，倍深克已，茲任九龍，地邁英懷，綺處僻壤，如展虎尾，單騎赴盟，艱險不避，展至新界，錦田村民起而反抗，英方認中國駐官協助不力，乃迫還之。九龍寨城仍得由中國設官舉治，但九龍寨城仍得由中國設官方，故有如是云也。厥後英軍擴方，張副將即受命而來之守官

「按」銘中有「地邁夷樓，如展虎尾，單騎赴盟，艱險不避」句，即謂夫子對香港而言也，蓋對香港而言也，時香港已割歸英方，但九龍寨城仍得由中國設官舉治，張副將即受命而來之守官方，故有如是云也。厥後英軍擴展至新界，錦田村民起而反抗，英方認中國駐官協助不力，乃迫還之。九龍寨城自此時後，始不復有官駐守，成一廢城，人事代，滄桑興感，撫今追昔，能勿慨然。

九龍城圖　中華民國卅六年十二月繪

被居民之拆

一九四一年五月日去港府此拆居民此處

老人院

城基遺跡

馬各龍九　（英界）

九龍城事件的交涉

記者

九龍城事件是戰後中英間最不幸的事件，且事件的經過，不僅港僑且熟諳詳，即世界亦為之轟動，筆者自無複述必要。惟有發生事件的時間和中英兩方的交涉文件，站在香港歷史的觀點上，卻有紀述之必要，茲分誌如下：

一，一九四七年十一月廿七日，港府通令九龍城居民將所建木屋自行拆毀，限兩星期內執行。

二，十二月五日港府發表聲明，在九龍城享有管轄權，十六日港府缺席制決居民必須遷讓。

警察舉示眾牌不如離開即行開槍

三，一九四八年一月五日港警施行強力拆屋，被毀民居四十餘間，翌日繼續強拆，共毀民居七十四間。

四，一月十日中國外部次長葉公超過港特派員郭德華訪港籌量洪提出交涉，事後港府發表聲明，否認九龍城有管轄權問題存在。

五，一月十二日港警再度出動拆屋，當場槍傷居民張惠武等六名，並送醫院療治。十三日九龍法庭制決居民代表朱沛堂，劉毅夫二人各苦役三月。

關於中英雙方的交涉文件：

一月二十四日英國政府發表對九龍城事件致我駐英大使的覆牒，其全文如下：

大使閣下：奉貴大使最近送來照會關於勒令檀居九龍舊城佔居公地香遷移事，一月十三日又承貴大使參事官以備忘錄途到本部，列舉四點，提請注意。

查關於九龍舊城治理權問題，貴國政府與本國政府向持分歧見解，諒貴大使亦有同感。本部長於此不擬討論及之，惟仍欲指陳，除由一九四一年十二月廿五日至一九四五年九月期間外，事實上香港政府在該六英畝半之九龍舊城地方，由一八九九年起，從未間斷行使其完整之治理權，迄今幾已五十年矣。

最近發生之事件，實際情形必須作憲有逢上述背景，本部長敬為貴大便略陳之，以供參證。

查該地原住有中國人約六十五名，除三或四名外，彼等於一九三五年至一九三七年，棠經自動遷入香港政府予以交換及改良之住所。迨英軍光復香港時，獲悉日人經將城牆拆毀，將所得物資以助建築啟德機場，並已有人擅佔該地，拆架設容屋居住，蓋以從公眾社會觀點，以該地衛屋狹迫，參差零亂，既乏正常潔淨設備，公共健康，顯屬堪虞，復易發生火險，香港政府，乃決定將此等寮房拆卸，蓋亦出於正常行政上之措施，預防火災及疾病之威脅世。乃于十一月廿七日發

武裝警察到處列陣掩護拆屋工作

出勤令遷移通告，凡五十四戶，其通告滿期定爲
一九四七年十二月十一日，惟是佔居公地者，不
遵照通告辦理，乃由法庭發出傳票傳訊，並提出
交換地點，以備彼等選擇，並任其擇屋材料，
移往所選擇之地點。此案件於十二月六日提堂，
並由法庭發出迫還命令及交換地點通告之譯文。又於
十二月二十二日及二十九日，將中文譯本派送各
佔居公地者。一九四八年一月五日，乃執行顯各
章上刊載法官命令及迫還命令，尙無若何事故發生。
並拆卸木屋。

查一九四八年一月七日，啦運香港之廣東省
寶安縣長，偕其員司衞生及警察省長，到來「寨
城」視察，立於中國族下開會，並對羣衆致詞，

工務局職員監督工人進行拆屋

當首次執行拆除時，營有二人因企圖恐嚇拆
卸工人及鼓勵佔住人民反抗任務被拘
捕，此二人乃朱沛唐，九龍城居民協會主席，據
稱係一農夫，與劉毅夫，據稱係一遊廠之股東
，彼等於一月十三日，在九龍裁判法庭審訊，以
犯鼓勵他人反抗警察執行任務，判處彼等服苦工
監三月。彼等將向高等法院上訴，現悉彼等實際
並無上訴。劉毅夫當訊問時，承認彼前曾在中國
陳軍第一五六師政治部服務，所有以上所述事實

後所述之傷者，本部無從查考。惟是本部
長特請貴大使注意，當時實際情形，警察係在所
間九龍城外被攻擊者，至攻警裝之人，有在城內
，亦有在城外被攻擊者，但無可能確指其受傷係在城內
，或城外。

此舉被中國報紙解釋爲重新確定中國主權。有木
屋多間，蔑視法庭命令，又在原址非法重建。一
月二日，警察執行縣務前往拆卸時，遭遇抵抗
。當警察隊伍步向狹路前進「寨城」時，噓聲大
起，常有逾百人亂擲碎石砌之，警察數員被擊，
聚衆所爲，顯屬早有預定計劃，於喧擾中，警察
努力喝止無效，乃有用此手槍向地鳴擊警告之必
要，無奈以此種警告均無效果，爲使放催淚氣
方收所期效果，驅散羣衆，警察乃得依照任務，
將木屋拆除，隨後發覺有六人受傷，五名傷勢輕
微，一人爲槍彈傷肚腹，大略包彈意外所傷者
寶安縣之官員，鼓勵許多佔住人民隨之而回。

同時詆張迷惑之報導，判謂某類中文報紙，
北顯著如國民日報，據悉，該報係中國政府之
控制，爲國民黨所津貼之，結果使香港政府之權衡
遭受挑戰，於一月十二日採取步驟，再行清除該
地區時，藝營擁護送工作人員往執行任務時，遭
遇有組織之抵抗，迫得施用武力。因此主要責任

，想貴大使亦將感香港政府業經予佔住人民充分
出遷移通告，予以可資交換地點，不但待至法庭命令發
出認若罔聞後，尙於一月五日方由警察採取行動

事件發生後僑胞熱烈慰問

，必須歸諸在香港及在中國之中文報紙，瓷彼等脅於前緻足期業經調新擾勤反共之星火，與及寶安縣幣長之刺激勤作有如上述者，關於此節，本長顧幣調陣述，香港警察於一月十二日業經予以最大忍耐，其實際情形有如上述，所以祇有一人重傷，一人醫院治療，間入皮外輕傷者，所有受傷者，業經予以免費治療，其或仍須留院醫理者，亦均予以免費醫理保養，假如各專實能表達於中國社會，予以正確透視，本部長自無懷疑彼等或已對該事件抱為更和緩之態度，及予以更深客觀觀念。

當九龍城問題正在南京談判中，本國政府對其本身部份，現亦竭求該事件之發生實情，本國政府對於該項談判仍在進行中，并希望不久可將其觀點遷交中國政府，香港總督對中國政府所致駐南京之英國大使照會，自有遵知。本國政府對共業經及將來繼紹注意此項照會，予以滿意，本國政府同時承認香港政府公正決定採取清除該地之臨時不良，以免有危害社會安寧之處。香港政府經予以估作人充份考慮，採取步驟驅逐之，以符良好行政意見及維護法紀，但因治權問題面若香港政府為全般社會利益計，但因治權問題面不在九龍城探取此項行政上之措施，則殊屬錯誤。如以上所述，本國政府對於治權權問題，如屬需要，將分別予以處理。關於此節，本國政府對「國民日報」所採取觀點，及寶安縣長之活動，以為該事件無可報寬貫國政府關於該事件上述各實情，并能表廉於中國民眾，則不勝感激。苟能貫此使如能轉報貴國政府關於該事件求滿意之解如是，本部長敢信行將再為此事件警求滿意之解決，而貴我兩國邦交，亦日益鞏固也。

二月五日，我政府發表由駐英大使鄭天錫復英國之照會，全文如下：

遲啟者：接准賞部長一九四八年一月二十四日關於最近中國居民被追遷出九龍城軍之照會，誦悉一是，本大使茲奉中國政府之訓令，答復如下：

中國政府茲須聲明者，即關於九龍城之管轄權一事，中國政府一向堅持其訂於一八九八年中英展拓香港界址專條之解釋，認為該專條已明白規定，中國保有其在九龍城之管轄權，此種解釋，不但可由該專條之文句中明悉，而且有同年為設立其他相鄰地地所訂諸條約之規定，予以印證。蓋當時中國政府所探政策之原則，即為在每一租借地內劃定一特別區域，仍由中國保留其在該區域內之管轄權，而此種辦法之適用，不僅限於九龍城一地。該項政策之表現，舉例言之，一八九年三月六日中國與德國所訂膠州灣所訂專條第一條，及一八九八年五月七日中國與俄國關於遼東半島所訂增立條歀第四歀中，均有明文，該中俄增立條歀第四歀，特別規定「俄國國家允中國國家所請，尤將金州城自行管理，并在城內設立應需派捕人等」。

一現在九龍城內駐劄之中國官員行使管轄權時，應不妨礙防衛香港之武備，但所謂防衛香港之人員本身不包括香港武備之條件，然並此等中國官員行使管轄權，顯非僅據當時在九龍產而英展拓香港借地專條有關條文中，雖有且該專條雖訂有關於香港武備之條件，然並

居民開歡迎會歡迎粵省參議會慰問團

劫後孤城一國旗

香港·澳門雙城成長經典

曾生之八十二年祖屋之原來面目

曾生祖屋被拆後殘墟址存面目全非矣

未規定須中國官員在任何情形之下須撤退，反之，該專條又規定云：「共後新租之地，專歸英國管轄；」由此項規定之含意觀之，在九龍城內，英國自不能行使此種管轄權利。

關於貴部長來照所稱：除日本佔領期間外，自一八九九年後，九龍城之管轄權即始終專由香港政府行使一切，本大使慈須向貴部長臚述若干要實，此等事實，貴部長當亦已知悉。第一，中國官員所以於一八九九年撤出九龍城及停止在該城內行使管轄權者，純因其受武力之壓迫所致。當時並曾提出抗議；第二，自該時後，中國政府不但從未放棄其在該地區內所享之管轄權，且凡遇香港政府企圖估牧此項管轄權時，均嚴厲反對。慈須特予引述者，即一九四六年時，中國政府曾修訂方案，計劃在九龍城內恢復設治，此種計劃之暫予擱置，純係爲顧全中英爾國之友好關係

第三章 地理

着想。尤恐香港總督當時會發表聲明，否認中國政府在九龍城內復設治之權利，中國外交部發言人，曾立即予以辯斥。

中國政府於去年十二月獲悉香港政府擬強迫中國居民遷出九龍城，並振除共住屋之後，即會請英國駐華大使館警告香港政府，切勿採用強迫手段，當時中國政府已深知此種平擧，可能引起嚴重之後果。然香港政府對於此種強迫遷出九龍城居民之措施，仍一意孤行，於本年一月五日及一月十二日，先後實行種種強制行動，此誠至屬不幸。一月十二日，大陣武裝香港警察，配帶盾牌鋼盔及武器，并偕同多數伕役，進入九龍城，恣於屋上之需要，而不放棄各該地區之管轄權。今者，九龍已成爲一種過時制度之殘蹟，因之凡遇英國政府對於中國政府關於九城龍之最低保留亦不致重之之時，不幸影響之發生，當不難想見。

因此中國政府堅決認爲九龍城各次不幸事件之責任，應然應由香港政府負責。該政府屬中英雙方正在行商議以求和平解決之際，悍然探取此種挑釁行爲，實此次事態惡化之主因，終至引起以後之若干事故。一月十六日沙面事件，終至引起以後之若干事故。

中國政府對於貴部長所持寶安縣長因前往九龍城勘察，故應對九龍事件負相當責任之一點見解，亦難予以接受。按寶安縣長之前往該城勘察，并慰問一月五日被迫遷之居民，關係依法負有管理該城責任之縣長爲執行其職務所應從事之擧動，實與此次事件之糾紛臺無記載或評論，誠屬有失公平。

除以上所述事實外，本大使倘擬提出另一觀點，希望貴部長予以鄭重之考慮，爲澈底了解一八九八年關於九龍租借地之條約，則必須憶及謂

租借地設立之當時環境。當時中國政府因不能拒絕列強在亞洲大陸爭設勢力圖之要求，遂僅作一最低限度之保留方法，即在其租借地內，劃定一特別區城，使地方政府仍繼續有行使職權，換言之，中國爲環壞所迫，僅同意還就有關列強軍事上之需要，而不放棄各該地區之管轄權。今者，九龍已成爲一種過時制度之殘蹟，因之凡遇英國政府對於中國政府關於九城龍之最低保留亦不致重之之時，不幸影響之發生，當不難想見。

爲謀防止事態益趨惡化起見，中國政府英懇促英展政府即行接納中國政府以前經由本大使館及英國駐華大使館轉達貴國政府之各項解決辦法

香港百年史（一九四八）

123

101

九龍租借地問題

王鐵崖

近日中英兩方正在交涉九龍城的事件。從九龍城事件很容易聯想到香港問題，更容易聯想到九龍租借地問題，筆者願將九龍租借地問題，略予討論。

九龍位於香港的對岸，香港係於鴉片戰爭之後割讓給英國。九龍分為兩部份：九龍的一小部份，條約上所謂九龍司，於英法聯軍之役，由兩廣總督勞崇光永租給英國方面，而英法聯軍之後，北京條約則正式規定割讓給英國；九龍的大部份，包括大嶼山及深州灣，係於一八九八年租給英國，作為所謂新租之地。割讓和租借，在法律上，作為所謂新租之地。割讓和租借，在法律上，領土主權已經因取得的國家，在某種情形之下，可以根據種種理由要求歸還，有這種性質不同。在政治上，已經割讓的土地，有返還租借地的義務。

因而，無所謂領土的退還，而是領土的再割讓；是割讓。租借則情形完全不同，租借地的領土主權永遠屬於出租的國家，受租的國家僅有租借的權利，而且，受租的國家，於租借期限到達之時，或甚於其他的法律原因，有返還租借地的義務。

單就法律的觀點，來討論九龍租借地問題，則九龍租借地問題的解決途徑是綜商易見的。在中國，任何租借地均已在取消之列。而只留下一個九龍。為香港的安全而在中國堅持繼續租借土地，還不是法律上所可主張的理由。租借地的成立雖不取消國家的領土主權，但無疑的產生損害國家領域法權的結果，任何國家沒有理由以損害他國領域法權的方法，來保護鄰國領土的安全。固然，九龍租借條約規定：「潮查多年，素悉香

龍城的代表認為，各租借地雖然在名義上都屬於一種名稱。但在實際上期有不同的情形，英國在中國就有兩種不同的租借地，應屬於不同的地位。他認為，九龍租借地必須歸於香港的同樣行政管理，其原因為：如果沒有九龍租借地，香港就完全無防禦可言。很容易受敵人砲火的攻擊；香港不僅是英國的利益，而且關係全世界的利益；九龍的租借，純為香港的安全。因此，九龍租借地應屬於另一種類，對九龍租借地，應該採取另外一種的看法。

這是當時，或者也是歷來英國主張保留九龍租借地的理由。這是政治的理由，而不是法律的理由。在政治上說，這是不需要中國人民的友誼？九龍的租借地，是否不需要維持香港的地位所必要的？這些都是問題。中國代表維鈞氏在華盛頓會議中就指出，保留九龍並不是解決這些問題的惟一方法。

港一處非展拓地界不足以資保衛」，但此規定可以為當時租借的理由，而不能為永久保留租借的理由，而且條約所規定的性質，土地的租借，定的性質。租借是有期限的，而不是永久租借，九龍租借地與九龍割讓地顯屬不同性質，兩者租借絕非土地的割讓。依九龍租借條約的規定（一）租借期限為九十九年，（二）九龍租借條約中國官員繼續駐紮，行使職權，（三）九龍城原舊碼頭，中國兵商船任便往來停泊，（四）中國可以建造鐵路至九龍，（五）大鵬灣及深州灣面，中國兵船無論戰時或平時仍可享用。此等規定和其他租借地的性質，和租期限到達之時，也和其他租借地一樣，和租期限到達之時，英國有將九龍租借地還給中國的義務，同如果中國有理由要求在期限到達之前的收回與其他租借地，同樣適用於九龍租借地。

民國三十二年中英新約之中未規定及九龍租借地問題。但是，在新約簽字之後，外交部長宋子文氏發表談話稱，中國政府對於九龍表提出九龍租借地問題，英國方面表示，此次交涉，英國政府未準備交涉此項問題，中國方面乃聲明，保留將來提出此問題的權利。我們可知，此項問題中英兩國之間必須交涉解決。中英新約曾規定，「凡本約的及換文所涉及之問題，如果影響及中華民國主權時，應由兩國政府代表會商依照普通承認之國際公法原則及近代國際慣例解決之」。和借地制度限制中國主權之行使，影響中國主權，而非國際公法原則及近代國際慣例所認的正常態度。因此，如果中英兩國交涉純釋依國際公法原則及近代國際慣例，則九龍租借地問題應該不難合理解決的。

錦田鄧氏鐵門還珠記

吳灞陵

約三百七十六英方里）拱手而與英人，新界的接管，原定一八九八年七月一日開始，但延到一八九九年四月始實行。英兵接管的時候，在錦田圍遭遇強烈的抵抗，於是用砲轟擊轟鐵閘門，擄殺了一些鄉民。當時有一個軍官，把這鐵門當做戰利品，運回英倫。後來又把它運往愛爾蘭，許爲中

但，當這一對鐵門給英屬人途問來之後，鄉人曾刻了一埭石碑，嵌在閘門的右方，碑的全文是：「潮我鄧族符協組，自宋崇寧間，由江右官（？）遊到粵，卜居是潮之南北兩圍，後因子孫繁衍，於明成化時，分居青邊圍康圍兩圍，四周均深濬濠最，復加連環鐵門，想前人之意，實欲鞏固藩籬，以防禦崔荏苻。治前清光諸二十五年已亥即西曆一千八百四十九年，清政府將深圳河之南隅，和與大英國，斯時清政府來將明令頒布，故當英軍到時，各鄉無知者受人煽惑，起而抗拒，我鄉人民，恐受牽擾，堅閉鐵閘以避之，而英兵有莠民藏匿其間，遂將鐵閘攻破，入圍時，方知拮是良民婦女，故無薄待惜事，姑將鐵門徹去。現二十六年傳孫伯婁，代表本圍人衆，寡吳港政府，蒙轉達英京，將鐵門發還，照舊安設，以保治安，所有費用，由港政府支給，又蒙里督憲親臨敵村行奠基禮，足見英政府深仁大德，亦爲表揚吾民對於英政府之誠心悅服矣。特銘之於碑，以誌不忘云爾。大英一千九百二十五年五月廿六號，中華民國十四年乙丑歲閏四月初五吉日立。

門裏還有一聯，寫着：「南國槐屏藩，恩留鄴棨；北門車鎖鑰，義奠遠來。」上款題着「伯裘煒莨祥列位宗叔台樂親吉慶圍重光紀慶」，下下聯「屏山房宗娃英生日勝斗星同翰躬一讀起來也是一樣使人感慨的。

國鐵手工的代表作。直至民國十三年，（二十五年後），錦田鄉民已安於英國的統治，鄧族的紳者於一九二四年向香港總督史塔斯顧請裘還前被英軍移去的鐵門。這個請求獲得批准，可是問題跟着發生了。當年移去錦田圍門的總督和英軍官都不曉得那門移到那裏去了。大家都不死的死，移居別地的都無法尋覓了，向誰去問鐵門的下落呢？結果：經過長時間的訪查，才從許多檔案文件中發現了鐵門的踪跡，原來它已被當年的英

的是一條寬闊數尺的濠溝，完全是一座俊壘，本文紀載的鐵門，就是吉慶圍獨有的鐵門。

這對鐵門，是錦田有名的古物，到而今也爲新界的名勝。那園面積很大，純用精鐵鑄成，雄渾名貴異常壯觀。據錦氏子孫誌。這鐵門是明朝時代鑄造的，已有三百年歷史。在香港史裏，它更有一段可歌可泣的歷史。

當英國與滿政府成立了九龍半島及其附近島嶼的租借條約，新界租借地的民衆羣起反抗，清廷一點表示也沒有，將新安縣三分之二的土地（

鄧氏鐵門面目

錦田是新界最古的大鄉，從開闢到現在，火櫃已經有八百五十年的歷史了。因爲錦田完全是姓鄧的人居住，他們的祖先是鄧符（字符協）是姓鄧的人居住，他們的祖先是鄧符（字符協）國紀元前八百零六年至八百零九年之間（火櫃在民錦田鄧族已經發展到全新界，像元朗，屏山，夏村，龍躍頭，火埔，都已經有了他們的分枝了。

錦田的位置是在凹頭的東南一英里，新田的南方四英里，由元朗向東走大概半猫鐘可達。全錦田有六個圍，名字是：吉慶圍，泰康圍，永隆圍（又叫做灰沙圍），錦水園，新園，北園。錦田境內又分爲幾個村落，名字是：水頭，水尾，沙澛，滿水邊，祠堂，深埔（又叫做舊埔）。各園都有堅厚的園牆，黯高二丈，環繞着圍

第三章　地理

汲水門島

吳灞陵

青衣島西面，隔一雞路門（又稱戚湯門）海峽，遙遙相望的，是汲水門島，又叫馬灣，因為軛居於大嶼山的東北方，和大嶼山的東北岸緊接，中隔一個海峽，這海峽叫汲水門，所以就叫汲水門島。至於馬灣一名，有人說島形像馬，故又給人叫做馬灣。島的面積不大，如果和青衣島比較，大概只有青衣島六份一左右而已。

汲水門來歷

汲水門是由西北斜向東南伸過去的海嶼，長短大概有一英里，寬狹卻不夠一英里之四分一，據說是三百多碼，比東邊的鯉魚門海峽還要狹些。水勢向東南直傾，因之有「急水門」之稱。志書上面記載，也是急水門而非汲水門，只因船舶往來給這枝水吞沒的太多了，大家都想辦法把那急激的來勢殺和下去，有人認為「急」字不妙，應把字音相近的「汲」字來替代，因之在稱謂上稍微更勁一下，原沒有多大關係，於是「汲水門」便取「急水門」而代之了。

因了這一海峽是香港九龍和珠江水上交通必經之路，船舶來往，決不會繞過大嶼山西南的雞門（戚湯門）之外，並且，極不科學地在馬角嘴岸邊，正對急流的地方，豎起一條石碑，上面刻著「南無阿彌陀佛」六個大字，同時請來一班道士，開壇作法，之後，據說水流的急度從此果然和緩了許多，船舶遇險的事件也為之減少。現在，這一條神奇的石碑，還屹立

在汲水門島的西方，正當汲水門要衝的鼻端的馬角嘴，稍微向海峽突出，航政當局在這上面建築了一座指示船舶進口的燈塔（指示船舶出口的燈塔在島南的燈籠洲）塔下就是礁石，急流到這地方就更急，首先對正這個馬角嘴作劇烈的攻擊，水聲宏，像人的狂號，又像痛哭，據說，每年一到陰曆三月，東下的船舶，激盪的聲音特別加急，潮流特別大。如果不明水勢，就容易給兇惡的漩渦捲入海底，再從燈籠洲這邊浮出海面。

流無論怎麼樣急激，船舶們都要硬著頭皮，冒險衝波而過，況且，險只是小型船的險，大型船舶仍然安全無虞，至多要容一陣顛烈的，簸蕩的「暗湧」的滋味而已。

當時，大家除了把「急水門」這可怕的名字改為「汲水門」之外，並且，

赤灣天后舊廟亦列為新安八景之一

在海邊不勤，只有時給蔓草梅藏起來而已。

石橋和珊瑚潭

從馬灣嘴直過對岸大嶼山的東北角山腳這一段路穿的海底，據說從來就有一條天然的石橋把兩岸相互連接起來，只不過牠是隱在水的下面而不是露出水的上面，不能夠給我們作為渡過這個海峽的交通工具而已。

據說在「風水一上來說」，這座「石橋」就是所謂「龍脈」，倘若這條龍瓜一斷，沒水門島也就不會在雨沈到水的下面去了。據有資格者的談話，沒水門海峽的深度是三十噚，徑一噚是四只五寸，即共有一百三十五尺；但是，從水面到石橋只有數噚，距離海底還有一半路程。

島上有一種幾乎每人都深信不疑的傳說：在石橋的下面，有一個深不可測的潭，沉實有一種可愛的珊瑚樹，因之大家就叫牠做珊瑚潭，潭裏不獨有珊瑚樹，而且整年都有火魚住在裏面，證火魚，就像魚中之王，而這個潭就是牠的王宫。不過，道只是一種神奇的臆測和傳說，事實上不曾有人到這海底探過險。

土人另有一種傳說流行：在石橋下面，有一座門像小山城門一般，人可以從門口進出，是石頭天然結構成功的，不是人工開鑿而成的。因為這座石門不遠的岸邊，有一塊形狀古怪的石頭，倚山向海的蹲伏着像一頭怪獸，若間牠像什麽獸類，無人不以為像我國相傳下來的麒麟形狀。牠本來是面對南方的，但牠的頭顱卻向西方面，不偏不倚，正對那塊石門，有這關係，土人便叫石頭做麒麟石，叫石門做麒麟門。我們好奇，自私的土人聽說是寶貝，都想冒險去把珍

珠抓到自己手上，於是他們想出些妙不可言的辦法，想把大魚趕走，首先找到了一批相當大的冬瓜，每一個都煮得熱騰騰，然後逐個向石巖投下，大魚着見東西，馬上引起食慾，一口一個的狂吞下咽，誰料瓜的外層經過海水一浸之後，雖然表面冷却，但瓜的裏面，還是火一般熱，在大魚腹內像幾個火球在燃燒，大魚熬不起這種痛苦，馬上翻那顆「珍珠樹」四處亂竄，海面當堂波翻浪滾，土人曉得大魚離開崗位，馬上叫精於潛水的土人，潛下水裏找尋，不料大魚固然給趕走，珍珠樹也無影無踪，黑漆一圈，起無半點光芒！

三塊怪石頭

島上最主要的地方，是馬灣，其位置是在馬角嘴之南，與燈籠洲以北之間，瀕臨沒水門海峽，是一個深狹的海灣，洞爽的村落，就叫馬灣村，也叫沒水門村。

在馬灣的北岸，有一塊麒麟石，又有一個麒麟門。沿着兩岸向東走去，首先到達麒麟門，這座天然結構成功的，不是人工開鑿而成的。因為那塊麒麟石，由來無日不馨香；廟的門聯這樣寫：

地拔到石門上面敬坐，像登城遠眺一樣，馬灣全景，盡收眼底。

另外一塊石頭，放在黑潮的石凹頭，活像一枚印章，豎在海面，並且露出水面，十分平滑，島人叫牠做石印，作為沒水門島命蹟之一。

張保仔和天后廟

香港大盜張保仔的勢力範圍，當時曾無孔不入地伸張到沒水門島這一方面來。在正對馬灣村的前面，即大嶼山東北的尖端，有伙天后廟，據土人說，張保仔曾經在嵩上建築營壘，居高臨下的操制沒水門，把來往這條水路的船舶都屈服在自己管制之下。

至於馬灣這一方面，張保仔當時也建造了一間天后廟，天后是海神，他導然棧業最海賊，但到處要靠點給活動，船舶安全，水上人全伙天后的庇護，張保仔及其部屬，自然要迷信到這一事了，因而在馬灣興建天后廟。我記得，廟的門聯這樣寫：「德若蒼田，是處有天皆祖豆；澤流急水，由來無日不馨香。」從碑文「急水」二字推想，可見那時還保存「急水門」的名稱面不曾改為「沒水門」，這是一座相當古舊的廟宇。來往沒水門的小輪船，向來不能夠直接泊岸，必須一廳駁類，轉接近岸，每來乘收渡錢，客渡每年公開投，投價所得，全數撥作天后廟經費。

美國人別墅

島上唯一特別的建築物是一間美國人的別墅

，主人叫Reed（李德）和他的太太兩個人住下來，孤清清的連一個僕人也沒有，倒覺幽靜得無以復加。據主人自己說，他在少年時代，是個善游獵的人，曾打過老虎、大象，甚至獅子，也曾上過戰場，升級到大佐。他住在島上，是想發展奇奇牧事業。他曾引導我們進去那四週都是高大榕樹而裏邊一塵不染的別墅來宴禮。正對汲水門海峽，是一所半中不西的房屋，外面前稱而裏面雅麗，窗潭都張上一層防範防蚊的細鐵絲製成的窗紗。屋裏有客廳，有晋室，有書橱；有百童，有打獵的東西，這一座別墅及其主人，在日軍蹂躪香港的鐵蹄下變成怎麼樣，還沒有消息呢。

牧場和豬種

倘使李德做了俘虜，其別堅固確不保，但其所經營的牧場，也必重歸荒蕪，是可想而知的。

●在他當時的計劃，是想供給整個香港的豬肉而不須從別處運來供應的。他並且注意選擇豬種，想養些不肥也不瘦的豬，適宜於做慢美的「火腿」。

●他曾發理一種見解：中國農村所養的豬，因為豬的營養不良，全是肥瘦多瘦肉少的豬，在一埗方橫不足的地方，日光空氣都感不够，因而瘦弱可憐，變成一隻跛陸腥歪不大的豬。他決不想養這樣用處不大的豬。

李德曾經向港政府領到一百二十畝場地，經營牧場，也曾找到外國豬種，和中國豬種混合，產生中西混合豬種，每天放到草原上，聽從牠自己吃草，這樣，養豬這事案綜合會合理而經濟。不

稅關陳跡

在黑潭北岸，有一排一連九間的房屋，相當整齊，這是清政府在汲水門島上設兵防守與乎設留關卡稽查來往船舶的地方。汲水門島改叫香港版圖以後，這一列房屋便變成民居，右邊關辦公的地方，也改成學校，我們參觀這些建築的時候，覺得還十分完整，相信建築的時候亞不很遠。

鑛藏

汲水門島的面積雖然不大，但你不要小覷牠，因為牠的北部山上，埋藏了不少儲藏——土色的幾百尺高的小山，鑛儲指即是。火油就在這一個小島，香港開埠一百年，針山鎢鑛也採掘了不少年頭，但對於汲水門島這一鎢鑛，竟然沒有人發覺。後來馬士文公司在汲水門島對岸的大嶼山東北尖端開採鎢鑛，設有紅屋，山上也有若干小寨，給鑛工們作辦事處，於是利用他們採鑛的知識，秘密跑到汲水門島的北部山上，發現鎢藏，於是傳到士人耳裏，大家都秘而不宣的自由探採，把北部山頭，抄得千瘡百孔，整整挖了一年有多，總給主管當局知到，嚴行禁止，但他們已經發了一筆小財。

當日他們偷採鎢鑛，是跟出主有了協議的，即不論誰人，在他的土地上開穴探掘，每採一斤，即須繳回地主五分，這樣，地主間接所得也不少。當時的鎢價，每担能够賣到一百多元，最低也賣得八十多元。

島民

汲水門島上的居民，當然，在香港不隸屬英國以前就有了的，原因她的面積小，在自給自足上成問題，所以，向來就只有幾百人居住。在這幾百人之中，他分成兩個部落：其一是所謂「本地人」的，居住島的南部，有曾林幾姓，都是寶安籍人；又一是所謂「客家人」，居住在島的北部，人數比南部較少，本地人就叫這北部做「客家村」。不過，島民難然分成南北兩個部落，但民情和洽，永遠不採敵視的態度，這是一個最好的現象。

東灣

全島的海灣，以東灣爲最適宜於游泳。我們經過一個鎮頭嬉遊全島之後，轉到東灣去游泳。這灣適在黑潭的背後，面臨鷄踏門，和青衣的錢底潭遙遙相對，使人想起了天體運動，因島民遙遠相近沒有人烟，我們都實行裸體游泳。灣上的砂，相當幼潔，只是稍間一處有些礁石，隱現在海水的下面，使人不能放心泅遠一點罷了。

坪洲

吳灞陵

首先，我們閱讀寶安縣志，在水都裏面，讀到下面這樣一條：「平洲，在城西海中。」城西是指寶安縣城之西，常常不是香港版圖裏的那個坪洲。再讀下去，又有一條是：「平洲，在七都下沙村兩洋海中，長一二里，橫二海面。」初時看去，似乎就是香港版圖裏的坪洲，因爲還一條可以瑞爲火的海灣，只有兩個，一個位於洲的紀載，是緊接著一長洲一這一條所述，完全是香港版圖的長洲，所以我以爲「平洲」這條就是香港版圖裏的坪洲，但，條下所述有一安洛海圍二，看到深圳以南的一長洲山、大嶼山的雞寮角、都叫現二個一東灣二的名字，像長洲，沒水門的都可以隨便給它這個名字，像長洲在七都……一句，再礎二新安縣志」裏的「新，凡是面對西方的都叫做二西邊二的，不過，坪洲的西澪，坪永遠不叫做二西澪二面叫做一年洲澪。

西北，而深圳以南的一長洲山，香港版圖的坪洲和香港版圖的坪洲二這樣，香港版圖的坪洲，但，條下所述有一坪洲，在我們遊客的眼光看來，實在是一個美麗的地方，雖然牠的面積只有半英里的大小，比起鄰近所長擁來要小一半。牠的位置，是在香港本島和大嶼山的中間，但是，它距離香港島的西岸，約莫四英里有多，而距離大嶼山東岸就只有一英里光景。在它的東面，有銀洲，大交樁洲，南面有喜公洲，尼姑洲；北面，正對大嶼山東北岸的竹篙灣。如果，波不如鏡地安靜著，舟的搖邊，也建立了一個個並非無人的島。

東澪純然是一個海灣，沒有船隻，沒有人家，其原因，大概是因爲新界的島嶼裏，凡是向東的海灣，都常常不停受到強烈風浪的打擊，無法建立居住的地方，然而，因爲它接受強烈風浪，的不停地冲刷，都共備一片相當美麗的海灘，十分適宜於我們愛好海浴者的游泳，坪洲東澪就是其有這個優良的條件的。

坪洲澪呢？因爲它的位置向齊西方，強烈的風浪不致向它施以無情的打擊，常常是西子湖般的一樣一樣的白煙從坪洲的時候，我們便逐地看見我們的輪船將要到坪洲的時候，我們便逐地看見一樣一樣的白煙從坪洲從灰鑒噴出，飄上天空。曉得這

你所坐的小輪船從西營盤岸邊起程，那末，一句鐘之後，你便能夠置身於這個美麗的小島之上了。

坪洲給喜歡的海洋似面圍繞者，那參差不齊是在長洲澪，比方青衣是在東北一隅，汲水門是在馬澪，坪洲的中心就是在坪洲澪，長洲。岸邊就是市街建築，最大的也可以說是唯一的街道，是叫永安街，南戶林立，接往熙來，彷彿像長洲郡澪大新街一樣。還裏有茶樓酒肆，菜菜肉食，洋雍山貨，供應島上居民之外，還要供應水上的漁民，遠裏雖然不是一個漁區，可是漁船們爲了打魚，常常要到這里停一停，這樣，就會到市集裏拿點補給。

坪洲精華所聚的市街。澪里，也停泊了各式各樣的漁舟，漁人們或到岸上購買補給的東西，或把船兒擱在灘邊修補，這樣，水上，陸上便形成一座熱鬧而緊張的氣氛了。

每一個島，除掉無人島外，都有一個中心，洲上的人，以前是差不多二夜不閉戶二的，因了打仗，海盜會進去找根據地，幹過搏人勒贖的事情，治安也曾經走了樣。在日本人不曾侵略香港居民以前，警察方面無機關設在島上，只由島上居民自己設立一個目治團，每一商戶每月供給經費一元幾角，置備火器，鑼壁銹鳳，皮裙極好，大家都無須擔心盜竊。

永安街口外，最便人注目的建築物，是天后宮，火葯廠，牛皮廠，農場，學校，灰鑒遠些我們的輪船將要到坪洲的時候，我們便逐地看見

牛池灣寫生　　趙百則作

我們作永安街上鵝禮一番，走到四十九號門牌邦岬天后宮膜仰膜仰。像其他島嶼一樣，這是島嶼居民和海上漁家崇奉的偶像。但平洲的天后宮，顯然是有悠遠歷史而又結構堂皇的一間。門額石刻「天后宮」三個大字，是清光緒丙子（民國紀元前三十六年）孟多重修時候建立的，門刻着年代，可以幫助我們考據，堪成文物之一，特全寫下來。

之波壽，舟傳咸活大化，祀九天之兩澤，人民共領神光。」裏面天后神座之前又有一對年代較古的對聯，是道光十七年的東西，寫着：「海難波靖，浩蕩沛恩覆赤子，民豐物阜，巍巍扶德済生。」雖然都是讚美天后的老調，但因建些東西因之爲工卓越，風興體新，頓改規模，驛霧金輪飛羽・蔚然氣象，依稀銅柱挿香，則神威與廟貌而維新・人事與天時而渟美矣，然而顯躍檜將，自當姓氏流傳，告竣成功，獨宜芳名荷列：合勒琅珉，永垂不朽，早爲序。」

至於廟炎石壁嵌着那塊「重修天后宮碑記」更值得我們珍賞，因為我們若果不讀到它，就不有清光緒二十三年郭乃安的聯，寫着：「仰四海水陸；神震傳遐邇。故留廟貌壯山河」。此外又的兩旁，刻着對聯：一地祠煥新猷，幹積鴻慈通

隅，枕月控海，洲分一角，戴水笠天；日舖盧無多，居民鮮少，爾非集掖，安得成裘？不意閭洲士女，踴躍窠題，各展商民，膣怒樂助：大啓葺厝之慶，同押好構之筌，情以義起，義以敬神因之焉工卓越...

曉得這座古廟已經有了一百多年的歷史，曉得坪洲一百年前已經有了居民，不能不全寫下來以供研究。「原夫天后兄若也，先朝活佛，昭代功臣，恩梁蓮國，德重庶民，跡著莆田，顯英聲於翊世，齊流梓里，普惠澤於無邊。此所以母儀稱其廣大，樂道仰共景高耳。淮坪洲之天后宮，創建始自嘉慶午年，春秋歷久，陶瓦漸穿，歲月運更，屋棟赤壞，寀動不無調染，貌像又被塵蒙，由是謀諸杯卜，則目舍蓉而圖新，酌之同人，更欲美輪而美奐。

但爾提鳳削，固所宜先，而霙黙資村，尙將有待，況地虛偏

這篇序文以下，是一串坪洲值事人名和一串捐款人姓名。最後一行刻下的日子是：一光緒三年丁丑歲季冬月一日。致查嘉慶戊午年就是公曆一七九八年，到現在一九四八，不是有了一百五十年的歷史了嗎？從這一個時間看來，坪洲有了住民以後若干年，統治權才移到英國人的手裏，是十分明白的了。

刷里的右邊，照例像別的天后廟一樣，也設有小型木船一只，長度大概是六尺，船上有桅有帆，也有繚索，有鐵錨，跟一只大型的帆船一樣裝備齊全。懷說，這是準備給天后廟駕或差遣的：又有一說就是一般水上居民拿來占卜風雨的，究竟這一只小型木船有竹簍用途，一時還沒有辦決效據出來。

第三章 地理

洲上的古物，除了這個，就要算那塊「奉禁封船碑」了。這個碑石的建立，是在道光十五年，即公元一八三五年，和現在的時間距離，已經有一百一十二年的悠久了。至於建立的原因，是由於當時坪洲蛋民受盡了所謂「輪僱漁船途營扮商誘絣」之苦，請求當局永遠禁止，故而立石禁示的。現在把全文抄在下面：「署新安縣正堂加十級紀錄十次憲。為恒即立石以垂久遠事，現據蛋民黃勝興、黎正興、李鳳大、馮廣益、高發安，貴勝長，黎蕪業，樊創負，黃四金，張昌喜，黃勝祥，黎金有等呈稱：梁秦憲行，每月輪僱蜑等漁船兩只，送營扮商誘絣各按舵手名數，日給口糧，並無剋刻，惟是蟻等獨船誤生，全資採捕，雖泰差固非枵腹，而安家究有不敷，況船內多聯呈，叩蒙梁前憲會同吳遊府聯篆憲，當經蟻等合捐製艇笭二只，以資緝捕，蒙批據令發現製漁船，遂當誘絣一事，免執累罣辦，仰東布政司會同按察司督糧行縣遊照等因，雖蒙梁前憲吳遊府聯銜示禁，但未蒙立石，永遠禁止，以免日久弊生等情到縣。據此，查本案先據黃勝興等具呈，除批示外，合再勒石示禁，合行諭飭船戶及諸色人等知悉，所有輪僱漁船途營扮誘絣一事，前已奉行永遠停止，嗣船戶人等，即各安本業，偏有不法之徒，假冒兵差各色，仍有擔稱封船途營扮誘絣，勒索滋擾情事，許諸船戶人等投回澳甲、搶夯細解，或指名稟赴本縣，以憑防拿拏究，各宜凜遵毋違，特示。道光十五年七月十九日給示勒石。」

在坪洲，好玩的地方，還有釣魚磯和曬網石，在坪洲出的西邊，在山上向下面海溶澗覽，你會發現兩個漁翁，戴笠披簑的相對垂釣，在那裏耐心垂釣。不，這只是兩塊不平凡的火石，石頭，一東一西的對立着了。東邊那一塊，是兩壁登成一塊的：西面的一塊，矗立在海邊，十分龐削，遠看像一座海溶別墅，下面不是沙灘而是各式各樣的火石，蹓進去的時候，風浪天灾天后搏擊，瀕溺地蝕成一條龐大的陳繾，裏面大概也是空虛的，風浪打進去的時候，就不斷發出隆隆的聲音，我們身臨此境，彷彿在遊什麼「石鐘山」了。這就是所謂「釣魚磯」了。

坪洲除了和香港交通之外，也和長洲交通，長洲在坪洲的南邊，距離約四英里遠，以前每天有帆船來往，叫做「街渡」，沿火嶼山的海岸向南行駛，風平浪靜的時候，約一點鐘，經過東公洲和尼姑洲，可以見到兩洲之間的東公門。從水道的右邊看去，有文角灣，銀鑛灣，都是火燒山的東岸。由此再向南行，又一句鐘，經過大嶼山的東南岸，和長洲西北岸之間，其風景之佳，也有「輕舟已過萬重山」之概。將到長洲灣右岸有石排突出海上，形如虎頭人們叫它做虎頭石，可稱長洲一景。大概從坪洲到長洲的航程，坐帆船要兩句鐘左右。如搭香港長洲綫中途經過坪洲的小輪，就不必花這樣長的時間了。

坪洲唯一奇踏是龍口井，坪洲四面是海，居民的飲料，不能不靠井水，像海南島的情形一樣，從前山水不潔淨，缺乏飲料，等到葆東披洲一帶，才懂得掘井而飲，井泉才成為海南島民唯一的飲料。到今天，海南島還留著許多「一東坡井」呢。坪洲居民就是這個樣子的，全洲一共掘了四個井，永安街天后宮的一個最火，可惜水源不多，大概離地面一丈有多才有水。但是，在永發山西便山㘭豐隆公司門前的左邊，有一個給大家稱為龍口井的寬只丁方二尺，深一尺有多，四週和底都是石質，但井里的水是不管什麼時候都是一樣豐滿的，即使是拿勺子去取，也是取之無盡的。

水坑口與石塘嘴

永言

乘五號巴士，自火坑西行，至終站，其地名「水坑口」，若乘電車向西行，至屈地街，或至堅尼地城，該處一帶，距今二百三十八年前，以至今日，統稱石塘嘴。石塘嘴得名，由清乾隆三十六年辛卯（公元一七七一）始，水坑口得名，則自道光元年辛巳（公元一八二一）始也；兩地均於辛年始有地城地名。

爲兩地命名之人，均於辛苦艱難生活中得之，由眼淚辛苦中得名之地兩處，竟能一前一後，成爲全香港覓藥之煙花地，亦奇矣哉。依照地方得名先後，追述往事，讀自石塘嘴始。

清初，今石塘嘴一帶，皆由也，山多花崗石，俗稱麻石，爲上等建築石材，清惠州府客家人入官富場（今新界大陸及附近島嶼）渡海，至其地探石，沙頭角地界與惠州府界相接連，爲新界及香港與惠州往來必經之路，初來探石，自海濱始，越時久，經已採石處，下鑿，成一大塘，石塘面積漸廣，近海處較遠處，石塘面積漸濶，匠等稱之曰「石塘」，離海較遠處，自內向海外望，石塘形成尖山形如鳥嘴，於其地建村，村名石塘嘴。乾隆三十六年，有長樂縣石匠名朱居元者，於其地建村，村名石塘嘴。三十七

水坑口，原名火坑口，「火坑」二字，粵語也，語意爲由澗、澗水流入海處，曰：「一坑口」，坑口在今大馬路間，即當年濱海處，未開埠前，有半耕半漁客數人，對岸九華徑村（近荔枝角海浴場）乘舟前往採捕，晨出暮歸，道光年（公元一八二一）乃在海濱山麓結茅居住，堅竹栅於海濱，俟潮退蓋乃入海捕之，捕已歸，潮漲時，龍取隨澗入橫內，濃定困栅門，呼曰：「建往火水坑口處浴身」，因以「火水坑口」四字名其街，既後原日水坑，日益狹小，乃略去「火」字，簡稱「水坑口」街名，直至今日。民國後，仍沿用次坑口街名，越年久，填塞其原日捕龍蝦者某之孫、年六十餘矣，爲朋輩述其

年，狼虎成羣，傷人甚多，以後頻有庇忠，又多海賊遊擾，乃遷居九龍沙埔仔，石塘嘴村燬，嘉虛夕，郭婆帶，烏石二、鄭一、張保等著名海邊不及也。廣東界人入京會試，在港視朋設錢鎽者，多就宴瓊林，取古代殿試放榜後，賜宴諸進士，稱「瓊林」吉兆，自酒樓夜院移入塘西，水坑口一帶，濟次羅傛，石塘嘴遂取而代之矣。

海寇平定（在嘉慶十五年）朱居元第四子了，始至九龍城之附近建大礮祠，每歲春秋二祭，原始至石塘嘴朱姓，聚集人礮祭詞，石塘嘴三字，遂成爲今屈地街全堅尼日石塘翌朱姓。

祖遺言，微此，則現在無谿澗之斜路，何故名爲水坑口，將令人百思不得其解矣。距今五六十年前，水坑口爲港中最高等宴集處，奏樂幾無虛夕，中環大馬路之杏花樓，遠目皆是，有絃醉樓及宴瓊林酒樓二間，鐘鼓笙簫無

地理小識

▲香港爲一海島，四面環海，全島面積約二十九英里，東西相距十一英里，南北相距由二英里至五英里。

▲香港經緯位置，係在東經一百一十四度五分與一百二十四度十七分之間，北緯二十二度九分與二十二度十七分之間，與西江入海河口形成對峙，原屬廣東新安縣（即今寶安縣）之九龍司。

▲香港位于廣東省之東南，距廣州約九十英里。

▲香港地鄰熱帶，冬不甚寒而乾燥，夏則炎熱而潮濕，多有東北季候風，夏有西南季候風，香港氣候酷熱，甚少超過華氏九十五度以上，寒冷甚少降至四十度以下，每年平均計之，其氣溫約爲七十七度。

132

大帽山之話

吳灞陵

第三章 地理

說起大帽山，縱然你不曾親自爬過上去絕頂，其邊也會常聽到這怪像火的名字，而使你多少見出一點詫異之色吧，原因大帽山是新界大陸一個主山，最大，也最高，只是聽，不去爬，當然要詫異，聽了之後去爬，就更體嘆不絕，你將因此可以在別人面前誇耀一下，你的足跡難道不會遍及由大川，但已踏上了新界大峯第一峯。

大帽山之稱謂，雖然還有人頭固地硬把做『大霧山』，說地質上常有『大霧』，但，這是一個極大的錯誤，不想，那一個高山沒有雲霧呢？最好是拿志書來做憑據，翻開寶安縣志，就可以看到過漢的一頁。

『大帽山』，在城東五十里，形如火帽，由梧桐山逶邐南旋西折，高二百丈，爲五都之嶺，上有石塔，多產茶。

這樣，我便便明白大帽山之爲大帽山，『形如火帽』，而不是一頂上常有大霧了。

根據我們的測量，是『二百丈』，英國人就測量到三一三〇英尺。這麼高的山，在香港新界固然雄據一方，在庾嶺以南的廣東，除掉羅浮山，西樵山，和七娘山之外，實在找不到這麼高山來跟牠比較。

牠不但高於一切，牠大於一切的脈絡連綿，縱橫奔放，大概要佔地一百多英方里。向西走，是經白石橋，青龍頭，大欖，屯門，藍地，一直到洪水山爲止。向北走，是觀音山，剃刀型，大天山，吉水山，鞦韆山。向東南走，是針由。

因爲大帽山像一頂竪在地上的大帽，估地非常廣大。登山的路徑便有好幾條，新界的大埔，錦田，荃灣這三個地方都找得到登山的路徑：

（一）從大埔方面上大帽山，可先越過林村河，進入林村，經過林村石湖河橋，一路向西南方進行，不久，又過避河橋，（這是一條因改連道路以來便和而建築的）已到林村凹之下了。將經林村凹，還有一條長安橋，離橋不遠，到臥雲亭，（好久以前已經破壞，現在恐怕沒有了，到）便上利林村凹，山凹的左面崖走便可以繞到觀音山背後，由此直上大帽山之頂。

（二）從錦田方面上大帽山，可向東邊以牝取小路，經圓蓢，蓮花地等村落，從寺的左方『觀音還』走上去，可以到達林村凹，由林村凹上山，便和大埔登山這一條路殊途同歸。

（三）從荃灣方面上大帽山，有好幾條小山，火燒因爲遠方估地上山比較好，比較快比較便利，所以無形中便成功山路幾條：

第一條，是到荃灣後，找路經新棟屋村入老圍村，她大概是距離荃灣城東北約莫一英里，有一條小石路，是從青山道旁邊開始的，沿石路前進，不久就是新棟屋村，有天后廟，樓霞別墅，再行十五分鐘，就到老圍村。由老圍村向北行，有一條比較大一點的泥路，旁邊有一條溪澗，跟着這條溪流的左方，一直上去便可以到捷山頂。不過，這一條路徑，一路都有分飯的路口，稍爲不當心，就會走錯方向，會轉到東北方面的夫，這樣，在你前面便有許多阻隔，因爲一路有許多石塔，小路也斷斷續續，容易使你迷喫，荒廢時光，而且，在將要到達至聖的時候，大夢因爲是遠條路的人不多的原故，野草蓬叢雜物的生長着，高處可以望達人們的胸膛，容易由此發生許多危險；因此，以還一條路登山，我認爲不大適宜。

另一派也是由老圍村開始，不過前面那條是向西，這一條是向西，首先，你越過那一條前面的，走上對面那個斜坡，跟着小路上山，不一刻，前面便有一條取路，橫在目前，你若由此向右邊那一條行進，便會跟着溪的右邊選去，這裡也有一條小路可通至山頂。

但，如果既到了歧路的時候，不向右轉而向左轉，伊便到達一千三百多英尺的高處；卽『假大帽』，大概半點鐘，就爬上了二五，五英尺的高處；卽向北方走去，大約要走一點多鐘，這一段路，由假火帽到正大帽，都是正正放在山背上面的，所以相當好走，而且一路都可以欣賞風景，沒有時時刻刻都要注意走路的討厭。

名勝的石

寄萍

提起香港的名勝，石頭在佔有一個很重要的地位，很多古跡也是因石頭增加了它們的價值和吸引游客們的興趣，最著名的沙田望夫石，就是其中之一。

從九龍乘火車到沙田，途中看見的山，有慈雲山、燕壇山、獅子山、雞胸山等，這些山的名目的，可算是那氣勢雄峻的獅子山了。

當火車走到獅子山的斜角度的時候，你便可以見到那塊望夫石，形狀像一個婦人背負着一個孩子，而面向着山上俯視的怪石，那就是名聞遐邇的望夫石，石下這座山，也因此給人叫做望夫山。

說到這望夫石的來歷，則似乎有嬌怪誕，相傳從前有一個婦人，他的丈夫出外謀生，久久沒有消息，她便天天背了孩子，到山頭上遠望海外帆影，盼望着她丈夫歸來，可是丈夫始終不回，她永遠地站在山峯上，結果化成石頭，成爲香港名勝之一的望夫石。古人劉克莊曾經塡過一首詞來記述望夫石戀語，說道：「望夫處，江悠悠，化爲石，不回頭，山頭日日風和雨，行人歸來石應語。」這憑弔的小詞，更令望夫石千載以下，生色不少。

九龍名勝之一的背山，山頂也有一塊懷有歷史性的石，石作長方形，上面刻着「高山第一」四個斗方大字，舊傳是唐韓愈南游時所書，字旁

撫新安縣志：「白鶴山在九龍寨城西北，上有游仙巖，巖下三小石如品字，上盛巨石，高約六七丈。廣約三丈餘，勢立雜升，石頭有棋盤桃子，至今猶存。石的陰面刻「遊仙巖」三字，年代湮遠，字跡模糊。背常有白鶴一雙，樓止石上，故名。一說便是九龍山游仙巖下，不辨石刻的「游仙巖」三字，字跡模糊，石頂上彷彿像棋盤形狀的石紋，也模糊難辨了。

在游仙巖內有一塊石頭，體積很大，一半埋在泥土裏。遊客們把小石向它敲擊時，就發出了冬子冬的聲音，餘音嫋嫋，很是悅耳，這就是人所共知的丁冬石。

丁冬石再上，有一塊石，石面低略頗像一個火腳印，有二尺多長，分爲兩節，前節長一尺有多，深約半寸，後節長約四寸，兩印都作橢圓形，眼看來，也頗像腳印，這便是有名的仙人腳印古跡。

從仙人腳印斜下，有一塊斜鍘在泥裏的長約

此外如七姐妹的鯽魚石，火澳的將軍石，寶雲道的姻緣石，和太平山的蟾蜍石，都各有其神秘的歷史，而佔了香港名勝史上的次要地位

十丈的火石，山上而下，有一處石面下陷的地方，正對着九龍寨城西門，人可以舒適的坐在低陷的地方，還有地方踏足，這怪石就叫做「金椅椅」一。

至於侯王廟旁的鶴字石，和鵝字石，更是膾炙人口，侯王廟側，舊有一地大石，上面刻着火約一丈丁方的一個大鵝字，這便是有名的鵝字石。石上的鵝字，是一筆寫成的，字體作半行草，很夠氣勢，字勞刻有書者張壽仁的名字，他是九龍城的西頭村人，是清朝的秀才。

石的旁邊刻着一副對聯，聯文是：「古石書鵝篆逸少，名山媽鶴仰逋王」，是東官裝婺堂所書，鵰石時代是「光緒十三年歲次丁亥首夏中浣可惜在日敵侵佔香港期間，爲了開闢機場，此石曾被炸碎，移作別用了。

鶴字石在侯王廟的左背後，大小也相當於鵝字石，上面刻着一個鶴字一般大小的一筆鶴字●這個字的執筆者，署名叫做『鳳山』，字的兩旁，也刻有對聯道：「道古仙巖歸鶴嶺，侯乜勒鶴鑷籠鑷」。署名是桂樹黃潤華書。

從前，這塊石原本也可以一覽無餘，後來因爲侯王廟膨充，便把還石頭遮了一火半在廟後，現在荊棘環遶，藥登艱難，所給予游客的注視吸引力，已火火減少了。

香港・澳門雙城成長經典

134

HONG KONG

第

四

社

會

漢西洋服

裁剪合度

工作上乘

唯一優點：

名貴！

大方！

地址：灣仔莊士頓道九二號

亞駱服裝公司

電話四八七八二　灣仔道一一五號

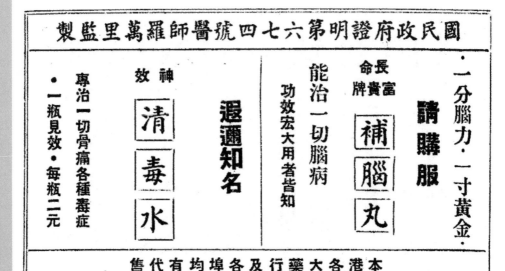

香港社會滄桑錄

秋雨

香港開埠初期的一般情形

香港開埠迄今已百有餘年，迥憶最初的荒涼情景，中間的迭經滄桑，以至最近十年間，經歷二次大戰，慘遭破壞，重復光明，邁步建設，以有今日，其間變幻，實至巨大，爰就故老憶述，而爲人所樂聞的，摭誌於次：

就現目情形而觀，中環區商業最繁盛的地區，所有中西各大銀行、各火公司、洋行、各種商店，均集中在這一區域，商店租值的昂貴，不值

香港原住民生活之一：輾穀 蕭淘作

第四章 社會

大道中，德輔道等處令人咋舌，即在橫街橫巷的鋪，把這些地帶用由妮濱築成地，然後開始實行填海計劃，漸多，故如爲避讓人民稠密起來，居住的人漸來計、乃或說在繁盛的地區。又戚靈頓街和德忌笠街一帶，初時均爲洋行所在地，那些洋行、辦事處和居主還是同在一起的。沒有像現在洋行的人員是另租地方居爲辦事的寫字樓，以前桑銀行公司寫住的。現在中環街市的位置，洋行與海的人員是另租地方居

後來本灣到皇后大道，其前門即在的懷下售賣魚菜，樓上是生果牛肉等。至於現在滙豐銀行所在的法國銀行。華於現在滙豐銀行所在的初是西商會的會所，後來爲養生發公司和幾間國外人的商店。華人行、滙豐大道那一方面，是昔日的高等審判廳，向必打街和那一間大道中的中間，從前有一個大輪樓，爲全港唯一皇后大道中的中間，從前有一個大鐘樓高達五層，不論那一處地方發皇后大道中的中間，從前有一個大鐘樓。

說到教育，在七十年前，香港大學還沒有設開大鐘樓高達五層，不論那一處地方發生火警，就由遺漏大鐘樓鳴起鐘來，約經立，故那時是屬無高等教育機關的，現在的香港三分鐘後，再用鐘整來表示火警的地點，大學堂地址，以前只是一片荒地，蕭濱澍不、莫如鐘響一下時，即是指火警發生的地點，應用審木後，教師繼上堂授課，當時的課程表，取出如鐘響一下時，即是指火警發生的地點，其上課時間，夏天在晨早六時開如鐘響一下時，即是指火警發生的地點，色尙昧夫亮，必得各就已位，排好紙筆墨，取出十足像我國的冬烘子曰館一般，沒有體育和音樂西營盤，響兩吓時，是指中環火警，擲三西營盤，響兩吓時，是指中環火警，擲三那兩課的，在這個時候，一般學生的家長，歷根吓時，即指滄仔以東的地區發生火警。至

香港原住民生活之二：浣菜　董洵作

兒就不知體育和普樂是何物，經學校有這兩課的教材，學生的家長也未必贊成。

至於公共建設，如供給居民食水的水塘，初時只有一個，這就是薄扶林道水塘，其次便是大潭水塘，其餘各水塘是後來因爲人口增加，經逐漸增建的，工程最偉大的要算九龍水塘，它的喉管由九龍透過海底通至香港，這一項偉大的工程興建，完全是因爲人口歷年激增，每年均有水荒現象，港政府爲減少食水恐慌，經計劃這次工程，它是在戰前不久完成的。

山頂區是指扯旗山即太平山的山巓和山腰一帶，在開埠初期，是劃爲禁區的，後來因爲人口日漸蒙多，各區住宅差不多都有人滿之患，英國人是素重衛生的，他們鑒於山頂區空氣清新、環境幽雅，向政府建議闢爲住宅區，港府經過一番考慮後，乃決接受是項建議，將山頂一部份區劃爲園林住宅，但規定只許西人卜居，對華人則暫不開放。其實在當時交通工具缺乏的時候，汽車和電車都沒有通行，即使開放與中國人居住，也是無人問津的，連當時請求開放的西人，到了正式開闢爲住宅區後，亦很少人願居於此，只有少數政府的高級職員，絕不畏峻嶺，在這區域屏居，但因山路傾斜，代步只有轎衆，而那些轎伕用兩人抬扛，還不能隨登客易，須用到轎伕四名，纔可以稍爲不甚吃力，故居住不久，乃感不便，後山頂住宅區始漸漸人多聚居起來。

九龍城方面，尙爲中國政府管理，設有中國武官一位，稱「九龍協台」，隸屬於兩廣總督。關於港九陸上交通，旣無汽車，又無電車，唯一代步的工具只有轎兜，其中雖間有馬車，但多屬私人設置，公開供賃者甚少，居民往來各地只有步行，人力車，在一八七九年纔開始有。至於香港與華北華中之間往來的輪船，遠航交通，並沒有定期班輪行走，每年在西北風起之際，即有大眼雞船由天津烟台裝載粉絲及雜貨等物，然後載囘貨物返天津和烟台，西南風起的時候，趕緊駛來香港或省城，等到翌年來行走，所謂搭客放洋，就是遠航大洋，其中驚險失事，常然所在多有，但有什麼辦法呢？在沒有汽船行走的時候，人們爲了遠航經商營生，可謂大利，故雖經歷風濤驚險，也惜不把生命作賭注，希冀僥倖寫一，誠登彼岸，達到目的，滿載榮歸。

九龍城方面，當時只有油蔴地與尖沙咀，而尖沙咀不過得洋樓數座，居此者寥寥無幾，油蔴地雖稍多人烟，但亦境況冷落，入夜後行人絕跡，香港與九龍水路交通，雖有小輪擺行走，但須隔半句鐘或一句鐘始開行一次，居民憾不便。是時電船又少，僱用不易，如乘小艇，則風浪時作，頗緻特甚，凡費時失事，來往旅客，均以戴榮歸。

香港·澳門雙城成長經典

香港大疫回憶　　潘孔言

第四章　社會

自一八九四年（即甲午）起，香港鼠疫盛行，患者證上多結核，故又名核子瘟，一名黑死病，傳染極速，起病後數日即死，百不治一，前後一運十年，每逢春夏之交，便爾發作。登醫束手，死人無算，香港潔淨局因有薰洗屋宇之舉，患是症者，遠鄰近左右屋宇皆須薰洗，以防傳染，防疫工作，至爲緊張，當日情形，思之猶有餘悸，茲就記憶所及，略紀如次：

一九〇一年五月三十一日潔淨局會議，決定九龍設一辦事所以管理薰洗屋宇防疫事務，並設防疫人員佳宿所，又灣仔管某鋪鯛魚涌患疫瀕盛，擬設水小輪一艘，牽引兩艇，一載疫者之人，一載疫之人，每日運至堅尼地城醫廠處留。

香港政府根據與飛關所簽訂之防疫約章，凡患疫者不許離境，以免傳染他方，故華人染疫後，皆不許離港，因此許多華人均紛向僑主辭職歸鄉，以避傳染，並聯繫政府，凡華人染疫者將准其歸鄉治療，但港府格於成例不准。

凡患疫者由政府強制另送醫院治療，患疫之家，予以薰洗，患疫而死者，其屍須藏以石灰然後埋葬，華人患疫者爲避免上述諸弊，故多隱匿不報，在家自行醫理，死後則祕密棄屍街外，政府乃多設巡查隊，以防棄屍事件之發生。

同年六月十四日潔淨局會議，其報告紀錄有云，二九龍倉奧請西醫治疫，今政府擬盍搭卷廠爲患疫就醫，又另搭一廠將起核之病者移居。

國家醫官在潔淨局提議，每日輪船搭客到港，擬在堅尼地城醫廠處留，則患疫者無須隱瞞，政府亦可得知患疫之確數。

潔淨局議員柯士賓，在潔淨局提議云：前期會議，總督提議淮華人患疫者在家醫理，當時予反對之，但今思之，認爲以淮其在家醫理爲宜，蓋淮其在家醫理，則患疫者無須隱瞞，政府即可得知患疫之確數，而病人亦可早得醫理。

八九四年迄今，未有妥善之法以治疫，一切辦法，徒使華人反抗耳，政府欲華人不潛進不乘屍，又欲知患疫之確數，自當委曲從俗，淮其在家醫理，並催其留家人三名以服侍病者，華人有病，則患疫者恆不願離開其家人，若移之於醫廠，則服侍者將代轉呈輔政司審查辦理，至其稟詞中所列理由六項，其思想之固陋，有令人笑不可仰者。如第一項謂：中國婦女，閨範嚴肅，婦女界尤感不便。

華人議員馮華川謂：治疫七年，未有良法，匪徒無益，而又害之，應淮病人在家醫理。華議員陳鳳台借議，華人均怕往醫院，何如照柯君之說試辦數月？但卒路醫生反對，不能通過。

是年中瘟疫盛，舊洗屋宇之例，執行極嚴，六月十五日潔淨局宣佈，由加咸街起至城隍街止，上至堅道爲界，下至威靈頓街爲界，薰屋用辟疫粉及藥水，由東華醫院派人協助以免華人恐懼。

惟當時民智未開，市民對潔淨局醫生薰洗屋宇之舉，認爲過於騷擾，婦女界尤感不便，有婦女數百人簽名聯案政府，要求將此舉取消。梁詞中列舉理由多項，同到華民政務司蒲氏案前，捧呈檢出立街前，衆目共覩，實至難堪。一若中國女子祇可藏於深閨，不許見人也者，是不獨使今之海國美人魚與跳板跳舞女聞而狂笑，即精爲通達之士，亦將不勝其醜異也。第三項所說：尤爲奇特，據謂未字閨女，深居閨室，洗屋時出立街頭，招人評論，將來難於擇配，始覿終身等語，閨女出街被人評論後，便不能嫁人，寧非天下之奇事？其餘各項所舉，大意亦不外如是，由此一稟詞

視之，足以想見當時中國之民間風俗為如何矣。茲將稟詞原文一字不易錄之如下：

「具稟華人少婦閨女等，諸多不便，乞恩變通格外體恤事：竊婦女等生長中華，睠夫寅港，深慕大英樂土，向荷帡幪，久沐闊家保護之恩，遠來近悅。乃聞潔淨局頒發薰洗屋宇一事，雖係與衛生起見，究者與我婦女等廢恥有關素仰蓋民若赤，不得不據寶懇陳，為我懲台粟呈棣昕陳之深屈也。凡屬婦女，私多週避。門前露立，偶有各種人，隨地深居，雖係殺人，倘多週節，何法可施，遑悔殊雜，常蒙出醜重也。所雜堆者各二也。（三）未字閨女擇配最為慎重也。若遇薰洗，一定坐居密室。此乞嫁者畏羞尤甚，將來擇配姝雜，有礙終身大事，所雜堆者三也。（四）胎產墮胎也。懷孕婦人，一遇薰洗，門前露立，諸多不安，最長風，所雜堆者五也。（六）嬰兒宜保也。乳哺小兒，日數十次，偶遇薰洗，露面宜深，此兒宜保也。（五）嬰兒宜保也。

所雜堆者六也。以上六節，乃婦女等實在難堪情形，而於胎產患病小兒驚搜數，猶恐可危也。故特乞恩變通，格外體恤，伏乞轉詳輔政司蒲大人台前恩准施行●西曆一九○一年十一月十八日謹稟」

查一八九四年所發生之大疫，數月之間，死者逾五千人，全世界所聞也，皆為震駭，香港島始家常便飯。港九兩地，更有不少公開設立之蔴雀寺，男女混雜，通宵達旦，競作竹林之遊。

一八九六年，港疫傳入印度盂買，延及各地，廿年來，印人因患疫而死者幾於無可統計，然攷香港疫症，則夕自雲南而來，港澳兩地，相距約九百英里，澳風患疫，一八九三年自澳傳至北海，翌年正月，至廣州，五月，至香港，時廣州居民遭其患者達十萬人。

香港之設立潔淨局，溯始於一八八三年，自一八九四年大疫之興，潔淨局始有減疫設施，至今尚仍其容，一八九五年，又設置衛生醫官，當時港中僑民居住狀況，惡劣無比，懷孕之由，未嘗無因，常大疫時，有自懷怡佗寶陶者，在堅尼地城醫院發現一種種膚病菌，決遂致疫嚴禁云。劉鑄伯則骨陳蔴雀之消遣遊戲，似不宜禁，設有開設女賭局者，禁之當不容緩，而後，港政府途繼研究，知此種細菌當由鼠子傳播，乃懸鼠鈴於衡心電桿下，中置火油，令居民捉鼠投投籍中，政府按日遣役取而途諸府然而腹賞格，競乘撥自專運微生物習施行檢驗，發覺有攜菌者，則按址施行防疫工作，頗著成效，近年患疫者已絕少矣。

蔴雀牌會遭禁議　孔言

三十年前，「蔴雀」牌戲在香港遂未盛行，諸多「蔴雀」牌戲在香港遂未盛行，民國之在酒樓俱樂部裏，祇是玩天九牌和紙牌，後，盡因港例不禁，人人皆可公開提玩，故視若狂，盡因港例不禁，人人皆可公開設立之蔴雀寺，男女混雜，競作竹林之遊。

猶憶民國初年，華民政務司夏理德竹擬禁玩蔴雀牌，當時據為民國七年二月廿一日，華民政務司夏理德召開國防局會議，國防局紳刊者有劉鑄伯、陳啓明、何澤生、何棣生、周少岐、茫潔平、黃金福、唐溥川、唐麗川諸氏，第一議案卽為擬禁玩蔴雀牌。但因劉鑄伯反對，該案卒未獲通過。

夏德理提出禁蔴雀之理由，據說係因賭博之風日盛，尤以玩蔴雀牌為禍害至烈，有由雙面聚賭者，亦有假住家作場招人赴博者。男女昏趨之若鶩，而女流日見其多，大家閨秀，富室妾姬，因玩牌而致破財敗德，如不從嚴禁止，遇漸將靡所底止。且港例旣禁賭，蔴雀不能例外，故主張嚴禁云。

劉鑄伯的看法則認為蔴雀為華人之消遣遊戲，似不宜禁，設有開設女賭局者，禁之當不容緩，如偵得賭局之當，禁之當不容緩，如偵得賭局者，獲者每頭賞洋二分，所在，或宜派洄環更繼會同警察頭緝之，但宜派洄環更繼會問警察緝輯之者，獲者每頭賞洋二分。而來，港政府途繼研究，知此種細菌當由鼠子傳播。所料有等圖利之徒，竟乘撥自專運所料有等圖利之徒，竟乘撥自專運輸增至五分，不料有等圖利之徒，以示懲誡。何澤生亦謂，如奢遮女賭局加厲賞，以示懲誡。何澤生亦謂，不特傳說賭路之女子，其丈夫亦應予以徵責，勒令悔改，否則遞解出境，夏理德指出此種女賭局外表如一大家庭，非難偵悉，必須各紳士協助，方能破獲，討論至此，原提案已被擱置，轉談其他問題。迄今禁蔴雀牌之議，再無提出者矣。

第一屆集團結婚

吳瀨陵

集團結婚的風氣，在戰後的今天，又逐漸復興起來了。香港的第一屆集團結婚，舉行過已經十年了。當時的情形是這樣的：

主辦香港第一屆集團結婚的，是青年會，籌備委員是傅世仕等。在婚禮不會舉什之先，開始宣言，開始說明集團結婚倡於義大利，我國京滬平津杭粵各地已經歷次舉行，大家都感到便利，因此也倡辦起來。次說明過去的婚制，要因時變通，而且集團結婚也不會違背古經，可以說是維新，也可以說復古，而能够折衷得宜。再次，對於旅港僑胞婚禮的奢侈予以抨擊而提倡一儉婚。

他說：……按諸本港婚奢，仍不出舊式婚禮與所謂文明結婚兩途：舊式儀節廠煩，費時失事，耗巨晷之金錢，徇無謂之奢際，古禮新知，兩無一當，固無論已。即所謂文明結婚，揚鷹舖張，亦寢成奢際，況中上之家，縱屬富裕之家，耗此巨量費財，猶可痛惜！況非千數百金不能了一婚嫁，貧戶財力不足，更不惜舉債……

在民國廿五年二月五日發出一篇洋洋二千餘言的宣言，開首即舉出集團結婚的四大利徵說：「……

一則省事而節用也。舉凡禮堂布置，結婚證書，與親禮請帖，拍照等項，均由本會代辦，而每對新婚夫婦，僅費十二元，且免除一切宗教儀式，婚禮之未曾寓目者，若以告之，則必嘖爲荒誕而不肯相信，蓋此集團結婚之法，即住居城市者，在未曾目覩時亦不信有此也，若以今日之有聲電影，繪影繪聲，將鄉村婦孺之未曾寓目者，若以告之，則必嘖爲荒誕而不肯相信，其理正同。此則尤非前人之所能夢見矣。

二也，次則集團行禮，連獨集團家親友於一堂，和樂融融，而率二十餘家親友於一堂，濟濟搶搶，同申慶似，復備集團結婚攝影，其集團家爲之主辦，復備正式婚普，既有社會團人作證，復具集團結婚攝影，其集團攝影，同申慶似，復備快歡忻之清，何止倍徒，親友無多者，更不所列畫宴宾師面觀，而非以恰有人親之，已不算平，工人監看一晚戲，已耗去整日之工資矣。

其利一也，次則將事之慎重也：凡嬪名參加者，既須親友事前填表署名，以昭懷重，復謂社會聞人爲之證婚，庶幾名正言順，無煩簡之嫌，親友過知，無時麻煩之謂，其利二也。次則婚近人士結婚，每車法律效果，但既由本會爲之主辦，正式婚普，既有社會團人作證，復具集團結婚攝影，片，婚事鄉軍，無逾於此，法律根據，自然倍生效力，其利四也。」

到二月八日。即正式舉行集團結婚典禮之前一星期報名參加的新人，已經有十六對之多，但因審查資格方面剔出五對，結果只有十一對合格，這十一對新人就在這十三那天練習集團結婚儀

四十年前的電影

孔言

自有製電影發明後，映畫戲在今日，有聲有色，可謂極靈奇觀，予幼時所見者，皆爲外國之時事畫片，或地方風景片之類只爲一試像片耳，活動者，迨活動密片到後，觀者驚爲神秘，將以爲人歌祭攝入鏡中，完全視現於銀幕之上，直與真戲無異，此則尤非前人之所能夢見矣。

香港在四十年前即已有影畫，其畫片皆來自英國，而港後尚未在戲院開演，只於街邊荒搭棚廠，以招收奢客，取攝雜分爲一元，五毫，三毫三等，但在當時人視之，已不算平，工人監看一晚戲，已耗去整日之工資矣。

下錄一段係滿光緒三十一年之影畫廣告，文中對鴉片之奇妙慘酷力描寫舖張，以炫觀衆，就所列畫宴師面觀，而係當時之時事實景，而非以怡有人飾演者，所稱「京城大火」不知是否指當日我國之北京抑爲英國之倫敦，其廣告題目爲「英國撒出色之生勁影戲初次到港」原文云：「歷來到港者以此影巨擘，鑒賞畢現，藏篋分明，佳景優多，不可勝數，隨君欲擴眼界，盡來觀乎，戲棚在中環街市對面，每晚開演兩次，座位上一元，中五毫，三毫三等，初九晚演京城大火，是真情氣景，以鏡自始至終，影術毫無遺漏，初起見呼號救火：旋見道路行人狂奔

（下文接一一八頁）

式，晚上七點半鐘在青年會禮堂舉行。這十一對新人就是：（一）霍國華陳炎娟，（二）許同度骨淡卿，（三）麥精奇冼瑞英，（四）吳景山薛瀚，（五）黎駒馮美梨，（六）周芯仁吳少薇，（七）謝美德譚惠蓮，（八）余燊利俞少芬，（九）李鎮秀周桂芬，（十）蔡子卿黃潔苏，（十一）甄國柱，周碧華。

這天演習，彷彿就是眞的一樣，從頭到尾，都依照正式舉行典禮那個秩序演習一遍，各對新人，在觀禮者的面前演習起來，不免有點扭捏担，新聞記者也就寫下了不少花絮來。

青年會的集團結婚委會爲了使結婚男女瞭解結婚以後所發生的種種問題，比方：人爲什麼要結婚？結婚在社會上有什麼意義？怎麼樣結婚的生活？夫婦之道怎樣解答的？這些這些，兩性的生理是怎樣的？都是青年未婚男女很想知道的，都是亟待解答的，因此計劃聘請名流學者，在集團婚禮舉行之前，分日演講，給與結婚男女以充分的明瞭，這對於他們（她們）的將來幸福，是有極大的作用的。

當時編定了一套演講的題目和日期，（一）二月九日下午七點半鐘曹思晃夫人在女青年會講「敬愛之道」。（二）二月十日下午七點半鐘，許地山碩士在他自己住宅室里，講「結婚的社會意義」。（三）二月十一日下午七點半，林承芬博士在青年會演講「結婚的意義和婚結生活的探討」。（四）二月十二日下午七時半，施文蔚醫生在青年會演講「女子生理」。這幾個名流學者所演講的題目，內容都是異常豐富面通俗，對於那些結婚男女，都有極及好的啓示。

到二月十五日，這第一屆集團結婚典禮，正式在青年會禮堂舉行，由當任青年會會長歐偉國致詞勉勉，新人魚貫進入禮堂，由於事前經過一番訓練，秩序卖然不亂。

當時那班新人，論年歲，新郎最大是三十五，最輕是二十一，論職業，職工佔了八對，新郎之中，有辍紀二，書記三，按長敎員各一，論籍貫，除了一個江蘇人之外，其餘全是廣東人。

（上海商業儲蓄銀行香港支行行長）任主席，德高望重的周壽臣爵紳任證婚人，並對十一對新人致詞勉勉，新人魚貫進入禮堂……

集團結婚風氣既開，社會人士均感興趣，去年十二月廿八日，中華書局香港印刷廠，更舉行了一次別開生面的集團結婚，因爲這些新郎新娘都是中華書局香港印刷廠所的職員，因這些新郎集團結婚，更有趣的是這些新郎新娘，也是在該局的主管人員担任，而男方主婚是中華書局印刷廠廠長趙俊，女方主婚是中華書局的監理鄭子健先生。中華書局這次發起集團結婚方式，也採取新辦法，由書局全體同人，每人科出禮金二十五元，全局有好幾百人，遣個數自然相當可觀。把這些禮金全數拿來供婚嫁實會之用，男女家用不著担心籌一筆結婚費，彼此也省得麻煩，又可共申慶祝，聯同歡敘。是日來賓到場名爲「銀幕」，即表示該地曾設製片場的意思。

：（一）袁剑云，朱伯普。（二）來志恆，董彩珍。（三）許象賢，沈祖生。（四）張惠林，尹舜霓。（五）蔡銀生，陳悅琴。

，火燄漸起，水東馳至，以梯救命者有之，裏巷逃命者有之，水車噴水，火勢冲天，使觀者一時如身臨其境，如簷在畫中，直至樓屋倒塌而止，誠不可多見之畫也；續演呂宋勇士鬥牛，十三晚演炮攻旅順。」

按：當時中環街市對面原爲空地一幅，骨臨時蒸搭作坡多利戲院及和平戲院，即現在之救火局地址，而在最初開演影畫時，連域多利戲院尚未有也。

香港最初的一部電影，也是中國最初的一部，是攝製於一九一二年的「莊子試妻」。那時有兩個美國人名布魯斯基（BROSKY）和雲威陸（VANYEZER）來港攝製新聞片。當時辦蕭清平樂及鏡非台影劇社的電影前來麥民偉，早已有從事電影業的野心。但他對於電影的技術，還是茫著，一個叫外漢。所以還遲不敢放胆嘗試，後來得他的友人張錯的介紹，獨識了這兩個美國朋友，有一次有意無意的商談到將一齣一莊子試妻」搬上銀幕，經過幾次實際的商談後，電影片拍製事業初明的艱辛了。

當那些影片攝製時，因爲沒有女性來照簿莊子的妻子，物色了許多時間，依然還是空著，後來由黎民偉太人扮，才能解決了女主角的問題。這部「莊子試妻」不致胎死腹中，可見電影片拍製事業初明的艱辛了。

「莊子試妻」播製完成後，黎民像乃和都海濟，陸靄伯和羅家樺等，共同組織第一個製片場的「民新影片公司」。場址是在銅鑼灣天后廟前，據說港府開闢那條街而命名爲「銀幕」，即表示該地曾設製片場的意思。

香港・澳門雙城成長經典

四十年來電影院沿革

陳世豐

近十年來，香港的電影事業，是常發達，英美各影片公司均在港設有辦事處，推廣出品的銷路，滬上攝製的國語片也源源運來，作為向南發展的第一站，同時，本地的製片廠商，為了適應一股中下階層的口味，亦陸續拍攝各種通俗粵語片，這樣，在各種中外影片大量集中下，香港的電影戲院便應時而生，紛紛開設，把這些影片循環輪翅放映，供給市民一種正常娛樂，便人們欣賞這種世界上的第八藝術。

香港電影戲院的成立發展，只不過是四十間的事，最初的影戲院的簡陋，和現在新型設備的影戲院相較，真是有天壤之別，這其間是經過無數的變遷和歷年的沿革的。

在四十年前，香港和九龍只有演劇戲院演出「大戲」（按：即是粵劇），並無放映影片的電影戲院，還時候英美運來的影片，全部都是一二百尺的短片，每屆夜售，即在街頭巷尾或空曠的地方架設臨時影場，這種臨時影場有的是露天，有的是用木架和竹撐起一列一行行，前面是座位，把長檯和椅子擺成一張張帆布，後面沒有戲器，只有兩個皮箱，一個裝載著影片，掛起一張日布作畫幕，影場四邊用布遮欄，僅留一個觀衆出入的門口，兩個伙計站在門口高聲

美國各影片公司均在港設有辦事處，推廣出品的銷路，當作看把戲，看怪物，後來影片漸戲改良，美國好萊塢的製片家大量拍攝講片，片長三百尺至五百尺，臨時影場已不火酒合，有些人見得是比照影戲院便首朱出現，院址在雪戚街一間戲院來放映，那一定得頭氣之先，大可獲利，於日南華西報之地址，為一長方形的建築物，只有地下，並無二樓，全院座位有六百餘個，設備簡陋，但總比街頭流動影場好得多，而且所快畫片為奇士東，生鬼主演之諧片，笑料豐富，情節簡單，並不複雜，況且有解畫員百般譬解，維妙維肖，觀衆對於劇情，心領神會，顏感興趣。然每屆換新畫，購券入座者甚衆，比照閃此營業甚佳。不久，砵甸乍街有一間城多利戲院開張，就是往日砵甸乍街的原有地址，該院為三屆建築，面積頗廣，內部佈置也頗講究，所有帶位雜役，皆穿制服，以示劃一，這是比較此照進步的地方。

娛衆，該院有時又兼演歌舞獨幕劇，或舉行歌唱

香港舞史

吳灞陵

香港之有舞史，到現在不過短短的十八年。民國十九年，華僑葉某，在港創辦中華跳舞學院，這就是香港第一家舞場。民國二十一年，舞跳學院之開設，已有二十多家。使道學先生們大傷腦筋。民國二十二年二月十六日，立法局議員布力架提出實問：一，跳舞妨害風化，警察當局注意到了嗎？二，香港九龍的跳舞場所有多少呢？答案時間怎樣？三，香港有沒有准許經營跳舞場的律例？政府有沒有制定律例的意思？跳舞場有沒有數字上的限制？當時警察司胡樂甫這樣答覆他：一，香港九龍的跳舞學院逐漸增加，是實。二，社會上誰有不滿意於跳舞學院之申訴。三，香港共有跳舞學院七所，九龍二所。四，跳舞學院開放時間和營業期限，並無限制。五，政府現在正制訂法例，加以管理。同年七月十三日晚上，警察突然發令，所有跳舞學院必須在午夜十二時停止。同月十八日跳舞學院以「收入減少」為理由，要求延長跳舞時間，但不聽准。

民國二十二年十月十二日，立法局才通過跳舞院管理條例，其中六大要點：一，凡備公開跳舞用的場所，都作跳舞院論，須領執照。二，持照人須填報每月二十元，每年一百二十元。三，舞女及其他僱員，十五歲以下者不受僱或所聯跳舞。四，延長跳舞時間，須照章納費，一小時十元，兩小時三十元，三小時六十元。五，不許在跳舞院裏賣酒和伙酒。六，在跳舞院裏，不得以出租賃衣服，不得作無聊的跳舞和舉動。

會。以爲調劑，在當時，城多利戲院是一間最高尚最貴族的電影院，觀衆以外國人與富貴人家，差不多佔七成以上，其餘便是高等華人與富貴人家。至于普通市民，那就光顧比照，其他勞苦階層，則只有仍到流勤影場，參觀那些短片舊畫，他們自慚形穢，不敢進入城多利戲院的。

除了城多利影院外，中環街市對面，即現在滅火局的地址，從前是建有一間影戲院的，院名爲「奮派亞」，建築形式不足像一間貨倉，上蓋是金字式的鐵架，四週砌着磚牆，院內一切佈置，比不上城多利的華麗，而所放映的影片皆是二手貨，庫價分賣半毫兩毫二種，觀衆十之七八爲中國人，外國人甚少，只有水手和土兵綠偶一光顧，那就是城多利過縷合他們的情形。

上述這三間影院各有各的觀衆。在中環方面即起而三，街頭的流勤影塲漸漸受到淘法。人們開始覺得電影演出的眞切和佈景的偉大，比之導劇是另有一種看法，由此對電影發生興趣，三院的座位也常常滿座，還就是香港電影戲院初期的情形。

九龍方面首先建立的影院爲油蔴地之廣智戲院，收費五仙一毫二毫，爲對海平民的唯一看電影場所。不久，香港方面的奮派亞戲院改建爲和平聲院，城多利戲院亦同時拆卸，改建爲現在的參棧行，也就是滅火局的前身，城多利的主人乃可以說是影院的全盛時期了。（完）

轉移目懷向九龍方面發展，在尖沙咀開設景星戲院，再過數年中環新世界戲院落成，但這些都是二等戲院。香港的電影設備方說得上已具現代化，直至皇后戲院開辦，香港的影戲方設備未臻現代化的話，皇后戲院的原址本爲寶古董顧繡件的商店，後來有一位經理西客的商人看見影戲發展，無可限量，於是招股集資建築時代化的皇后戲院，落成開業，其他各院營業爲之失色，一般商人知到經營影院可獲厚利，乃集資在華人行對面的建築一間娛樂影院，娛樂舊址是四間次色的建築物，商店有鳥利文化商店，養生發洋服及日用品公司，一間猶太人開設的商店，威士文餐窒亦同於此，娛樂的建築比皇后更堂皇，設備地更現代式聲機，大量放映有聲片，聲音開始流行，兩院均裝置新，正在這個時候，

娛樂的建築比皇后堂皇，設備地更現代備，一屆炎夏，觀衆更見擁擠，未幾，對海的平安戲院亦着手興建，外表的美觀以及院內像俱設備更莱賞。平安與娛樂皇后同爲放映外國影片的戲院。新世界則放映國產影片，藥爲人愛好的娛樂，由此可想到在宣傳和教育意義上，廣播台站在如何重要地位。一九四七年度香港夕府支出預算書中，廣播台佔去的數字是一七六，四○八元。

這是影院的黃金時代。各響劉院如利舞台、中央、高陞、太平等，也和糟裝設聲機，演劇之外，復映電影，至此影院業更日盛發展，二等戲院更紛紛成立，男女老幼競膈騎觀看電影，迄至現在，很受到收音用戶歡迎。

香港的播音娛樂　西舟

曾經有過一位城市學者說過：收音戶愈多的城市，就是愈進步的表示。如果大家同意這說法的話，香港比這前是進步了。大約廿年前，中文ZEK與西文ZBW廣播台開始在鄧文局大廈成立，廣播台自始至今一樣竭于鄧總公司轄下的，中間曾有商人問辦設立，但是香港法律並不容許。政府中西廣播台在郵政局火廣期間，比之今日顯得形式的規模，就是所謂「小亞見大亞」這話也不爲過，每天不過由樂國片來應付，最初期各港收音戶不甚需要，居民既未予重大注重，有了音樂團體的播音後，不過當時沒有多犬人員顧意增設播音台去。

十五六年之前，播音台還沒到羅士打酒店三樓去，擬設陸續擴充，迄今已成爲廣大居民獲取娛樂與智識的源泉之一，需器店裏各式收音機代替了十年前的留聲機，播音事業發達，使唱片公司與留學機受到嚴重打擊。

日本人佔領香港，曾利用廣播台傳佈煽惑宣傳，由此可想到在宣傳和教育意義上，廣播台站在如何重要地位。一九四七年度香港夕府支出預算書中，廣播台佔去的數字是一七六，四○八元。

現有唱片僅約六千葉，ZBW約一萬隻強，因此ZEK不時會在不長久的四間內火播收同一唱片，ZBW爲了補救這一缺憾，在新唱片未得大量供應時，自行播片，復員至今，自灌一百多張，很受到收音用戶歡迎。

遊樂場興替史

陳世豐

香港開埠後，居民日漸衆多，娛樂場所乘時崛起，四十年前，各業劇戲院和電影戲院就應工商村，紛紛設立，居民白天的辛勞疲乏，就在晚間看戲那幾個鐘頭裏消失，娛樂事業對於公衆的健康是有所裨補的。當時有些紳商認為一個現代化都市的香港，人口既那麼多，興辦娛樂事業，是大有可為的，但顧及建築一所規模宏大的遊樂場，裏面除了演戲映畫之外，還包括其他富有娛樂成分的遊戲，以便容納衆多的觀衆，各適其適。然而建築這一所娛樂場，必須有廣大的地段和優美的環境。然後總可以盡善盡美，正因為地點沒法解決，這個計劃便胎死腹中。

在這個時候，大規模的遊樂場所建沒法實現，但却有一所小規模的私人遊樂場出現，這就是黃泥涌道的「樟園」。它原是一間私人別墅，依山建築，環境幽雅，規模雖小，但裏面陳設簡潔，布置得井井有條，植化頗多，復有盆栽藝景。遊覽其間，尤覺生色不少，樟園主人頗好客，每居週末或休假之日，常約友好到樟園遊玩，並羣賢畢集，吟詩、猜謎、下棋、酌酒，騷人墨客頗多留戀忘返，有些朋友以此地花木宜人風景佳勝，實為熱鬧市廛中不可多得的園地，乃勸樟園主人將之公開，闢為遊樂場所，公諸市民，一方面既可與衆共樂，一方面又可有所收益，一舉兩得，本來這是最好不過的。但樟園主人以如果闢為遊樂場所，不免繁雜喧囂而且內部須改革經一番，究不若半公開式，只開放與親朋戚友，其他閒雜人等，則概不招待，候將來逐步改革擴充，然後才正式營業。於是，他第一步先把園內整頓，添置一些藤椅，擺列在空曠的地方，另在花葉樹下，安放用人工鑿成的石凳，並購備酒水餅食花生瓜子等類食物，以應到遊客人的需要，初時到樟園遊覽的僅限於園主人的新交舊好，或經由相識的人的引帶介紹，亦受到歡迎，後來即使是不相識的人也到來逛了，園主人見得這些人遊園的熱忱，也就亦樂意招待了。這所樟園雖然不是正式開放營業的遊樂場，但它已具備了遊樂場的雛形，可以說是開香港遊樂場的先河了。

過了不久，有志於娛樂事業的人眼見樟園遊人如堵，絡繹於途，見獵心喜，認為這一事業大有可為，乃集資興辦，地點就在樟園左近，即現在養和園鄰東那一地段，取名為「愉園」，它的面積比樟園大上幾倍，裏面所植的花卉尤多，一草一木，都經過人工的整飾，故整齊劃一，頗為美觀。此外，復有亭台樓閣，水池石山等雜綴其間，益增遊趣。園內除兼賣茶水餅飼外，又設有酒食肆，所售茶式，價目不貴，與外間小酒家價格相等，故各人遊興闌珊，多就此食肆作小食小飲，營業亦頗不惡。每屆炎夏，愉園遊人倍覺擠擁，肩摩踵接，熱鬧非常，電車公司為利便遊客，特闢「愉園」一站，派有電車來往，可見當時遊人之衆，迄今此種掛有「愉園」牌子的電車仍有行走，但「愉園」已沒有了，便人興有今昔之感。

愉園體比樟園較具規模，然僅有花木亭榭假山頑石等人工堆砌或天然的產物，只可供人遊覽賞玩，至於遊戲玩具，則兩園均付闕如，一般遊客對兩園的批評，俱認為「遊側有餘，樂則不足」，於是有些娛樂商人為迎合大衆的要求，乃在西環方面建設「太白樓」，裏面除花卉樹木之外，一切設備均富有遊戲成份，如木馬旋轉機，詩謎競猜等，均為一般人最感興趣，又建築有一池塘，置有舢舨十數艘，供人租用，每當炎夏天氣，月白風清之夜，戀愛男女，颺喜租用，互操木槳，泛舟池中，情話綿綿，別具風趣，遊樂場內亦設有食肆，有咖啡紅茶，有中西餅食，亦有鹹味小菜，可供下酒，遊人於遊園玩樂之餘，多就此間食肆飲茶喝酒，故生意顧佳，太白樓因有游藝玩具等項設備，吸引遊客特多，電車公司晚開加派車輛行走西

環，以利遊客，是時樟園憶園相形之下，倍覺冷落，樟園原爲私人遊樂之地，本屬半公開性質，目的不在營業，故無何實大影響，惟憶園則爲一正式遊樂場，一切開支，皆靠收入維持，一旦遊客銳減，影響收入甚鉅，所以能爲吸引遊客，主要爲各種有獎遊戲，其主事人鑒於太白樓之演關勝地，園園分照東西兩區，竟久各有其基本遊客，營業互相伯仲。

之後，復在報上刊登宣傳廣告，果然，經過此次改革起效尤，在園內增設風槍射擊場及猜詩謎等遊戲，於是覆

逐二十年前，香港人口因受內地戰亂影響，日漸衆多，商業亦方面，亦日益繁榮，名園莫不具備，且其地近海，仲夏月夜，海風習習，暑氣全消，尤爲遊人所愛蒞止，每晚遊客之多，幾乎太白樓愉園之上，電車公司爲營業起見，又增闢名園主事者最見可作爲，乃園門旁業，由是利園名園紀錄，此時賣爲遊樂場的黃金時代。

「名園」，因建築新式，設備應有盡有，凡太白樓與愉園所有之遊戲玩具射擊場等，名園莫不具備，亦有偌拾級面上，曲徑通幽，園內山上，轉出即豁然開朗，直達各遊樂場所，復有不少羊腸小徑，匠心獨運，橢蠆曲折頻饒，有劇場，水池石山，朔上一些泥像人物，園中復有映畫，幻術，火力戰，及搜羅一些奇奇怪怪人物馬獸，陳列供應人參觀，如�			變頭大蛇，老虎，以及孔雀，貓頭鷹，大鈉蛇，老虎，金錢豹，鱷魚等，亦頗爲好奇人士所歡迎，故其營業亦頗不惡。

由於世界的進化，人類的進步，思想和喜好的轉變，遊樂場漸漸不爲人所樂愛，在利園開辦的時候，游泳場，影戲院紛紛設立，這些都是時代的玩兒，跳舞場，電影院紛紛設立，這些都是時代的玩兒，摩登男女既相趨倘。他們在暑天到遊樂場的目的是爲納涼消夏的，則向向游泳場來浴海風了，如果是爲游看幾或娛樂的，他們改看電影院和跳場了，至于舊式人家和古老頭腦的人，他們根本就不需要遊樂，遊樂場對于他們是可有可無的，其中有些是愛聽歌的，他們又轉到戲院看粵劇和上茶樓聽歌伶了，那麼，門又轉到戲院看粵劇及遊樂場收前去。

遊樂場主要顧客的時代男女既然改變易幟易有行樂消閒的去處，遊樂場便營業冷落到不堪，正是「門庭冷落車馬稀」了。結果是難以維持的，只有關門之一途，所以，成爲遊樂場巨擘的利園，在這種不景氣的情況下迫得停止營業，其他小型，主事人宣佈結束。此時碩果僅存的只得名園一家，市民視此爲唯一消閒勝地，故名園遊人如鯽，

在名園到利園的一段期間，港中復有幾處小

營業鼎盛。已故港紳利希愼以此種遊樂場係爲市民所需要，而全港僅得名園一處，且地點又偏處北角，交通不甚方便，當非市民行樂理想之地，乃計劃獨資創設一規模偉大的遊樂場，建設務求現代化，包羅各種遊藝及娛樂器具，於是覆其中，如置身樂園，流連忘返。適是時利氏正向政府投得銅鑼灣渣甸山公地，乃立意將此山開闢，先將岩石峻峯炸平，砍伐叢林樹木，然後勤工建設，亭臺樓榭，因應地形建築，奇花異卉，搜羅過植，朔上一些泥像人物，園中復有有劇場，畫院，遊藝場，酒樓茶廳等，落成之日蔚爲美觀，定名爲「利園」，入門值爲一科坡通道，可容汽車出入，有偌拾級面上，曲徑通幽，轉出即豁然開朗，直達各遊樂場所，園內山上後不久，游泳場，跳舞場，電影院紛紛設立，這些都是時代的玩兒，摩登男女既相趨倘。

規模的游樂場所出現，如先施公司天台，美洲酒店天台，皇后酒店天台等，這些游樂場名稱上雖然是遊樂場，但並沒有什麼節目，主要是唱女伶和由三數個常担任演出的短劇或者白話劇，其中以先施公司比較稍爲美備，先施游戲場包括六樓和天台，除演唱女伶外，還有映畫，幻術，火力戰，如變生男女，雙頭人，大頭人，長人，矮子，以及孔雀，貓頭鷹，大鈉蛇，老虎，金錢豹，鱷魚等，亦頗爲好奇人

石塘憶舊　孔言

香港早年，花團錦簇微歌買醉之場，乃在水坑口非石塘，後來中上環商業漸盛，政府始令妓館移邊石塘里，妓形熱鬧，酒樓亦隨之遷移，冷落之石塘，驟形熱鬧，顧改豪觀，當時有觀海酒樓者，乘時而起，新張啟事，猶能憶及，錄之以見當日之風光燦爛，最能撩人欲醉也。啟事云「原夫劉伶快事，能解五斗之醒，李白狂豪，拼買千金之醉，故糟邱麴部，騷人每藉以遣新，北海樽罍，遺編未遠，斯則及時行樂，不減風流，作興郭是逃墟，郡或雅聚平行，右，笙列中西，亞字可圖，亭前冰映天一色，玻璃左右，雲橫瀑布齊飛，別有洞天，眞若瑤光之愛我，雲借湛盧，或擧杯邀月，恍把桂枝而來，名花定知有主，好燈雲桂枝而來，少綠蟻綠，細嚼酡紅，伏惟瀑顧問能可，恰好賢粉來，細嚼酡紅，伏惟瀑顧問能可，快哉，信可樂也。海雲交錯，艦式玄問離可，快哉，信可樂也。客如不速，將見蛾成酩德，是所厚望於諸公，君就食經，敢求是所厚望於諸公，君就食經，敢求花成賦，句擬蟬鳴，聊盡竹報，倘新吊花成賦，句擬蟬鳴，聊盡竹報，倘新早光日下午五點鐘開設也。

石塘唱歌盛時為一九二〇年以後，蓋是時第一次世界大戰和平之後，香港商業蓬勃而有生氣，造成石塘之繁榮，故其時，乃有金陵廣州等酒樓之嚼興，燈紅酒綠，熱鬧非常，今則遠遜當年矣。

重慶戲院

除了上述的樽圍娛樂場以外，地址在普慶坊，即東醫院對面。為富人周更生的物業，後來不知何故，把一座高牆，另一家就是當時香港僅有限家戲院，一堵高牆，另一家就是重慶。太平戲院，則在堅寶由水口邊到石塘後重慶戲院的建築，式樣古老，陳設簡陋，殷始由商人源杏翺集資建築，相隔頗遠。使迄今猶在，也要受到工務局或衞生局干涉，勒了戲班難寬的原故吧。（孔言）

史也有一述的必要。但執香港途人而問之曰，重慶戲院在那裏？恐怕能夠知道的，為數極少。我告訴你，這是西五十年前的大舞台，地址在普慶坊，即東醫院對面。為富人周更生的物業，後來不知何故，把牠拆毀，改建民房，所以牠的遺址，很少人知。當時香港僅有限家戲院，一堵高牆，另一家就是重慶。太平戲院，則在堅寶由水口邊到石塘後重慶戲院的建築，式樣古老，陳設簡陋，殷始由商人源杏翺集資建築，相隔頗遠。使迄今猶在，也要受到工務局或衞生局干涉，勒了戲班難寬的原故吧。（孔言）

香港有一間重慶戲院，它的歷

因各屬地方安靖，他們都下鄉開演，當時戲班雖多，但情迫一個乞米養姑的節婦，忽然烏天暗地，大雨滂沱，含冤莫白，開演不久，所謂於聯公，著就食經，敢求忽然烏天暗地，大雨滂沱，觀衆又說天也為那節婦哭了，當時觀衆知識水準很低，說來可咽。回復。又一次，公演劇本為「滿宮斷節婦」，劇經戲院職員盡力鋪張，重整蠟燭，秩序始告俟多情，必稱得慶花以俟，將見蛾成酩德，是來，經戲院職員盡力鋪張，重整蠟燭，秩序始告一次，公演「包公審郭槐」這套最能叫座的氣燈因為還不普遍，戲院裏的氣燈也供點綴而已。二次，公演「包公審郭槐」這套最能叫座的戲，看客擠滿了戲院。蠟燭忽然盡行熄滅，觀衆大起驚慌，說是包公驅逐鬼怪的現象，一時鬼話連篇，驛勤起來。

當時香港還未有電燈，戲院多祇燃蠟燭，謀氣燈因為還不普遍，戲院裏的氣燈也供點綴而已。二次，公演「包公審郭槐」這套最能叫座的

炒黑市戲票之風，當年尤烈，重慶戲院的座位，並無編號，較好的座位，開演時早已被人用長繩圈繞着，持票入場的人，欲得較好座位，再要站着看看戲。入場券不貴，祇收一兩文錢，買婆付一次買廛費。否則祇有坐後邊的位子了，甚或要站着看戲，祇收一兩文錢，入場券不貴，卻比宏價加倍！

今改建的。戲院裏舞台前兩條柱，高掛着一副黑底金字對聯，筆劃挺健，不知出自何人手筆，聯云：「錦慕千重，此地即寫常樂院。寬裳一曲，承鸞仙同詠大羅天。」聞是名孝廉葉氏所作。

第四章　社會

的天台遊樂場更加無法支持，也相繼的掩旗息鼓，晉況奢絕，這就是香港遊樂場由一蹶不振，而至于消聲匿跡的經過。

迄今多年，中間曾經淪陷，以至灰復員的今日，遊樂場仍杳無恢復音訊，當覘往昔各遊樂場的舊址，則面目早已全非，只足供人憑吊，如早期之樟園，已成廢屋選集，愉園與荔園曾一度由電影公司租作片場，至名園與桃園曾中輟，一部，太白樓亦已建築民居，但均以不甚適用而中輟，今則分賃與入，或蓋搭木屋作居停，或建築看室作堆棧，憂草叢生，殘破不堪，昔日繁榮風光，已付流水，撫今思者，誠有人面桃花之感，古語謂「滄海桑田」，世事任多變幻，蘇樂場所之那能例外呢！

使迄今猶在，也要受到工務局或衞生局干涉，勒了戲班難寬的原故吧。（孔言）

香港的賽馬　程輊

香港的賽馬，到而今已經有九十年以上的歷史了。遠在一八五七年，英國倫敦「泰晤士報」的特派駐華通訊員科克（George Wingrove Cooke）曾經寫過香港賽馬情形的通訊，那一篇通訊，繙譯出來，是這樣的：

『如果要看良好的，停勻的，舊花樣的賽馬，其中沒有橫衝直撞，勒馬承韁，而每一匹馬都是為著競勝而出馬的，恐怕到香港來，才可以看得到了。一個倫敦人斷不會看得到這遙遠的小島賽馬那樣的熱鬧刺激。這是商人們唯一的假日，他們花了很多的錢，從世界各地採購來了許多馬匹，訓練牠們競賽。當我第一次看見「快活谷」賽的賽馬，我們幾乎忍不住的嘆著，還是整個世界裏最偉緻的地方。司令台，看台，馬廄，章場和一切的設備，加上那使人不忘懷的午餐和香檳，一切一切，都是第一流的。

快活谷」和「維多利亞城」相距間的一英里半的馬路上，在賽馬日那天，擁擠着車輛，騎士和行路人。』

香港賽馬場

經過了九十年以後，今日賽馬的熱鬧情形，幾乎和科克當年所描寫的差不多，不過，經過了一場大火災之後，賽馬場的建築已經改成現代化了，鋼筋三合土的建築物代替遙官編紮的看台。一切的設備都隨著時代改善了。雖然或許不能如饒景緻所說的地方，但平情而論，賽馬場可以說是香港這個小島上的美麗地方。

除「建築已變成現代化」以外，賽馬會今日和當年不同的，就是今日賽馬會的會員包括許多國籍的人士，當年出賽的馬匹，主人和騎師都是英國人，現在卻有不少中國和其他國籍的人做了馬主和騎師。現在香港的馬籍的人做了馬主和騎師。每兩星期一次的賽馬，吸引着盈千累萬不同國籍的男女，倘如一野草燒不盡，春風吹又生一也。

四十年前烟民統計　潘孔言

四十年前，即一九〇八年，英國人討論封閉香港鴉片烟館問題，卜力爵士為這問題，曾致函太晤士報，（是時卜力爵士卸港督任）發表這樣的批評：「據香港輔政司調查各烟館的情形。一九〇六年，香港（新界在內）居民共三十一萬九千八百〇三人，十五歲以外者占二十六萬二千三百八十四人，鴉片公司將鴉片賣與各烟館，然後由各烟館零售，若將烟館封閉後，該公司亦可將鴉片直接賣與烟民，公烟館計共一百〇五間，二烟館共九十八間，吸公烟者共七千二百二十八人，二烟者一萬〇八百四十人，吸二烟者七千二百三十七人，在家吸公烟者一萬〇八百四十人，若將各烟館封閉，則鴉片公司侔年所受之損失當四十萬元，現香港商場在烟館吸公烟者七千二百三十七人，在家吸公烟……」。按，此項報告，完全係關於吸鴉片者，大約係增清淨局各費，而九廣鐵路又需用巨款，兌現正擬加比前顯有漏色，照業賠償鴉片公司損失，則政府無此財力……」。按，此項報告，特別標明十五歲以外之數字者，因十五歲以外的人，才抽鴉片的緣故，想當包括女性在內。數字並無男女區別，惟當日賽馬會的會員包括許多國籍的八士，戰後香港禁煙，烟民數字當已無從統計，惟事置上港九兩地私烟館秋立，雖屢經警察人員破兩星期一次的賽馬，吸引着因黑社會勢力之不易肅清，故私設烟窟，故私設烟館。

擠滿看台在那裏謀求刺激。賽馬已經不是當年的一個愉快的節目。

秋國商人的專利的娛樂，實在已變成了香港的一

尋求刺激是人類一種慾望，今天，香港雖然

香港大賽馬之狂熱情形

已經有放映各種類電影片的電影院，雖然有鏡頭緊張的足球比賽，雖然有音樂和舞女都能夠引人的跳舞聽，雖然有水門汀的「溜冰場」，雖然有使人留連忘返的美麗海浴沙灘，雖然有……週來假期的消閑去處，但是賽馬的刺激特別緊張，比其他娛樂所有的刺激特別足，所以許多人們都不肯放棄能够使到尋求刺激者感覺滿的機會，因而造成賽馬場的熱鬧場面。

在這個世界上，香港賽馬會的組織雖然不算得是規模最龐大。香港賽馬場的面積和設備雖然不能够說是最大和最完全，可是，在世界賽馬史上，香港也佔了一頁。最低限度，香港保持着遠東的美麗賽馬場，能够吸引還遠東和遠東其他地方人士對這賽馬場的注意。

清光緒卅一年的餐單　潘孔言

戰後物價騰貴，高出戰前六七倍，更有高至十倍的，若油若米是也。到餐館吃餐，戰前三二角錢可以果腹，今則非一二塊錢不辦，且此係就戰前數年物價與現在物價比較而言，若追溯數十年前物價與現在物價為一比較，其距離之遠，真如兩個世界，幾令人不敢置信。偶檢舊報，見有清光緒三十一年之鹿角酒店餐單廣告，茲為轉錄如下，單中所開食料之豐與取價之廉，比之今日各餐室所售者正不知相去若干倍也，一般老饕觀此，其亦饞涎欲滴否？

光緒三十一年二月鹿角酒店餐單

小餐九毫菜色如下

（一）蟹肉津絲湯　（二）焗鮮魚　（三）牛扒　（四）茨仔合翁　（五）香茄蛋　（六）燒豬排　（七）冷火腿　（八）冷肉　（九）架厘蝦　（十）拾茨仔　（十一）椰茶　（十二）架飯布甸　（十三）夾餅　（十四）架啡　（十五）糖茶　（十六）牛奶　（十七）之士　（十八）鮮果

大餐一員菜色如下

（一）吉士豆湯　（二）炸魚　（三）燒白鴿　（四）炸西雞　（五）火蝦巴地　（六）路粉鴨肝　（七）燒牛肉　（八）拾火腿　（九）凍肉　（十）架厘奄列　（十一）拾茨仔　（十二）會葸蔔　（十三）糖果布甸　（十四）杏仁餅　（十五）炸香絲　（十六）架啡　（十七）燒茶　（十八）牛奶　（十九）之士　（二十）鮮果

香港百年史（一九四八）

151

香港華僑體育發展史

李惠堂

余生也晚，對香江僑胞之從事體育，究發軔於何時，茫然未識。輕翰聞諸叔父老姆婿談運動掌故，津津有味，因略知本島青年之士，對新時代體育之醵會，實不出五十年間事也。

遞清末葉，海禁漸開，歐美之風東來，英之足球網球三木球曲棍球美之排球籃球藝球田徑游泳諸式運動，遂藉青年會與學校之媒介，為吾僑華學子所認識追隨，奠定新時代體育之興趣基礎，此及鼎革，國人思想澄清，深恥病夫之辱，知非強民強種，不足以競存於今世，於是學生以外閒實亦蓬勃以興，爭以運動競技為風尚，離校學子，亦相率組織體育團體互作友誼切磋，藉以喚起守望相繼，體育會社如青年會，孔聖會，琳瑯繽紛，南華體育會，精武會等紛紛以球技國術互相號召角逐，而學校中以運動著名者亦比比皆然，如皇仁，聖約瑟，聖士提反，育才等校其間校際爭逐之劇烈，興趣之濃厚，方諸今日，不遑多讓，香江早期體育技之嚆矢。比年以來，賴前驅者之提攜摩礪，後進之超卓技能，出席全省全國以及於遠東火會，風氣所趨，

中於足球一道，其普遍性與吸引力，遠非其他運動可望其項背，今日足球競賽之能萬人空巷，港僑水準之能雄視東亞，非無因也，余幼即愛蹴踘之學，廿幾年復身歷戎行，故球壇之興替盛衰，且多能辨別藝術之優劣，深明欣賞之道，其番僑體育日盛普及日益進展之最大樞紐，淘年來演變中最顯著之好現象也。

稱霸而全雄冠甲組，由一隊參加而至二十隊，由乙組普遍，以迄於今，足球團體風起雲湧，由千百觀衆而至一二萬人，前者鹹禁子弟之家庭，今且極盡獎勵誘掖之能事，一般達官貴人，版夫走卒，以及於深閨婦女，亦蔚起而談之若鶩，

夫香江華洋雜處，僑居外人或英美軍隊，無不癖嗜運動，且因地理優勢成僑交通要衝，外來體育使節，絡繹於途，從國際性之友誼角逐，引起社會特殊興趣，此香江體育發展之較他地事事半功倍易於推進者，良有以也。足球以外，凡經游泳排球籃球網球稀球諸運動，亦以從習較多，人材輩出，出類拔萃者用能代表吾國踏登國際競技場合，一顯好身手，他如曲棍球三木橄欖球等，間以國人與味未濃，發展逢逢受乎

標錦之奪爭賽球港香為「牌銀別特」

滄桑百變，幾盡親聞親見，歷歷如在目前，了然於胸臆中而不能磨滅，因知校際足球錦標，實始創於一九〇五年，民國四年，孔聖及珠瑯兩台濟精銳於一堂，成今日名聞遠東之南華，競遠於本茲，樹與腕起類之先聲，是為僑胞與歐西人士正式抗港乙組循環足球賽，是為僑胞與歐西人士正式抗

士，亦堅望焉丟之，因嗜好不同，發展逢逢受乎，然時至今日，吾港僑體育之能昌明發達，社會風趣之日益提高，激底認識體育建國建民之要義，樹與腕起類之先聲，是為國內精英大都市之個導楷模，是則體育界披荊斬棘之前驅，亦可笑臉相覷，點頭稱羨，認為早年心血精力之未虛耗，寶貴光陰之未浪擲耳。

之發達，已為吾國造就不少國際代表良材英拔，洞仔，育才等校其間校際爭逐之劇烈，興趣之濃厚，方諸今日，不遑多讓，香江早期體育技之嚆矢。比年以來，賴前驅者之提攜摩礪，後相覷，點頭稱羨，認為早年心血精力之未虛耗，學者之努力追蹤，不特水準逐漸提高，風氣亦日談香江體育者孰不知港僑之目光與興趣盛集。

香港球賽與球迷

程擊

香港中西球賽常見之緊張鏡頭

足球賽雖然是發祥於英國的一個體育競賽，但而今已經成為世界化的一種體育運動。在遠東，足球賽已經成為比較熱球，排球還得更大擁護的一種競技，英國式的足球運動在遠東發展，的確可以證得「方興未艾」。

香港變成了英國殖民地之後，遠東八定住在香港的英國人接受了足球比賽的觀賞，跟着還一種體育運動便傳播到遠東各大都市去。不過，因為歷史環境的種種關係，足球運動在香港邊把握着潛在發展的機會。

足球競賽在香港已經成為一種通俗的體育運動，這裏的居民，不論國籍，不論年齡，不分男女，對於足球比賽，總能夠有多少的認識。單看足球競賽是怎樣熱烈的支撐。

足球比賽吸引着各階層社會的觀眾，看球的目的大多數祇尋求刺激，這，可從球藝不高強的球隊比賽時觀眾特別寥落的現象，應得證實。除了那些職業者（包括體育記者，球隊主持人和球員）以外，一般看球者誰不爭看那些球藝高強，實力相埒的球隊比賽？為的是：過程中激或緊張的場面，才能在此賽過程中澆或緊張的場面，給諸沒有足球那麼聚張。

高爾夫球場

程擊

英國人統治了香港以後，一方面把這個荒蕪的小島開闢成一個現代化商埠，一方面把這個東方小島變成了小倫敦的生活搬到這裏來，使這個英國人愛踢足球，足球運動逐漸的也在香港發展起來，倫敦方面有大賽馬，到而今，賽馬已成為香港的一種熱鬧的週末秩序。倫敦人到了香港，除了上述熱鬧有話不同以外，在一般生活上甚至英國人愛玩的高爾夫球，在香港也可以說玩得到。還裏的地方雖然比較英國少得多，可是，在這裏，我們還有三個相當可以的高爾夫球場，在戰前，那些懷念着視國生活方式的英國商人們，調末假期視郊外的高爾夫球場玩高爾夫球的，人數倒也不少。

這四個高爾夫球場是在九龍新界的粉嶺，香港島的深水灣也有一個相當美麗的高爾夫球場。香港島的高爾夫球場，其實可以說是近郊的——有兩個高爾夫球場，一個在香港島的快活谷，一個在九龍尖沙咀打靶山側。

這四個高爾夫球場，設備倒也不錯，尤其粉嶺的高爾夫場，那東分設三個場——一個十八洞的，兩個九洞的，曾經在那裏玩過高爾夫球的，都同聲讚美，說它堪稱世界上美麗的高爾夫場。高爾夫球運動，在這裏不能夠像足球一般成為通俗的運動，球場問題當然是其中一個原因，但最大的原因是是：高爾夫球是貴族化的游戲，而且沒有足球那麼聚張。

求刺激的觀眾們以滿足。

香港的看球人可以分作三種，第一種是職業看球者，他們是報館裏的體育記者，為著要寫球賽的報道，他們不能不看球。第二種是專求刺激者，他們選擇了他們認為呈程裏可有緊張精彩鏡頭，買票入場。在那裏簡眼福。第三種才是藝術欣賞者，他們就是球場附近山頭屋頂的看客，他們不賭錢，也沒有買門券的錢，但他實在在看足球競技，也許他們自己都說不出愛看球賽的理由，但每次「大場波」他們都不會放過。把他們列作是球藝術賞者，也許不是過份吧。

因為足球競賽已經成為一種能夠吸引觀眾的玩意，現有的球場，在容納觀眾這一點上說，顯然覺得狹小了。任憑有「大場波」上演，球場裏看台上擠滿着看球人，卻還在那裏徘徊，希望可以獲得入門的機會。那些爬出頭屋頂，實行「高瞻遠眺」的「迷」哥們，當然不甘心到購買門券的問題，但許多迷哥迷姐們，乘興而來，滿以為可以作座上客的。爬山遠望，雖然吃力，日炎雨淋，都不後悔！看足球可以說是賞心樂事，同時也是一件苦事，苦的地方何在呢？購門券志是比輪購「配給

爭雄球場之健兒

看球的迷哥姐們，對於購門券的艱難辛苦，雖然聲載道，但大家明白輪購制度是公平的，如果自己肯化時間去輪的話，總比較黑市制度存在還有把握，所以大家祇管嚷着辛苦，大家還去看球。有些球迷把「看球」看得比吃飯還重要，就在這看球·有些球迷把「看球」看得比吃飯還重要，就在這些球迷熱烈擁護下發揚光大的。

米)玻：「公價洋服」還要辛苦艱難，輪購公價東西或許一樣要有耐性。要能夠抵受擠迫，利底不西落空，輪購「看足球門券」情形卻有點不同，有時候輪了半天，輪到售票窗口，卻遇到門券沽清，不得其門而入，真是冤哉枉也。看一塲球，不過九十分鐘的時間，輪購門券，卻要花兩倍甚至三倍的時間，比如下午三時半開始售票，不在二時半以前到球場外邊站班到開淺的時候，你能夠假定二時到達站班到開淺的時候，豈不是已經了三個鐘頭嗎？

香港社會的矛盾　陳劍

香港社會，光怪陸離，矛盾現象，觸目皆是。信手拈來，有如下述：

香港有很多「酒店」是沒有酒賣的。

香港法律禁止「雞多籠小」，卻不禁止「人多屋狹」。

香港街道取名最文雅的「歌賦街」，卻是一般人認為最下流的去處。

香港最多人數是中國人，最短的街道卻是「中國街」。

香港的「綠衣」（俗稱警察）穿的卻是黃衣。

香港最繁忙的人沒有提忙的汽車代步，最凶的人遍有趕忙的汽車夫趕開。

香港的邀頓「兒童」遊樂塲，卻應喪失了「赤子之心」的人們的遊樂塲。

香港的金銀找換店找換的卻不是金子和銀子。

香港的商會卻有「教育家」參加；香港的學校卻有「商人」參加。

香港西文報的黃色讀者卻多不是西人。

香港最繁火的建築物容納居住的人卻最多，最狹隘的建築物容納居住的人卻最少。

香港的紳士生前穿的是最時髦的洋服，死時卻穿三十七年前的遜清滿裝。

香港乘飛機環遊香港卻是最短的旅程，收的費卻是最貴。

香港·澳門雙城成長經典

香港的神權

潘孔言

香港接受歐風，雖比內地爲早，可是，還處現代化的都市裏面，却充滿無數古舊的風俗。正如陳白沙先生說：「爛脚佬着新鞋，爛頭佬戴新韜」。儘爾句笑話，來作她內相的形容。

單就神權一點來說，舊曆二月初二土地誕燒炮進香的熱閙，和七月燒衣家家戶戶喧擾的情形，最令有識之士有點詫怪。

尤爲香港迷信婦女所必參加的神典，她們雖抱着一種祈福禳災的心理去拜神，但其中實有神根從中播弄，用種種方法去引誘和蠱惑她們。九龍黃大仙本來就是廣州黃沙黃大仙的前身，但區爲廣州婆破除神權，把他驅逐，所謂善男信女們迎接來港，沐以新裳，裝以上座。羅能引勤全港無知識的男女，爭來膜拜，屑相摩而覷相接，奔走若狂。近來當局恐防太枘物議，才把牠封閉，非得許可，不許進內。但是，所謂善男信女們，一串一串爭往膜拜依然如故。他們因爲一仙」壇緊閉，不得其門而入，祇得在別一神龕之外，焚香禮告。而在這裏一帶的解簽袋者和賣香燭者，依然一檔一檔，無異昔昔。神權吸力之大，於此可見。

香港神廟尤有一種特殊怪象爲別處所無者，即每一神廟可以兼祀許多神，例如北帝廟明明爲祀奉北帝而設，但廟內除北帝菩薩之外，更有觀音，有華陀，有某某娘娘，某某火仙等，使入廟拜神者隨其所好。要拜北帝則拜北帝，要拜華陀拜觀音，甚而要拜華陀，要拜某某娘娘，某某火仙，都無不可，於是舞神棍者便可左右逢源，而猛敲其「上香油」之鐘鼓矣。

有時因某一菩薩已被人拜厭，不再足以號召，於是又可以別神爲號名，他於神廟之外，高標一張「某某菩薩行台」，或「某某大仙台」字條，而於廟內加設一個「某某菩薩」神座，或「某某大仙一神庵便得」，究竟有沒有靈神降臨，他又如何管得。

太平山每百姓廟，號召力甚火，香火甦盛，裝開廟中所祀的爲四方雲集的無主孤魂，大凡死而無所依歸者，後人乃將其神主透廟供奉，俾其享受四方人士的祭祀，而百姓廟就因此而得名，隔鄰之誠公佛，他香火之盛，也能與百姓廟爭衡，他號名力何爲若是其大，最是莫名其妙。

九龍侯王廟本爲景奉宋室忠臣楊亮節的忠烈而設的。然試問入廟拜神的有幾人有此觀感，他們拜神祇在求神祈福，不特沒有一些崇拜忠烈的印象，恐怕連楊亮節的事跡也絕無所聞，如此拜神，豈不大違建立是廟者的本意。

抑尤有奇者，香港神廟，竟有等於開設商店，和貨屋宇而貰之者，他可以隨時關閉，隨時遷徒，有樓上神廟而樓下商店者，更有樓下神廟而樓上私寡者。因此有做菩薩生意之稱，在戰前若干年前，港政府爲取締此種「菩薩生意」起見，會訂立一管理神廟則例，凡稱爲神廟者，必須爲專於祀神之屋宇，且必須取得政府之許可，始能開設。但日久玩生，此種則例久已不爲神棍所遵守。

東華醫院管理的廟宇，每年開投司祝，收入不菲。計荷里活道文武廟，三千八百五十元。灣仔道東洪聖廟，六百餘元。油蔴地廟侮天后廟，三千八百五十元（後減爲二千五百元）。旺角山東街水月宮，三千八百五十元，（後減爲二千五百元）。甚至廟得天后廟附屬之社壇及福德祠，每間亦毅百元。統計每年收入，竟達萬元以上。做廟祝的能出如許高價投受之，當然有所取償。做這一點來看，便可映出香港人信神的風俗爲如何了。香港政府據說是要保存華人的信仰，這種迷信風俗，在所不禁，做廟祝的祇要遵守法律，若無執外行爲，政府是向不干涉的。

東華醫院這一策廟宇收入，向係撥作辦學的經費，辦學本來是啓迪民智的事業，而提倡神權，則係卿蒙民智，一方啓迪，一方阻塞，這也是香港矛盾的現象，令人莫名其妙的。

香港的「買辦」制度

鄺勢南

「買辦」大概是香港特有的一種人事制度，這種制度何時始創，雖有可查稽考的材料，但它至少有六七十年的歷史。

買辦制度的創設，初時自然十分簡單，而且可以肯定地說，它起初不過因為來香港做生意的英人，不懂中國話，但他們要和中國人做買賣的，所以不能不找一個中國人來為他們的忙，所有一切和中國人的交易關係，都經過那個中國人料理。這就是買辦制度形成的起因，照英國人割據香港門有一百年來推測，買辦制度的成立至少就有幾十年了。

買辦們在對於一間外國商行的作用，完全是在乎那間外國商行與中國人所發生的商業關係上面。譬如說：外國商行有甚麼貨物賣給一家中國商店，或者是一家中國人商店想向某一家外商行購買或訂購一些貨物，都不是直接能夠發生交易上的關係的，而必須通過那外國商行的中國買辦。這是什麼緣故呢？問題就是在那買辦對於那外國商人和那中國商人兩者的需要上面，因為前者不會懂得後者在商業上的信用和其他一切情形

的富戶。香港受獲英國賜予僻士銜頭的，其中有一個就是從買辦出身的，但經過這次太平洋戰爭後，買辦制度似乎蕭瑟搖動起來，有幾間火洋行且已實行廢止這制度，把從前的買辦改調其他的

一個人幹不了就要拉其他的人來帮手，這些人因為是做那買辦的助手，所以歸買辦自己聘來，也為他自己節制，薪金亦由他支給。至於買辦的入息怎樣呢？他不是採薪金制的而是看他經手的生意多少，扣除一定的佣金來支給他的助手們，餘下來就是他自己入息了。所以，買辦入息豐厚與否，祇要看那洋商生意多寡而定。

買辦的職責也值得一提的，洋商與華商往來，它可以不必顧慮到那華商的信用怎麼樣，武要它的買辦認識認為可靠的就行了，萬一那家華商買的倒閉的話，它所欠那家洋商的賬項，就得由那個買辦擔承。這就是買辦對洋商的最次賣任。這麼設來，買辦的權力是相當大的，但責任也相當重大。

上面說過買辦的名稱現時已變做華經理，這種辦法雖然是名義上的關係，但它不能掩飾著那種制度在基本上有了動搖的趨勢，那個不曉得中國商人做生意的情形，而且，戰後做生意似乎看輕了商業信用那幾個字，如果你銀行沒有存款，你休想人家信你一筆貨錢，反過來說，你銀行存了大筆現金，誰個不願和你發生關係呢？所以中間人的作用，目前已不比往時那麼重要了，這怕是買辦

買辦的助手：「經紀」 陳子多作

位置。不過，好幾間火洋行還保留著這種特殊階級的人物，可是，買辦制度至少名義上有發生變化了。他們已經把買辦改做華經理。至於在實質上，買辦和華經理不過是名義上的差別罷了。至於在實質

買辦的實質究竟怎麼樣的？上面說過。買辦是上面，買辦和華經理改做華經理。變化得把這制度抹殺一筆二淨呀。說到它要發生變化的原因，大概是現時在香港做生意的洋商，變化得多久呢？沒有人能肯定它不會發生變化，它所欠那家洋商買的倒閉的話，它所欠那家華商買的就行，萬一那家華商買它可以不必顧慮到那華商的信用怎麼樣，武要，洋商與華商往來買辦的職責也值得一提的，

那洋商生意多寡而定。自己入息了。所以，買辦入息豐厚與否，祇要看報酬的一部份來支給他的助手們，餘下來就是他意多少，扣除一定的佣金來支給他的助手們，他就拿息怎樣呢？他不是採薪金制的而是看他經手的生為他自己節制，薪金亦由他支給。至於買辦的入為是做那買辦的助手，所以歸買辦自己聘來，也一個人幹不了就要拉其他的人來帮手，這些人因

制度會發生變化的一個主因。

人的事務跟住那洋商人做買賣時的一個居中人物，洋商和中國商人做買賣時的一個居中人物，他自己

需要時，買辦制度就漸漸牢固起來了。資制度發展至到今日，使許多人變成為香港者不會懂得後者在商業上的信用和其他一切情形，而後者亦不曉得洋商一切商業習慣（指初期），所以當中外商人在彼此間感覺有一種居中的人的事務跟住那洋商人做買賣時的一個居中的

香港方言的複雜

陳世豐

中國方言的複雜，世界各國無出其右，不只省與省間言語不同，就是一省之內，縣與縣間言語也有差別，甚至一縣之內，亦有幾種方言。這種錯綜複雜的方言，構成人與人間的隔閡，生出無數歧見，造成地方觀念，狹隘思想。根據調查，全中國省份方言之多，首推廣東，究竟廣東有多少種方言，迄今尚無正確結計，因為一縣之內，就有幾種迥不同的方言，已經是很普遍的現象。

香港鄰近廣東，來此謀生營商者尤以廣東人為最多，還差不多包括全省各縣各鄉的人在內。還有其他各省的人在內，以及全世界各國各色各種的人，所以香港的方言，比中國還要複雜。

香港最流行的方言是道地的廣州話，還是一般口有道，且有聽的最普通通行的言語，其次便是日常口頭通行的言語，其次便是英語，國語。還裏有一種為人熟知的現象，就是中國最通行的語言，於是在課程表內加列國語一科，使每個學生都能發國音，久而久之，國語竟是課堂生經營大都跟著方言結成集團，形成行幫，這正是同氣相求，同聲相應，物以類聚的道理。

先說廣東方言，在香港流行的有潮州話，中山話，東莞話，四邑話，肇慶話，九江話，南頭話等。倘有一種客語，此時也應時而出，與國語普通話除外，外省方言，亦頗普遍，這裏所謂潮州話是包括潮汕海陸豐話，廣州話是包括海南島各縣在內，中山話豐在內，這裏通行者為浙江話，其中以上海話最盛行，稱建呢。

可以石歧話來代表，沒有一種龍舟話，則是縣屬的地方土談，與石歧話相差頗遠，四邑話包括台山，恩平，開平等縣在內，順德話以大良話為標準，東莞之外另外有一種石龍話，南頭話即指南路各縣，至於九江話，僅是南海縣的一種地方土談，南海話和廣州話差不多，唯有縣屬九江話綫有些特別。

其次，說到國語，在十年前，香港鬧國語的人很少，後來經過「八一三」燃起抗戰的烽火，華北華中各省的人為了逃避戰亂，紛紛南來香港，作海外寓公，還些人多數是說國語的，他們和廣東人混雜起來，比較起來，廣東人學習複雜的廣東話是一件艱難吃力的事，以外省人學習複雜的廣東話是容易得多，所以為了溝通省籍間的隔閡，廣東人學習國語，同時僑校方面，因為國語是全中國最通行的語言，於是在課程表內加列國語一科，使每個學生都能發國音，久而久之，國語竟變作每個學生都能說些普通話了。國語大同小異的普通語，國語在港由此奠立了基礎，與國語普通話同樣為本地人與外省人熟習。

九龍兒童遊樂場

古月

九龍兒童遊樂場設在尖沙咀漆咸道，與九廣鐵路不行，而積不很大，一個長方形的草場，設備也很簡單，中央是一個長方形的亭子，裏面擺著長條的有靠背櫈，亭的外邊，設有鞦韆架和滑板，另外有一塊小小的地方，還個小小的樂園。早晨，兒童們吃過早餐以後，就由母親或「亞媽」們帶到這個遊樂場來，享受一下可愛的陽光，呼吸一下新鮮的空氣，或者在草場上跳躍一下，或者在沙地淘沙，玩一會兒鞦韆或滑板。可天真的在草場上跳躍，到這裏來也不會給拒絕的。所以，每天夕陽初下的時候，這裏發現各種族的兒童，在歡欣地享用大自然的眼與。

這個遊樂塔雖然設在所謂「洋人住宅區」，可是，非拜人的兒童，只能在這殘存的遊樂場上遊戲了。

破壞的戰爭，連這一個唯一的兒童遊樂場也破壞了，到而今，僅剩下一個空亭子，和一片草場，再沒有鞦韆架，也沒有休息的椅子，兒童們作為一個現代都市的香港，祇有一個兒童遊樂場，顯然是不夠的，而且那個唯一的兒童遊樂塲是設在一般人心目中認為「洋人住宅區」的尖沙咀，能夠享受的只是鄰近地方的兒童們，所以，鑒於人口的稠密以及地區的形勢，在一般人的眼光中，香港簡直沒有兒童遊樂場。何況，在復員三年以後，這個唯一的兒童遊樂場，還不曾修建呢。

建話廣西話亦具相當勢力，至如湖南、江西、山東等省方言，雖然也不時可以聽到，但這幾省旅港人數甚少，究不通行。

至於外國語，主要的當然爲英語，此外，如法蘭西、葡萄牙、印度等國語言，亦佔有相當勢力，在淪陷期間，差不多每一個居民都學會說幾句的日本話，卻隨着日寇投降，日人遭遇邊變作俘虜，被遣返回國後，已經甚言況壁絕，不再成爲市面上一種通行的言語了。

由於香港居民的複雜，世界各國各種各族的人士，指有在此寄跡，各種不同的語言，時常遍進人的耳鼓，就可以舉行一個語言展覽會，馬上一呼即集，立觀威成，不須廣事徵求，也不必費時召集。此地語言既有這般現成，和這樣齊集，人們日常晉接往來少不免就有幾種國籍不同的，所以作爲一個香港人，起碼就要懂得兩種以上的方言，然後才可以在商場上多招徠一些生意，在社會上多認識幾個朋友。

凡是方言，都有團結性的作用，顯示出地方觀念的濃厚，劃分一道與同種方言不同的鴻溝，它又在就業與經營方面帶有引誘聚衆的作用，舉例來說，拉手東的是海陸羅人，他們是說潮州話的，他們集中在一起的時候，大家用土談來對話，言語不同，假如一個廣府人混進在他們拉車的隊伍裏面，自己也沒趣，不受他們排擠，融洽無間，言語扞格，就枯寂苦悶，在這種孤獨無伍的環境裏，只好放棄拉車爲生，另謀職業，這樣，無形中拉車夫只有說潮州話緣的，由此可見方言的重要了。

香港人與上海人的交談　陳子多作

會，崇正公會等，崇正公會是一個客人的團體，不論何縣何地，凡是說客話的人，都可以加入，如所周知，客人異最團結的，他們無論在任何一處的公衆場合裏，凡遇有客籍人士，就不顧在旁的是甚麼人，他們彼此就用客話來交談，倍覺親切，這是注重方言的表現，又凡打鬥衝突口角，雖不相識，有時一方因爲言語的關係，常常奮不旁觀者以方言相同的緣故，挺身而出，拔刀相助

人是無法插足的。同樣的例子，充當苦力的多是東莞人，市場的魚販是南頭人，收買什架的是新會七僑的李姓輩，四邑人之建築業，肇慶人之搭棚業，九江人之銀錢業，又如中山人經營洋貨，西樵人之洋服業等，都是因愛同整同氣，方言相同，物以類聚，人以羣合，向同一事業相求，易于發展，這基于方言相同的博顯明的，凶凶燦爛，眞的，夜的香港，以謀合然互助的，如江浙同鄉形，差不多各行各業都有此種事例，而就業同趣同的，還有因方言經爲之詠哦。

香港之夜　樂秋

香港是美麗的，尤其在夜間，山上、半山間點點的燈光，市區內霓虹管放射的五色光芒，海上輪船小舟閃閃的星宿，顯明的，凶凶燦爛，眞的，夜的香港，已經獲得不少人贊美，詩人們也曾經爲之詠哦。

當太陽漸漸在西方漂沒的時候，月亮在另一角落冉冉上升了，這是夜的開始，夜的香港，就在萬家燈火齊放光明的時候，揭開牠的面目，富商巨賈，紳士淑女，應該是應酬的時候了，他們和她們穿着整齊，戴上應有鑑有的飾物，坐了自置的私家車，駛些也雇一輛「的士」，風馳電掣的在大酒家門前停下來，跑來一個侍者替他們開啓車門，大跨步的走進電梯裏面，載他們到各層樓去，盛筵擺開，嘉餚美酒，盡情吃喝痛快，在錘場裏，美妙的士晉樂，突起伴士晉樂響起，男女一雙雙，翩翩起舞，樂聲快促起來，步伐也隨着愈迫，歡聲與樂聲齊和，男的女的，在充滿色情狂調中，只有肉慾樂聲齊，那些裙旗跑上火山的，置身舞海，爲的是甚麼呢？除了金錢以外，還有別的東西嗎？

在騎樓底下，在黑暗角落，三三兩兩、面塗厚粉，有着血紅的女人，打扮得花枝招展，疑態迫人，向着過往的行人，眸睛秋波，靈情挑逗，她們之中，也分作兩種「營業」方式，一種是「中」，另一種是「西」，前者是專接中國人，後者是接外國人，在中環的新世界戲院左右一帶和灣仔的盧頓球場，在中環必打街遮打道，都是她們活動的地盤。

漫談「香港人」

蘇福祥

怎樣才算是「香港人」？當你聽到這個問題，你或者會不加思索的回答道：「香港目前雖然是英帝國的皇家殖民地，但在地理上香港是中國的一部份，最初香港是中國的領土，這裏的原住民是中國人，因此，香港人簡直是中國人。」

這樣的答案當然是有事實根據的，但是，我們且撇開這樣的辯證，轉而談談今日所見的現實。

經過了一百多年的英國人統治以後，到今日還保持著英帝國皇家殖民地的地位，香港的主權顯然還屬於英國，因此，這裏的中國籍居民，雖然因為條約和中英兩國諒解的關係，享有在這裏居住的自由，但嚴格來說，這裏的中國人不能夠說就是香港人。

還裏土生的人當可以說是「香港人」了吧？是的，在這裏出生的人當然不會被否認了他們的「香港」資格。英國人接管了香港後，對當地人民發出第一張文告裏的許諾，後來也有不少臨善環境的變遷前被修改了，享有在這裏居住的自由的中國人，如果犯了地方法律或者被地方當局認為是一個「不良份子」，隨時有給放逐的可能，祇有那些領有「香港出世紙」的，才有一生於斯，長於斯、死於斯」的權利，縱使犯了彌天大罪，也祇能制隱死刑或終身監禁，却不會被押解出境的。

不過，作為「香港人」的在這裏出生的人，

並不就是「公民」，因為他們並不能夠像其他代都市的公民一樣享受得到一切公民權益。這裏雖然也有代議制度的「立法局」和「市政衛生局」，可是，「立法局」和「市政衛生局」的民衆代表是政府委任的而不是公民選舉的，這些委任的民衆代表也許能站在民衆立場講話，但事實上他們不是公選的民衆代表。

戰後，英國政府給予香港的人民以更大的自治計劃，民選的市政委員會也在積極籌備中。不過，根據前任香港總督楊慕琦爵士於一九四六年八月三十日對香港人民廣播有關民選市政委員會的組織計劃，並不是每一個市民都有選舉權和被選權，選民資格擬定須在選民登記日期以前十年內，會在香港居留滿六年，有閱讀及書寫英文或中文的能力，以及在這真然的話，他就和其他的外國人一樣，除了不會被押解出境的唯一保持之外，再無其他的特別待遇了。

在這裏，雖然有許多自認「香港人」的人們，可是他們根本享受不到香港公民的特定資格。作為香港公民的人必須具備香港公民的特定資格，除了在香港出生之外，他還須要權相當的財產。不

彼以金錢易此愛情‧香『港人』浮
陳子多作‧繪一之

務，或根據陪審員法例第四條而獲豁免當陪審員義務者。從這擬定的選民資格看來，甚至在這裏出生的道地香港人，也不一定能夠獲得選舉或被選舉權，換句話說，他們並不一定可以得到有選舉權和被選舉權的公民資格。

此外，香港目前已經頒佈了地方稅，根據地方稅法，每一個市民都有納稅的義務，祇要他的收入達到需要納稅的標準。但是，前已經佈了地方稅。根據地方稅法，每一個市民都有納稅的義務，祇要他的收入達到需要納稅的標準。但這納稅的義務是要負擔的，但社會保險制度却還未見實現。怪不得反稅的人說：香港人有公民的義務，沒有公民的權利。

但是香港目前雖然有關民選市政委員會的組織計劃，並不是每一個市民都有選舉權和被選權，選民資格擬定須在選民登記日期以前十年內，曾在香港居留滿六年，有閱讀及書寫英文或中文的能力，以及在這真納地稅五十元者，或卽其有充當法庭陪審員的義業了，例如每年繳納差餉滿二百元或繳納地稅五十元者，或卽其有充當法庭陪審員的義

摩囉街今昔

杜慧

摩囉街，這是中環區一地另具風緻的地方，顧名思義，這當是一塊摩囉人住過的地方，因此把這街叫成摩囉街，那已是二三十年前的舊事了。根據住在這街上的老居民的複述，那時有三四十個摩囉嘍（印度）人住在這裏，他們的職業是看更、航海，和開小食店，每當日暮天晴的仲夏，人們便會在街頭巷尾，發現這些白衣廛頭的人物，坐在那籐椅上，抽着那長長的銅煙管。

時光是一個可怕的哈影，這些摩囉人便在中園人的逐漸增加中，他們反而消聲匿跡了。記得在二十年前摩囉街便無形中變成一塊收買舊貨的市場，例如：舊書籍、報紙、古玩、鐘錶、留聲機、爛銅爛鐵和舊傢俬，一堆一堆把街道都塞滿了，而每一家舖子的地位並不甚大，所以貨物往往擺得重重叠叠，而這些貨物是必須等待合適的顧客。然後能夠出貨，所以這一來便越堆越多了。

不過，這是一樁很奇特的買賣，有許多人的機件接了，你可以到那裏來蹓連，也許可以廉價的獲得零件，每一個假期開始的時候，便有很多學生們拿着他們的書單，到摩囉街的舊書舖裏找尋他們需要的教科書，價錢比買新書往往相差到一半或三分一的，所以學生們都樂於到這裏來找尋，

投機的商人，大量地屯積滯銷貨的教科書，一年的生意，都嘉着這寒秋二季的開學期間的生意，他們都懂得點英文，而且夢於招徠顧客，所以生意很不錯的。

可是戰爭帶來了厄運，在淪陷期間，人們都賤視書籍，於是大量的書籍都拿去當作爛紙賣或賤薪燒，許多平時賺錢的書商，便受了這次大戰的影響而破產了，有很多不能放棄故業，去改做別種謀生的行業了呢？所以，過去在摩囉街上盛極一時的賣舊書業，現在已變成十分冷淡，祇有四五家仍然在那裏維持原來的行業，可是戰後因為書籍經過大量燒燬以後，市場已很少貨色，可供收買，於是舊書業便因之一落千丈了。

現在的摩囉街上，我們祇看到舊傢俬店，古玩店，和舊銅鐵店，如果讀者有這麼閒情，到這條街上去蹓連，也許會買到點便宜的舊貨的。

在古玩店裏，那裏陳列了無數的古瓶，古玉器，古瓷器，和其它精巧名貴的小玩意，如獅子，觀音像，佛像、小玉屏風，銅爐銅鼎等雜物，自然，這些都不是實用的東西，祇有等有錢而有閒的人物去購買，不過那種古色古香或偽造的中國國粹，也是值得我們瀏覽的。

根據那些古玩店的老板的解釋，在這些東西中，有些已是遠在明宋時代的品物，在悠遠的歲月裏，不知經過多少變亂的波折，而沒有散失遺壞，結果仍然陳列在他們的貨櫃真，這實在難能可貴的事。

在這街上的店舖裏，除了上述的古物外，還有其它實用的東西，據記者所見最名貴的可算是那些琉璃花的電燈罩，吊在他們黑暗的店子裏，可是據說這些燈罩，大的計價要到二三百元，小的也要一百幾十元，這些都是富貴人家的裝飾品，可惜那些宮人們又尸覺這玩意不時髦了。

古字古畫也是這裏常有的貨色，明朝文徵明的字跡，也常會在這些子裏出現，可惜價錢並不便宜，所以便成為奇貨可居了！可是如果不是獨具鑑別能力的顧客，很易被人以假混真，買了假貨。舊的留聲機，相機，打字機也常會在這些舊貨攤上發現，有些會以很便宜的代價而能獲得一件名廠的貨品，雖然式樣往往是有點古老，可是用起來還是一樣的！

舊的傢具和皮箱，也是很便宜的，一隻七八成新的鐵箱，可以七八十元買到的，一副從舊翻新的床，櫃，梳化椅也可以一二百元買得。

總之，如果讀者有耐心經常去蹓連，也許會得到意外的收獲的，因為這是一個便宜的舊貨市場。

香港的黑社會

吳占美

在整個社會經濟制度，尚未有達到理想的階段時，每個國家的大都市裏，都少不免有黑暗的組織，甚至文明最發達的美國都市像紐約，芝加哥，三藩市……等，不是一樣的有這種非法份子（流氓賊黨之類）威脅着社會的治安嗎？這些份子，無疑的是社會秩序的影響者，也是文明都市裏遺害人羣的蛀虫！

香港的字頭友與三合會，同是給人們認為黑社會的組織，不過考三合會的起源，自太平天國失敗以後，滿廷政治腐敗，革命的怒潮，不可遏止，一般使羣屠狗之輩，激于義憤，紛紛結集成會，企圖搗亂滿清，行刺清廷官吏，三合會的組織，便是其中之一了。同時在民國還沒有成立的時候，三合會與哥老會，洪門會等，都是革命力量的主幹，曾經為革命盡了不少的力量，但是內部智識貧弱，組織不健全，成立不久，便告解體。

後來被流氓地痞之類利用「三合會」的名目，在社會上爲非作歹，所以傳流到今天，蛀會一變成人士，大多數都認爲現有的社會下層組織，都是三合會人物。共實眞正的「三合會」，早已不存在了。

但現在香港下層的組織，又是什麼一回事呢？不錯，目前的香港確有不少這樣的組織存在，

他們分佈的範圍，也很廣泛，詳細的數目，根本無法調查，因爲這是非法組織，它不能像其他的團體，一樣地公開設立，他們大多分設在都市的黑暗角落，不大惹人注意，以巧立名目表面稱什麼武術館，某某社，某某俱樂部之類！

還有一些更非法的組織，社會上的人，普通稱爲「爛仔會」。這些份子，完全是無賴和歹徒，他們在某區域內，勾結着一羣人在下層社會穿插着，煙窟，私寨，地痞茶居，便是他們經常習慣的地方，他們徘徊檔口，都爲他們的領袖（爛仔頭），繁據着，指揮他的爪牙，四出活動，敲榨勒索，一般小販工人苦力的市民，便是他們魚肉的對象，那些沒有特殊勢力的市民，往往會被逼而踢入會——每月繳納會貲，來供養這一致寄生虫——食肥！市頭上的竊友和淪同個區域和範圍，都有着勢力的呻域，施用威迫道恐嚇的手段，殘吸着一羣良民的脅血，這所謂「字頭友」是搗亂社會秩序可怕的人物，等如寄生虫寄生在人體裏一樣，都市要是沒有這種東西，警察的工作，也就可以停頓下來！

在報章上，常常可以看到，什麼字頭友向某人勒索，威脅入會，糾衆毆人，諸如此類的新聞，而且在另一個角落的社會裏，有着不少安份守己的善良市民，薄受着字頭友的脅迫，在他們的淫威下過着苦着，爲願存着生命的安危祇有屈辱求全，任由這些遺害社會的寄生虫，毀吃他們的血汗！

究竟香港目前有多少這種可怕的人物，他們的組織是怎樣的，爲什麼他們有這麼大的潛勢力，爲什麼負責治安的機關，不能够徹底消滅這些黑組織？這些問題，祇要你看看下面的敘述，你便明白了：黑組織又名爛仔館，普通的人，都稱它爲「字頭友」，從沒有統一的聯合系統，每個組織都有它獨有的範圍和規則，在西區有名的黑組織，要算「和合圖」，「和勇義」，「和利和」，「和勝堂」，「車區的「同且……」，「單且」，「兩歡脚」，「勝堂」，「有下巴」，這幾家，他們每個組織擁有會徒過萬人，爪牙分佈到每一角落，如馬頭勢力，得邊小販，黃包車伕，都有着他們的會員，共實四出作票的，不是被迫加入的會員，而是主持黑組織裏面的人物，他們大都是沒有固定的職業，於是藉着名義向他們的對家敲搾，勒索，就是這種人物了，爲了他們常常拿出某有勢力的黑組織的名義，作爲勒索敲搾的武器，於是人們仰稱他們爲「字頭友」！

但主持黑組織的人物，他們的爪牙，也往往造成社會罪案上的一綫人！所以警方會利用他們把重要罪犯，緝拿歸案！

所謂「字頭友」，顧名思義，知道他有着他

的「字頭」，可以向人示威，假如他要「起字容」，而發覺對方沒有憑籍時，他們就迫你就範，踢你入會，繳納會費，這是他們一種經常敲搾的行為，但這種勒索，常由黑社會的人物，藉故嫁禍其種罪名於對方身上，於是乘機挑釁，約對方一班「馬開片」，（即打架）——他們之間，有着固有特別的名詞，為雙方不顯打架而自顧徹退時，他們稱為「散水」，繳費稱「磅龍」！

他們講數的時候，在不常中的，假如你不是內行的話雙算不在他中，也不知道他什麼葫蘆賣什麼藥，在抽烟的時候，對方將一包捲烟，抽一根「開片烟」，所謂開片烟，不過在抽的時候，火頭一樣平的，這就表示回去班馬訴諸武力，到這時候，已經無可談判了！

由於他們在黑暗裡的環境，所以一切的黑暗，都看得出來！

「文雀」與「武雀」

香港黑社會中，有所謂「文雀」與「武雀」，還兩個名詞我們驟然聽來，當然像丈八金剛，摸不着頭腦了。所謂「文雀」與「武雀」，就是香港社會所叫做一「文雀」。

他們的組織很嚴密，各有各的活動或盤，不同時已有相當經驗的「文雀」，他的門下，有不少「門生」，這一批初出門生，多數是淹沒街頭的小童，利用他們隨便的小身軀，而且目標小，不會令人怎樣注意。訓練的時候，用竹紙濕了水，在騎上黏成一個口袋的模樣，然後把東西放下去，用手鈎蒙了眼睛，假如一下取出了這作東西，而紙袋不壞的，那就算畢業了。同時傳授許多分散人們觀線，與注意的方法，故此每逢出來一發財，分散你的視線，利用機會，探巽取物，往往乘手得的，假如在內衣袋的話，他就用「劏」的手法，一個膌得像小刀似的鉢利銅錢，只在口袋外一割，已經把其所偷了。

他們竊竊得人家的東西回來，照例把時間與地點記住，假如三天內遇到了有力者講數，就原物交回，或成數交回。如果在三天以外，「遠來三日馬家郎」讓你少見鬼了。還是所謂江湖「義氣」。

社會固然有奉公守法的人，可是却不能澈底消滅了這一類的寄生虫。所謂野火燒不盡，春風吹又生，而且還些文雀與武雀。正是「做慣乞兒

治安破壞者，是沒有建設的寄生出。普通人稱為「爛仔」。但是一「爛仔」的範圍也可以分多種，才出來活動。

他們的組織很嚴密，各有各的活動或盤，不；打家却舍的像猻拐騙的，都包括在內。他們也有組織的，所謂「字頭友」便是這些黑社會的份子，社會上為什麼會有這種不良份子生存？這完全是社會上淹沒街頭的小童，利用他們隨便的小身軀……

文雀的出奇制勝，其中有意想不到的奧妙。不過大多數是用釣魚的手法，來誘你上釣吧了。他們的方法，不一而足，右以女人為餌，有以金錢為餌。一言蔽之「投其所好」。假如你貪些小利，便沒有不上鈎的。所以俗諺說》「光棍佬教仔，便宜莫貪，」假如你不貪小便宜，那麼，他們就出「功夫仔」了。像現在香港的「文雀一物交回」，地點記住，假如三天內遇到了有力者講數，就原物交回，或成數交回。如果在三天以外，「遠來三日馬家郎」讓你少見鬼了。還是所謂江湖「義氣」。

當你想到一隻小鳥覓食的刹那。他不比老鷹有犀利的咀和爪；像武雀似的刼奪，只好用他的機智，在你冷不提防的時候，妙手空空，神不知鬼不覺，予取予攜，這比較武雀來得「斯文」，懶做官」呢。

香港·澳門雙城成長經典

四十年前的女子茶檔　東山

現在，女招待已成為一種正當的女子職業，每一間酒德茶館：餐室，差不多都雇有女招待，招呼人客，這已是一種風氣，許多人以為香港的有女招待，是近十餘年間事，殊不知遠在四十年前，即已有女招待出現，不過當時風氣閉塞，人們的頭腦古舊，思想腐化，對於這種女子職業，認為是靠以色相招徠，傷風敗俗，莫此為甚，對於當爐紅粉，不分皂白，彈指為淫女蕩娃，致使潔身自愛的婦女，不敢把盞提籠，出現人前。而在當時，確實也有一些不知自愛的婦女，以提籌為名，賣弄姿寶，授人以隙，這種女子職業，便如曇花一現，即幻滅，直至後來風氣一開，約在距今廿年前，女招待始再重現色相，在各茶挽酒館，提壺奉巾，殷勤服役，以迄今日，途和男性較量，平居較業、同等操作。

女子獻身提壺工作，是開始在一九一○年，即滿宣統二年，那時西營盤第四街有所謂「茶檔」出現，這種茶檔主要的營業是賣茶，兼售一些餅食，像現在的茶樓一般，但是主持茶檔的並非男性，卻完全是由妙齡女郎負責，她們打扮得花枝招展，在華燈初上的時候，就坐在茶檔那裏，等候客人光臨，所以有「女子茶」之稱，她們所售的也叫作「大姐茶」。這些女子茶檔的營業不卜晝夜，每當夜候，附近的男子們就聯袂結隊，相約往飲「大姐茶」去，那些當爐紅粉，個個都擅長口才，伶牙俐齒，談笑風生，引得那些狂蜂浪蝶，每晚如蟻赴羶，擁集茶館那裏，泡一壺龍井或水仙，叫一兩碟餅酒，就坐上幾個鐘頭，尤其在炎熱天時，那些女子茶檔更無偏用之者。

加些蜜糖，每個提壺大姐，都忙個不了，她們週旋這些客人間，必須面面俱圓，八方玲瓏，否則，往往就發生拈酸吃醋，爭風吵架的事件，凡到那裏喝茶的，但是年青的小夥子，他們是抱有狂熱的目的而來，每個人的心目中都有一個對象，企圖在浪蝶低徊之間，運用一些手腕，甜言蜜語，獲得對方的垂青，得償他們的火慾。

那些經營這種茶檔的女子，其中常然大多數是為著贏利，綠背攤頭賺錢，笑臉迎人，招呼週到，但也有少數和一些受寵奉少女，也有一些是貪圖金錢快樂的淫娃，春花秋月，心懷蕩漾，輕不起異性強烈色情的挑逗和誘惑，初時雖然尖不過口角生風，打情罵俏，但不久，則愈弄愈兇，她們在象目睒睒之下，任由色胆福狂的男子，捏面握手，恣情調戲，關致路入闖目調笑，依然無所畏忌，致有女子茶檔是私寨，喝大姐茶是打水圍的俗言，風流罪事，盦傳愈廣，有心世道者紛紛出種聲，認為女子茶檔是賣淫的場所，有傷風化。後來港政府以與情如此不滿，經派員調查，遂下令禁止，過種女子茶檔由此便壽終正寢，消聲匿跡，風流雲散。

女賣貨員小史　孔言

商店用女職員之風氣，近年結吹到香港。數十年前，女子固不肖拋頭露面出而執役，商店亦無偏用之者。香港商店之僱用女職員，常以先施公司為鼻祖。

先施公司開業之初，原設何東行側，規模不大，普通洋貨店而已。總理馬應彪為澳州華僑，頗好模仿西人習尚，首先偏用女子賣貨員，藉以招徠顧客。提其時風氣未開，婦人女子都深閨靜處，遇闊市集者，無不羞羞答答，難人女子賣貨員，一時傳遍全市，來看女職員者川流不息，鬨得水洩不通，氣得馬應彪頗新穎之總理笑呆不得。乃往投訴華民政務司，請設法維持秩序，兜攬生意。結果華民政務司藩魯賢派出更練四名，到公司輪流守護，但公司不能禁人進內遊覽，更練亦無權將之驅逐，馬氏又請政府開導聚眾，黑時華民政務司總文案為中國老學究區鳳池，深知中國社會習慣，一時不易改革，勉強而行，更恐鬧出笑話，因勸馬氏暫時擱置偏用女賣貨員之計劃，馬氏然其說，立將女員遣散。後來風氣漸開，女職員已不為眾異，今則百貨商店幾無一不有女職員者矣。

香港墳場概述　錢魯炳

香港公衆建設，都是根據現實需要而設立的。埋葬棺柩的公衆墳場，有荃灣園（加路連山墳場）、鷄籠環、柴灣、石澳、深灣、赤柱、何文田，長沙灣、土瓜灣，等地段。在昔日不幸死亡的市民，政府因他居住的地點而規定葬地，不能任意選擇。葬地並不是永遠的，下葬到了七年的時候，就要由死者的家屬向當局申請自行檢骨遷葬，假使過了限期還沒有人認領，當局便代爲處置，移葬在各墳場所附有的葬骨地段內，或遷葬在鴨脷洲，鑽石山，沮兩塊地就是金塔墳場，專供葬骨而又是屬於永遠的。

在一九四一年的時候。當局也曾宣佈埋葬九龍牛池灣，也許是爲了容易管理和整頓市郊的緣故吧。

錄當日，市政衛生局佈告一如後：

（一）由一九四一年一月一日起所有下列各墳場不准葬棺。

計開：

鷄籠環東西兩墳場
柴灣及柴灣均墳場
加路連山墳場

鴨巴甸華人永遠墳場

（二）和合石墳場現因未有定期開放，對於本港各棺柩暫運牛池灣七號墳場安葬。

（三）海上運費，由本港海旁運柩至牛池灣七號墳場費用概由政府負擔，並將各運輪站分列如下：

地點所規定時間之前辦安：
筲箕灣上午八時十五分
銅鑼灣上午九時四十五分
湯諸幾道上午九時三十分
石塘咀水街下午九時

（丁）下列各點包括在海旁各處落棺地點：

（一）筲箕灣區以太古糖房東便爲自理棺柩區域。

（二）銅鑼灣區孖士滴摩理臣山道山光道之東全太古糖房爲東院施棺及自理棺柩區域。

（三）湯諸幾道區孖士道西爲自理棺柩區域。

（四）石塘咀水街尾區爲自理棺柩及東華施棺區域。

（甲）每站設備運柩船泊於下列地點：

（戊）凡有汽船在銅鑼灣起拖各運柩艇到馬頭角碼頭，所有棺柩由艇選柩上貨車至牛池灣七號墳場由政府辦理，作工毋須隨往。

（己）運柩艇返回原處地點由下午一時至五時接收各棺柩以便明早運往墳場。

（庚）所有喪主及作工不得乘該運柩艇或車往墳場。

（辛）政府採任用貨東運棺柩到牛池灣七號墳場及埋葬，倘死者之親屬欲自行理葬者須于

（乙）右列各地點設有殮喪停以便喪主及作工上落棺柩之用，但不能存貯棺柩。
石塘咀水街尾碼頭
湯諸幾道碼頭
銅鑼灣威非路駕頭
筲箕灣碼頭

（丙）作工須負責抬棺落艇而落棺工作須照下列

是日下午二時起清手辦理。

（壬）如遇五號風球豎起時，各柩則停止運柩，並可以在加路連山墳場埋葬。

（四）每具棺枢須付咭片一張，註明死者之姓名年歲性別住址，及由何人付寄，欲葬何地，分別開列清楚，該咭片運回葬紙由生死註冊官或公衆險房書記發給與喪主或仵工，須將咭片綳在棺枢之頭上，若無咭註，棺不收落殮。

（五）現政府墳場分爲三段全牛池灣之墳場亦分三段計開：

甲段　地段免費　開塚五毛
乙段　地段一元　開塚一元
丙段　地段二元　開塚一元

（六）保留各國體團原有墳場，仍以舊例給與華人，天主教團體福建商會團體潮汕團體。

赤柱墳場

（七）香港仔墳場給與薄扶林村及附近之人民爲葬地。

太平洋戰事發生，香港陷落日本人的手裏，在這日治時代當中，各公衆墳場，除了毗鄰於軍事地點以外，其他盡行開放，並沒有區域的限制，可由市民自行選擇，在光復後兩年期內，仍然沿着辦理。

到了一九四七年十月一日，當局才再度宣佈封閉，市政衛生局佈告第一條：『由封閉日（十月一日）起以後凡埋雜華人屍體除私家墳場及確爲香港仔鴨脷洲深灣赤柱石澳等居民仍准就其所屬之墳場埋葬外，一律應轉用九龍牛池灣新九龍第七號墳場』其他一切辦法，也是依照一九四一年所施行的條例辦理，所不同之點，墳場地段，現在祇分爲甲，乙二段，收費也比前不同，現在『甲段收費一元』，乙二段『乙段收費五元』免費連柩船頭（專僱蓮醫院施殮棺枢）水街碼頭（專僱蓮醫院施殮棺枢）兩處地點罷了。

赤柱墳場之後刑場

私家墳場之中，華人永遠墳場，並不屬於任何團體的，這是昔日各股富紳商所倡設，初期賦得『香港華人永遠墳場』一所，地點在鴨巴甸（香港仔），當時候港人有欲購買這裏的墳地，須有當地衛生局給予的死亡註冊證，還要有墳場值理或紳商名流介紹的，無疑是有資望的人，才有購地的資格。後來這墳場再闢地於荃灣，名爲『九龍荃灣華人永遠墳場』購地的條件也沒有從前香港暫時停留的需要。由於遠東的公衆墳場並不

的限制，可是：地價已整次的提高了。現在鴨巴甸墳場每段地收費一仟元，荃灣墳場每段三百元，購地以一段爲限，同時也可多購一段或數段，但是除了一段以外，其他各段須雙倍付值，和一般營業相反，這是他的特異之點。荃灣墳場建設相當好，收費也比鴨巴甸墳場便宜，也許是這裏的餘地多和地點還在荃灣的緣故吧。

其他私家墳場，有屬於致會的，——天主教——基督教——回教——也有屬於團體的，——福建商會——潮州商會——他們自行管理，收費各有不同。

此外尚有類似臨時墳場的義莊，是東華醫院所附設的，地點在銅鑼灣，建築也相當宏敞，並有碼頭的設備，爲了利便外埠華僑運柩回原籍經

戊午馬棚遇難中西女士之墓

遭風白骨墳

以上所述就是香港公私墳場的大概情形，還
裏還有歷史性的公墓——西安輪船羅難先友總墓——它的歷
史性和事實發生經過情形，在本書史實文內當有
較詳報道，現在只將當日港人所築留爲後人憑吊
的遇難者公墓概述如後：

遭風白骨墳：在一八八零年（光緒六年庚辰
年）建於雞籠環東便墳場的半山間，全用白石築
成，題爲：『遭風義塚』，墓前有亭一座，上書

——九龍火化場（界限街）——是市政衛生局辦
理的，由一九四七年十二月十六日宣佈開放，火
化屍體每具須繳費二十元，乘人是向守習俗的火
化場是越少
華人開用。

——雞籠環西便墳場火化場（在域多利亞道
）

還有火化
場三所——拔
桿埔火化場（
場在域多利亞道
）在東華東院道
）——

火燒馬棚遇難者公墓：在加路連出墳場裏，
築於一九二二年（民國十一年壬午），爲了紀念
一九一八年（民國七年戊午）火燒馬棚遇難者而
建立的。在當日遇難榮報名爲六百二十四人，這
裏所埋的屍體是五百九十餘其，立有碑文誌其事
，墓碑題爲：『戊午馬棚遇難藉，中西士女之墓』
金字，題爲：『
戊午馬棚遇難藉，中西士女之墓』
有休息亭和寶塔各一座，還寫石楷，石欄圍繞著
墓前的四週，建築的工程，相當偉火。

是永遠葬地的
緣故，港九居
民也不少借這
裏作臨時寄貯
，還有遷骨百餘其，
棺柩的場所，
待時候運回原
籍去。

『庚辰亭』三字，左右豎立碑文，叙述其經過情
形，大意說是六年前（同治三十年）八月十二日
候，西安輪船開往廣州市，還未啓行駛開碼頭，
船上發生大火，傷斃二百餘人，焚成焦炭不能辦
認的屍骸八十一其，由東華醫院備○埋瘞葬在這
裏，墓碑題爲：『西安輪船羅難先友總墓』裏刻
有罹難者的籍貫姓名，左方逸○□樂

本港墳場的墓門，常有嵌上一些對聯之類，
以爲點綴，雖多俚俗可笑，但亦慈會爲人所樂道
，如天主教墳場的墓門，就刻著這樣的一副對聯
：一个夕吾驅歸故土，他俐卅臨故也相同。一文義
淺陋，不知出於何人手筆。

西安輪船
羅難先友總墓
：在雞籠環墳
場四便（東華
墳場）裏，編
建墳場的左方
，是一九四七
年四月開治建
築的，起因是
遭風白骨墳
遭年二月四日
那天凌早的時

四十年前　潘孔言

到荷里活道的盲妹館聽盲妹唱戲，只收一
枚銅仙的坐價。

由中環坐人力車到石塘嘴，車資五仙，講
價，可減至四仙。

商店掌櫃，月薪三元，已算很高。

街邊賣報紙的，多數是纏足的鄉下婆。

市面照來擺往的，甚少見到穿藍衣服的
閨女。

妓院中常常發現三寸金蓮的妓女。

HONG KONG

第五章

經濟

廣東省銀行

香港分行

經營銀行一切

業務枝行遍設

國內海外全省

鄉鎮均可通滙

滙兌迅速

服務週到

地址：遮打道五號

經理室：二四叁三四

二四七六

電話：業務部：

叁二八七八

出納課：二四五七零

香港

景福銀號

專營一切

金銀業務

香港上環永樂東街七十號

電話 經理室二四八七三 營業處三一六一九

香港金融

陳樂天

香港的幣制，自始即以銀為本位。英國人於一八四二年正式統治香港後，一八六二年設立造幣廠，鑄造銀幣，流通市面。至一八六四年，該廠出讓於日本大阪造幣廠，始行停鑄。一八九六年二月二日，香港政府正式頒佈，以墨西哥銀元（Mexican Dollar）為香港銀元，而以英國銀（British Dollar）和香港銀元（Hong Kong Dollar）為相當標準貨幣。此外還有輔幣五種，即十文銅幣及半毫，一毫，二毫，五毫（即半元）等四種銀幣，每一毫銀幣的重量是七分二厘，十文銅幣是在倫敦鑄造，其他四種銀幣皆由孟買造幣廠鑄造，因為昔日物價低廉的關係，一兩文錢亦有輔可購，於是中國的一文銅錢亦在市面流通，無形中成為香港的一種輔幣，這幾種硬幣，香港人另外有一種叫法，把銀元叫作「大銀」，銀幣稱一毫子，二毫子，銅幣名「仙士」，後來取消了。政府收回所有白銀，輔幣改以鎳幣替代，分半毫，一毫兩種，旋又收回。故印五分，十分兩種紙幣，這是香港幣制的沿革的簡史。

香港的金融組織，計有銀行，銀公司，銀號，錢莊（錢櫃或找換店）金銀貿易場，票據交換所，股份經紀交易行等，這類金融組織，開始在一八四五年，東亞銀公司在港設立支行並發行紙幣亦為銀行成立發鈔的嚆矢。其後銀行成立各類的金融組織相繼設立，風起雲湧，使香港成為

第五章　經濟

蔡南金融的中心，迄今銀行約有三十家，銀號錢莊約有二百五十家，重要銀行俱是外國人經營，至于銀號錢莊等則皆為華人開辦。

銀行最早成立者為渣打銀行，創設的日期，成立於一八五六年二月一日，其次為匯豐銀行，成立於一八六六年，又其次為有利銀行成立于一八九二年，這三大銀行均為英國人資本，皆有發行紙幣權。

渣打銀行的資本金為三百萬鎊，一八五三年取得紙幣發行權，紙幣的面值為五元，十元，二十五元，五十元，一百元，五百元，共六種，匯豐銀行資本金為一千五百萬元，公積金三千四百五十萬元，一八六六年取得發行權，計有一元，五元，十元，二十五元，五十元，百元，五百元共七種，有利銀行資本金為一百八十萬鎊，公積金八十三萬鎊，一九一一年取得發行權，計有五元，十元，二十五元，五十元，百元共五種。三行發行紙幣的數目以匯豐銀行為最多，其次為渣打銀行，最少為有利銀行。在戰前，各行的發行額是每月公佈一次的，但光復後，這種公佈已經經止。因香港淪陷的期間，日本人曾強迫發行匯豐銀行經理簽發大量紙幣，尤其是面值五百元的大鈔更多，港政府為着人民的利益，雖然宣佈一律通用，加以收回，可是流傳經廣，一時頗難估計確實的數目，同時為適用戰後某種財政金融政策，停止公佈發行紙幣的數字也屬一種必要的措施。

金寶銀行與匯豐銀行

陳釧

香港最初發行紙幣之銀行，創於前清道光二十五年（一八四一年）。當時該行業務，大部份經營雅片押匯，六年後該行一度得港府核准，發行紙幣五萬六千元，實為香港第一次發行之紙幣。其後亨利自勤得士到任，禁止雅片烟毒，該私人創辦之銀行，乃宣告結束，時為一八九一年，該銀行之壽命，僅得十年而已。

至於有香港銀行的稱之匯豐銀行創立於一八六五年，其創辦人蘇達蘭，初以國際合作為號召，聯絡英商怡和仁記及德、美、波斯商家數人，發起組織該銀行。其時各國商人對華貿易日有起色，而銀行需要，尤為追切，故揆諸趨勢，此可以想見匯豐銀行成立之初，悉本國際合作精神，故其股東亦甚宏。雖不久各國股東俱纈退出，顧根基已固，無庸搖動，八十年之間，逐顧繁榮，不特會一度操縱遠東金融，即英政府對華政策，亦間接其左右，此實為始創者所弗及料也。

匯豐銀行之資本總額，在一九三三年統計，已擴充至港幣五千萬元，分為四十萬股，每股港幣一百二十五元，實發出十六萬股，繳足資本港幣二千萬元，其中一部份為英鎊股，每股十二鎊半（按當日每鎊值港幣十元。其所以分英鎊股與港股者，蓋因匯豐銀行設在香港，與英本國不能不發生關係，故以一部份股票在倫敦發售也。

香港幣制沿革

劉樸士

一八四二年，砵甸乍氏繼義律爲駐藥英使兼商務總監，當香港開埠之初，百廢待舉，華洋雜處，貿易集中，承應規定暫行通用幣制，俾衆遵守。於是審度地方情勢，倶利居民習慣，是年三月二十九日及四月二十七日，乃有規定以英國貨幣，中國用兩种計算之公文。西班牙及墨哥銀圓爲本港暫行通用貨幣之公布。羣以頒行未久，幣制庞雜，爲幣充斥，市面騷然，旋由首任縣知事颇堅吾於同年七月出示禁止。

一八四五年五月一日，當局爲改正地方通用幣制度計，由當任輔政司布魯士公告報行，其文告云：

『縣知事布魯士爲佈告事：現奉總督約翰戴維斯命，梁泰英廷一八四四年十一月二十八日諭令棧准，前駐華欽使兼商務總監砵甸乍，爲規定香港幣行通用幣制，經於一八四二年○月二十九日通令佈告在案。茲特制宗簡明規則，明定本港合法通用貨幣，使人民在市面上交易往來，仍可不受海守，以免糾紛。至商務上交易買賣，有所本規則之限制，用將規則開列如左：(一)下開破碎銀屑，印度勞呷及其破碎銀屑，中國通用銅錢（即錢）。(二)所有上開銀圓，不論價值低卬，或屬爲任何種類，或是否完整，或已打印，如各有同等質量，卽具同等通用之效力。(三)規定每銀圓等於二梦呷又四分之一。(四)現定征銀圓等於銅錢一千二百枚，每梦呷等於銅錢六百枚，每梦呷等於銅錢五百三十三枚，每半勞啤等於銅錢二百六十六枚，每四分一勞呷等於銅錢一百三十三枚。(五)其他貨幣未列入上項規則之內者，俱不能作爲本港合法通用幣，但得向商市面找换之。(六)第四款規定之銅錢，得向商務總監公署或庫務司署領換，惟不得逾五十元。

再者，香港已劃歸英國藥治，英廷特授香港總督統治本港一切軍民事務，本年四月五日業已佈告週知在案。關於本港幣制事宜，原無特制條例規定之必要。凡屬英國通用貨幣，不論爲紙幣或硬幣，一律認爲本港之合法通用貨幣。以便於一八四二年三月二十七日四月二十七日公布之暫行法貨幣制度，特予宣告撤發。自後本港法定通用貨幣，爲英國通用金銀幣，及上開第一款之所規定者，卽商民人等一體遵照。此佈。英國一八四五年五月一日示』

一八五三年四月二十九日，英國女皇域多利亞頒諭，英國貨幣得在香港通用，准由是年十月一日實行，但不得逾四十士司令以上。常任香港總督麥當奴氏於翌年（一八六七）一月十二日公督佐治殺成如旨公布施行。至一八六四年，立法局通過是年第一款條例：凡關稅收及政府出納，概以英國貨幣爲法定通用幣。同時復建議創辦香港遺幣廠，經立法局通過，是爲一八六四年第二欵條例。

越二年，（一八六六）該廠籌備成立，廠址在東區銅鑼灣，開辦敉項爲四十萬元，常年經費爲七萬元。遂定期於一八六六年五月七日開幕，並先由常任輔政司出示布告，文告云：

『輔政司馬沙爲布告事，照得香港遺幣廠現定五月七日開幕，茲將去年十二月二十日總督麥當奴會同行政局局員，關於此事之議決案公佈執行。計開：(一)香港遺幣廠定五月七日上午十一時開幕。(二)免費代鑄英國通用銀圓，以一個月爲限。(三)如屬銀圓須先鑄成條錠者，則微收費用，其按所値十分之一。(四)如交來代鑄舊銀圓，其銀質比英國通用銀圓爲低者，則徵收費用按所値十分之一，所餘之雜金屬退原主。(五)代鑄量額不得少過五千安士。(六)如欲免費代鑄新幣，卽將鑄錠品自行送至東區銅鑼灣香港遺幣廠，遲騎廣長乾打氏先行接洽。此佈。英國一八六六年四月二十日示』

同年十月二十日，英廷財政部大臣制定規章，核准香港遺幣廠鑄造銀圓及半圓毫銀等補幣，總督麥當奴氏於翌年（一八六七）一月十二日公

佈寶行，是爲香港輔幣發行之始。

香港造幣廠自一八六六年經營至一八六八年春季，因耗費繁重，收入不敷，以至虧折過鉅，乃有停辦提議。遂於一八六八年六月宣佈停辦。將廠址物產機器，盡行出售，計地產佔六萬五千元，機器傳與日本得價六萬元。計該廠開辦不及三年，竟虧累達三十四萬元。

按造幣廠設在銅鑼灣的海旁，建築之前須要把海濱塡好，才可以建海口程一項，花了二萬五千餘元，食水供給也用去三千五百元，開辦費一共耗夫四十萬元。廠中的機器，固然向英國定製，就是廢棄的職員，也要向英國聘請前來支領英鎊薪水，常年經費七八萬元。

先是，中國內地所流通之銀鑄銀屑及實鏡，零碎麤雜，用者病之，自香港造幣廠所鑄之銀圓流通，漸已流入南中國各地，國人咸稱便利，故流入之量額漸多，而該廠未幾又告停鑄，於是本港貨幣顯形短絀。

港府有見於此，爲應諸法調劑一元紙幣之需，免廢室礙，首次於一八七二年發行，是爲香港印製紙幣之始。

一八九五年二月二日，英廷樞密院撤頒香港一八六四年第一款條例，另行頒布香港合法通用貨幣法令，由財政大臣會同理藩院大臣，訓令香港總督威廉羅便臣氏公佈施行，其文告大意爲：

「第一條、（一）墨西哥銀圓爲法定通用伊幣。（二）一切款項交收，除因合約上另有條件作規定者外，一律適用法定幣制。（三）英國銀幣及香港銀幣爲法定通用貨幣。第二條、香港總督得隨時請命英廷財政部及理藩院，核定英鎊及香港銀圓爲合法貨幣外，禁止其他貨幣通用於香港。第三條、香港總督得隨時請命英廷鑄發行香港情幣。第四條、款項交收應用銀圓，零幣不得超過二元。一角，五分等銀幣，輔幣割分半圓，二角，銅幣不得超過一元，一分銅幣。」

同時當局以本港銀行業有核准發行紙幣者，乃由立法局制訂發行銀行鈔券緝制法一款，是爲一八九五年第二款條例，於同年八月二十三日夜制定第七款禁止打印毀票，是年三月二十日公布第八第十一款禁入及通用外國銅幣。一九一三年八月一日頒布第十三款禁止通用外國鈔券條例，又同年制訂第十五款禁止輸入及通用外國銀圓條例，此條例延至一九四四年三月一日公布施行，於是香港之幣制乃告劃一。一九三一年一月十三日總督會員羅氏依據一八九五年香港幣制法令第四款銅幣（條文見前）一項規定：布告發行新鑄一分銅幣。照前令鑄法，凡因款項交易搭配銅幣，每次不得逾一則，此種新銅幣，其價積與重量比舊幣較細而小，沿用已久，竟假而以一仙之紙幣代之，以迄於今。

匯豐銀行過去對華的投資　小記

匯豐銀行創立之經過，同文另有叙述，但該行創辦時之揭櫫口號，難以國際合作爲號召，實際其與我國政府之經濟關係，最初係於光緒三年（一八七七年）與滿清政府建立經濟關係，左宗棠平定關疆，需款善後，由匯豐銀行借銀五萬兩，以溫州，廣東，上海之關稅作擔保，此爲匯豐投資中國政府之第一次票據現保。光緒五年（一八七九年）日本出兵壓迫韓國，我國出兵往援，軍用之費，倉卒草撥，復向匯豐銀行舉借庫銀一千萬兩，擔保品同前，年息七厘，九八扣，期限二十年，前十年付利，後十年償本，訂有合同十款。光緒二十年（一八九四年）復向匯豐銀行借款一款，訂有合同廿一年。光緒二十一年（一八九五年）復向匯豐借款英金三百萬鎊，由總理衙門與戶部發給海關債票爲憑，該債票須由總稅務司簽字，合同十款，年息六厘，九二扣，期限二十年，前五年付利，後十五年償本。以上四項均爲匯豐銀行單獨投資於中國者，此雖已成過去歷史，然亦頗堪回味。其後歷年由該銀行歷次直接或間接，或聯合歐美各國，貸款與我國，該行對於我國財政經濟，過去實有深切關係。

小額輔幣史話

吳灝陵

回憶香港之使用小額硬幣，早在開埠之初，當時物價不高，一文錢也能夠買到一種東西，所以當時小額硬幣小到是一文銅錢，因為地理上和中國接近，過於密切，居民又大多數是中國人，所以中國銅錢就給香港定法定通用貨幣，也就是香港使用小額硬幣最先的一種。

在一八四五年五月一日開始改正通用伊幣制度，訂定六條簡明規則，其中規定每一個西班牙或墨西哥銀圓都是香港法定通用伊幣（兩種銀圓），等於中國銅錢一千二百枚，每一仙啤（香港國伊幣和中國的單毫雙毫銅元等），等於銅錢五百三十三枚，每一勞啤（香港法定通用伊幣）等於銅錢五百三十三枚。還將中國銅錢五百三十三枚，每一勞啤（香港法定通用伊幣）等於銅錢五百三十三枚，各一勞啤（香港法定通用伊幣）。因為當時香港沒有造幣廠，銅錢又還要好用，所以就採用牠來做香港的小額輔錢。

後來，經過二十年的悠長時間，物價有點變了。商民覺到單是用一文價值的銅錢來作輔錢是不行的，應該依十進的辦法，鑄十文一枚的銅元，與乎十銅元一枚的銀毫，在使用上才能夠便利，因此，中國當時的銅元單毫，雙毫等，都在商場上交易出現。

香港政府的當局也在一八六六年當局才想出另一辦法。就是把藥銅元收回，發行當局才想出另一辦法。就是把藥銅元收回，發行新銅元。是一九二一年十一月十三日，香港總督貝璐布告發行一種新鑄的小型『香港一仙』，輔幣的體積比較銀幣小得多，在攜帶上的重量大為減輕，人人樂用。大概來說，輔是比較一毫銀幣稍火，大約有一個雙毫一般火的大小。既有一圓銅幣和輕，人人樂用。大概來說，輔是比較一毫銀幣稍火，大約有一個雙毫一般火的大小。既有一圓銅幣和

英政府另行頒布香港合法通用伊幣法令，香港的輔幣制度才十分完整，則分為半圓（大家叫輔做的中圓）二毫，一毫，五仙，（以上銀幣）一仙（銅幣）這五種在一切交收上，低則輔圓，毫幣不得超過二元，銅幣不得超過一元。

香港自己既然有了一種小額硬幣來作輔幣，自然不再需要外國的貨幣在香港市上流通，因此，在十七年以後的一九一二年七月一日，頒布三種條例，禁止通用外國貨幣，所有以前通用的各種銀圓和中國的單毫雙毫銅元等，除中國銅錢之外，一概不許再在市上流通。由於這次伊幣制度之劃一，引起一場頗火的風波。

一九一三年十月頒布禁止採用外國銀錢貨幣以後香港電車公司首先奉行，不再收受中國銀毫，華僑社會立即發生抵制電車運動，一致不搭電取，達一事件從一九一三年十一月十一月始，一直堅持到一九一四年才獲得解決，電車公司在營業上不免受了相當損失，當時香港通用那種銅幣，而積甚大，在使用上，數字一次，就笨重異常，商民頗覺不便。

在使用上，確質有輕便得多的感覺。

可是，因為環境受到影響，一天比一天完善起來了，隨香港的幣制變更而再變更，到一九三五年的十二年前，隨香港的幣制變更而再變更，從原來的銀質，變成銀質，因為中國當時受了美國收買白銀的影響，突然在十一月四日宣布放棄銀本位，白銀收歸國有，採用紙幣代替了銀幣，香港在地理上是和中國息息相關的，假如中國放棄了銀本位而香港依然用銀本位，那在金融上就會呈現一種紊亂狀態，不能不變更幣制，適應環境。

就在中國變更了幣制的後五天，香港收府馬上放棄了她的銀本位而和中國採取同一步驟，宣布禁成銀圓口，白銀收歸政府發行一元紙幣代替了香港銀圓之外，對於銀質的小額輔幣，也採用鎳質來替代了銀質。還種一毫五仙兩種，決定每枚重量是二·五九一克蘭母。還種一毫五仙鎳幣法定每枚重量是一·二九五一克蘭母，五仙鎳幣每次不得超過兩圓，即一毫鎳幣每次不得超過二十枚，五仙鎳幣每次不得超過四十枚。

香港的小額硬幣，仍舊可說『輕巧』，但是，就銀質鎳質輔幣，仍舊可說『輕巧』，但是，輔的體質比較銀質的地位佔得多些，放在口袋裏，多一點就不方便。此外，銀質一般不致有人假冒，鎳質來製造，雖然是鎳質，而人貪鎳的，然而不然，市上也發現過許多是假的。

還種小額輔幣，不管是銀質，鎳質或銅質，每一年一到農曆年晚，總是感到缺乏的，原因香港大部份人口是華僑，華僑都慣慶賀農曆，新年一到兒輩是要給封包的，廣東人叫作『利市』或一利是，還種東西是拿小額銀幣或銅幣來封包的，所以大量應用，致令還種小額輔幣一時缺乏

英政府另行頒布香港合法通用伊幣法令…

香港小額輔幣，早在開埠之初…

姿雄之行銀豐滙
上圖設是新行址
下圖設是舊行址

行銀豐滙海上之日昔

滙豐銀行大廈

鄺勢南

雄峙香港的滙豐銀行大廈，是一座十四層的龐峨建築物，它高達二百四十多尺，港礦做南中國最偉大建築物哩。

它的建築是在民國廿三年十月十五日由常任香港總督貝璐爵士奠基的。費一年的時間完成這偉大的工程，建築費差不多二千萬元。

滙豐銀行大廈實在的高度是二百四十七尺五寸。商积五萬六千方尺，總計重量七萬噸，等於世界最大的一條洋輪的重量。

宣開幕那一年是民國廿四年豐十節日，這就是說由奠其以至落成化了一個年頭的時間，而由打椿以至落成則耗時兩年。開幕之日，原定請當任總督修頓爵士主持典禮，後以他政躬違和，就由誠怪史美泉行。開幕時燃燒的爆竹是有二十丈以外，它的長度破本港所燒的爆竹的長度的紀錄。

滙豐銀行大廈對面那年，董事長是柱威路君，他是本港西商銀行有名望的人，是天祥洋行現任的總經理。該行正經理是祁禮賓爵士，祁得士已經在香港逾當時期病死未桂集中營，他是昔名行址落成後做該行的正司理一直至他逝世那天。證明滙豐銀行照來，它在該新址落成前已經有七十一年的光景，刊目前一共有八十多年。

滙豐銀行經營的手法頗值氣述一下，祁爵士領就他有一位朋友對他說，謂以如此偉大的建勢，將使胆小的人歸踱不敢入內作小交易，郑爵士又關慮到遠東已有三十多年，有一少年對他說，謂於前夕（開幕前）遇見他（祁氏）的「大班」，並對「大班」（開幕前）說不敢將小存款貯放於該行之內，恐妨該行的拒而不納，他的「大班」乃為對該少年道「我親愛的朋友，敝行絕無太小或太大的東西」，他的一大班，自然是得禮不過了。還有一點，當日被遊列席在廣州三名，香港兩名，一是馮香泉，一是黃耀東。你看滙豐銀行經營的手法怎麼高明，無怪今日想存欵在滙豐銀行的人那麼多哩。

滙豐銀行的設備最值得一提的是保險庫，內分段貯寶室四個，共有大小貯寶箱七千二百二十一個。保險庫全部是鋼鐵構成的，它的鐵門全是用電力啟閉，堅固異常。雖然硬用火立或勢力發燭，亦不能啟閉。

滙豐銀行本身業務佔居大廈的全部地下和它的閣樓、其他的層樓是出租作寫字間。大廈內部在夏天有冷氣供給，冬天則有適當的暖氣。

說到滙豐銀行業務的狀況，它在一九四六年購了九百六十萬二千七百零三元，那時它擁有龐大的資產，計現金就有七百五十萬英鎊，和一千二百萬英鎊、墊支二百萬英鎊，債券八百五十萬英鎊，應收期票三百萬英鎊，一九四五年的純利二十萬七千八百五十五鎊三司令一扁士，這年賺錢較少，原因是香港剛在光復之後，銀行業務尚未充份恢復。但至昨年，情形已自不同，該

港幣雜話

「港幣」的價值是相當穩定的，雖然二二港幣鈔票的發行額已經比較戰前增加兩倍半，但因準備穩固，不曾發生通貨膨脹的現象。

港幣是香港的法定通貨，但它的流通地域不僅限於香港，在澳門，廣州以及香港鄰近區域如寶安，中山各縣，都流通着「港幣」。雖然各該地方的法律都禁止使用港幣，但民間爲省卻先到愛莊掉換的麻煩手續起見，索性就把「港幣」看作通貨。因此粵省金融當局認爲相當頭目，蜜沒有統計，但據估計約發行額半數以上，卻先到愛莊掉換的麻煩手續起見，索性就把「港幣」看作通貨。因此粵省金融當局認爲相當頭目，蜜沒有統計，但又沒有一個可以防止的辦法。

「港幣」單位是一港圓」，在一九三五年正式宣佈取銷銀圓本位以前，一港圓」與一英鎊的比率，照落法定。但自從香港政府于一九三五年頒訂「通貨法例」，設置外匯基金，並指定發行鈔票的銀行把當日作爲鈔票準備的英鎊準備繳付以後，港圓和英鎊的比率，一直維持落一先令三便士的價值，戰前戰後，都沒有怎樣大的變動。

「港幣」的鈔票面計分一五毫元」，二一百元」，「五十元」，「十元」，「五元」，「一元」，「二角」，「五分」，「一分」。五元以上的鈔票，由匯豐銀行，渣打銀行和有利銀行這三家發行鈔票銀行負責發行，一元以下的鈔票，則由香港收府發行。

在戰前，自宣佈廢除銀圓本位以後，香港的通貨都是鈔票以外，還有鎳幣的鑄錢，鎳幣的面額發行鈔票增加一千二百餘萬錢，來往賬項及存戶亦增加一千餘萬錢，查產項中。現金增加一百二十五萬錢，債券增加一千二百萬錢，投資增加二百二十五萬錢，收款票增加一百二十五萬錢。約分「一角」，「五分」兩種，直到戰事發生後，這些鎳幣已經蕩然無存了，香港收府聽說正在計劃重新鑄質的輔幣呢。

在外匯交易上，香港是英鎊集團的一環，除了上述這三家發行鈔票的幾家：通隆銀行，大通銀行，安達銀行，萬國寶源銀行，廸通銀行，華比銀行，法蘭西銀行，上海商業儲蓄銀行，東亞銀行，寶業銀行，華僑銀行，中國郵政儲金匯業局，廣西銀行，中南銀行，農民銀行，聚興誠銀行，退貨銀行。

工商則例

▲雜貨鋪只准存五十磅以下之炮竹，貯在歸而之節橫內，不得存放牆上，凡重量超過四百磅以上之炮竹，須存放於用磚石或防火資料建築之倉庫，此倉庫須距離四週屋宇得道五十英尺。

▲凡用反光或幻燈電影等方法，由屋內向屋外地點，或同天空硬出告白，均在禁止之列。

▲香港錢債條例規定債權人不得請求法官將負債人拘禁，以爲執行錢債暢之判決。

少女

（上文接一四五頁）

行去年盈利一千六百五十九萬五千零七十九元，比一九四六年時，多獲利約七百萬元，該行去年業務繼續擴展，去年內賬項增加二千三百萬錢發行鈔票增加一千二百餘萬錢，來往賬項及存戶亦增加一千餘萬錢，查產項中。現金增加一百二十五萬錢，債券增加一千二百萬錢，投資增加二百二十五萬錢，收歐票增加一百二十五萬錢。

發支增加五百二十五萬錢，純益增加一百二十五萬錢。戰前，民國廿九年的純利共一千三百九十萬九千六百七十九元九仙，廿八年的純利共一千五百二十四萬六千六百十三萬二千二百一十六元八毛四仙，廿六年的純利共一千五百四十三萬二千二百一十六元八毛八。照上面所舉的數字，它今年就獲得一千遠百萬元的純利。

匯豐銀行在戰時就把它的總行由香港遷往倫敦，光復後才還回來，目前董事會主席兼正司理是摩斯先生。它的資本額是二千萬元，現已發出和繳足的資本金也是二千萬元，權有六百萬錢的準備金。它現有分行四十六個，另外還有因戰爭關到現未復業的分行有六個，它就是烟台，大連，澳優，哈爾濱，蘇拉巴和橫濱。

匯豐銀行照例按年召集股東大會一次，去年開的是一三一屆的會議。每次在股東大會席上，去年的董事會報告照例發表一篇冗長而握要的演詞，那演詞不單獨涉及它本身的銀行業務，而且還討論遠東以至世界的局勢，特別是關於我國的邊疆東方面的情形，其中尤以屬於我國的蒙藏，因爲它的投資和利益大部份是關係我國的。

香港・澳門雙城成長經典

174

香港銀行區

程摯

香港雖然是一個面積很小的島嶼，可是，經過了一百年的英國人慘淡經營以後，竟而今，已經成祇達東一個重要港。

我們祇要看到香港的銀行數字，便可以知道

銀行區大廈觸目皆是

香港在遠東的經濟貿易上所佔的地位是怎樣的重要。除了發行鈔票的地方性的銀行以外，世界上在遠東方面有權益關係的國家，他們的銀行都有在香港設立分行的。因此造成了香港在遠東金融經濟上的重要地位。

在香港的銀行當中，香港上海匯豐銀行當然是首屈壹指之首，它可以說是地方銀行，和「印度新金山渣打銀行」，一「有利銀行」一起發行一香港鈔票」。中國的「中國銀行」，「交通銀行」，「中央銀行」，和「農民銀行」都設有分行在這裏。

第五章 經濟

行一雖然還沒有在港設立分行，但也有一個辦事處，其他的中國銀行在港設有分行的，計有「中國郵政儲金匯業局」，「中央信託局」，「廣東省銀行」，「廣西省銀行」，「福建省銀行」等多家。這裏的華資銀行計有「廣東銀行」，「東亞銀行」，「上海商業儲蓄銀行」，「西南與萃銀行」，「華僑銀行」，「國寶銀行」：家數相當的多，無不彀舉。美國銀行在港設分行的有「萬國資源銀行」，「運通銀行」，和「大通銀行」。其他歐家的銀行計有法國的「東方匯理銀行」，比利時的「華比銀行」，荷蘭的「安達」和「小公」，以及葡萄牙的「西洋海外匯理銀行」等。

這些銀行集中在香港的繁多利亞城裏，東西以皇后大道和畢打道為界的一個區域裏。這個區域可以說是香港的銀行區，地位的重要等於美國的華爾街。

銀行區又名「禁區」，或者「戒嚴區」，這「禁區」的意義並不是說什麼「紫禁城」，或者「戒嚴區」，不過是對汽車而言，汽車駛進這區域內，是不准胡亂響號，不然的話，就會給交通警察干涉的。

銀行區裏，白天的時間是忙個不了的，銀行裏的職員以及到銀行交欵提欵的人，都覺得忙碌的模樣，可是一辦公的時間過了以後，銀行區也疲倦起來了。晚上經過銀行區，頗有點陰森之感。

香港銀行區鳥瞰全景

國際市場

利源東西街的今昔

如文

誰也知道利源東西街是一個百貨總匯的露天市場，他的貨式比甚麼百貨公司也不遜色，反過來百貨公司還沒有得賣的東西，它早有得應市。雖然，百貨公司裏邊的貨物也是任人觀覽的，但是總沒有利源東西街的那天市場那麼無拘與方便，只要自己勁心，便可隨手拿來飽覽一番，物主人決不會在你耳勞嚕嚕的，如果口袋不名一錢，或不滿意，大可以放下便走，物主人亦不會白眼相向。這裏沒有衣冠之別，衣衫不整的到這裏來也一樣歡迎。價錢相宜，不在話下，同一件物件在公司裏和利源東西街比較，總會差上兩分利錢的，因為他們共同有一個經濟觀念，不惟定做幾多分利錢生意，只要有錢賺雖一角幾分之微亦不拘。

利源東西街不但是受薪階級小僱員，中下階級熟悉的地方，甚至大家的小姐太太和一些不白的舞孃也留下很多的足跡，的確，如果不識利源東西街的人，我敢肯定的說一句：他在香港居留還不到三個月的日子了。

國際市場的買賣　　林擒作

一九四一年前的利源東西街，雖然同是一樣在熱鬧的市區中心，但是因為它是屬於橫街，過路人是不會溜進去的街道。所以一些靠做門市的商店是不會同這兩條街上來打主意，因此只有讓那些不靠門市生意的商店佔據了這兩條短街：如火酒店止。德付道西邊這一條街得郤給小販佔據。這樣一直維持到香港政府結束。

過。因此一時沒聽業八都翻了他家裏一些古舊的繡花衣裳跟盟軍去換一點新物資，換來的東西就在大馬路與電車路兩旁擺賣。後來奕只有賣沒有買的人都越來越多，而久矢有賣新奇的海島人士都因為勝利了，和過好日子了的觀念，而多謝沼一點東西。有此供求的關係，故一時找不到職業的人都多轉業小販。一條皇后道西邊的高踏戲院起至多酒店止。

到民政開始，香港當局為着市容，便把所有大街的小販趕歸橫街營業，這願一來，小販們便把目標轉移到一些夠熱鬧的橫街去。中環的利源東西街，永吉街、昭隆街、皇后戲院側邊的橫巷等，便為小販矢之目的。通擠到這些小橫街來，這樣便安定了一時。因為一時不受利警、幸干涉，小販們便以為有了固定的營業地方，便把業務擴大。但不久皇后群院旁邊郤條小巷又遭警察的取締，因此一來更把利源東西街擁擁擠了。利源東西街的地運到此可算發展到最高峯。

金山莊呀，出入口莊呀，印刷館呀，油漆舖呀，這兩條街得道靜寂得相當可以，跟現在的熙來攘往和比肩接踵，真不可同日而語。

香港光夜的時候，盟軍帶來好多新奇的東西，時至今日，利源東西街已成為香港的國際市場，已經毫無疑問。

而海上的水兵也覺得這海島上有很多東西沒見場，已經毫無疑問。

五大華資公司史略　小記

香港華洋雜處，商業幅輳，車水馬龍，市面的繁榮，一握東亞牛耳。但撐持這繁榮的表面，除娛樂場所外，而我們遠家華資公司，與有助焉。此等公司，言之為香港繁榮亦可，蓋均有悠久歷史。溯香港開始繁榮期間，近在五六十年時代，而在此五六十年間，乃誕生此種具備環球貨品或專售國貨公司等地，資本由小而擴大，成為華人大企業之一項。其此備歷史性之深遠，查本之雄厚，于此可以覘見。現就各公司創辦時期之歷略，分別錄出，以見香港華資商業發展之概畧。我其營業狀況，則非本文所論列矣。

永安公司　初發軔于澳洲之墨梨埠，名永安果欄，其時郭樂郭泉昆仲及歐陽民慶，梁創，馬祖星，孫智興，歐陽品，容子榮，彭容坤，郭顥，郭朝，郭劍英諸君，裏營果類，輸出澳洲土產，輸入我國國貨，相與戮力營謀。公推郭泉歸國薦香港，就皇后大道一六七號，組織百貨商店，即以永安公司名之，選辦環球貨品

「發蹟金山莊，出入口生意，舖址僅得一間，夥友僅有餘八，規模之狹小，迨如現在市面之洋貨店耳。豪月增加資本為六十萬元，邊出現址，至業日進，至前清光緒三十三年，再集資本為，是方由少數人所組織之永安私家有限公司，乃正式成立。是時公積金已達一百二十萬元，繼續擴大保有限公司性質，於民國五年增加股本為二百萬元。業務更進，迄民國十九年，公積金已經過二百萬元，今當更不貲此發。其嗣覺有上海永安有限公司，永安水火保險有限公司·上海永安紗織股份有限公司·永安商業儲蓄銀行等，並附設大東酒店，維新織造廠，貨倉等業務。

先施公司　為創自馬應彪者，蓋常一八九四年，其由澳洲歸港，以港地未有不二價公司之設立，引以為憾，乃于一八九九年倡組此類公司，籌賢數月，得澳僑華僑蔡興，馬永燦，郭標，歐彬，司徒俉長，馬祖容諸君之贊助，又得香邑商黃焯南，李月林，王廣昌，黃在朝，及美洲華僑鄭幹生等之贊助，計連內地外僑，共集十二股，集資本二萬五千元，先在大道中自置樓宇一所，從事修葺騰置器具，已耗去港銀二萬元，所餘僅五千元，以之張雜貨品，酒於西歷

『為食街』是平民的「經濟」消賣地　　吳露帆作

一千九百年元月八日成立，此為先施公司誕生日也。斯時僅用之夥友恒二十五名，皆鄉間之青年男女，聯作商務之實地練習，然一般社會人士，肯託該公司為新奇無匹，而緣謠其為不永年之商店者，時瓷有一部份股東提議收盤，公司宣告曾聘請女子充任，非獨新奇，且歷練未深，其不賭本省幾希矣。然因馬應彪氏之極力堅持，議遂寢。不料是年八月間，颶風驟起，章安街臨舖一所參業，不能營業，遍得遷移，暫在永安街臨舖一所參業，但以出世未久之商店，遽遭挫拆，食以同事多屬青年，經驗尚少，維持豈易，因有此稱原因，遂影響殷情亦為之大落。追一九○四年即先施出世之第四年，建復舊舖，生意方漸有起色，為有限公司，其時兼待由澳洲退港之陳少霞君及先後得夏從周，馬永燦，馬祖金，孫文莊，許敬樞，馬英燦，勞仲諸君力起贊助，隨另實德輔道通連平諸道之舖位一連六間，初次發展營業。數年間獲利四五倍，一九一○年又集資四十萬元，開設廣州先施公司，一九一三年港公司並購地德輔道中現址，從新建設，乃有今日之盛也。

大新公司成立於民國元年，亦為一澳洲華僑蔡英輝，及蔡昌，梁耀均，鄭元俘，黃杏林，黃仲森，陳驌容等所倡組者，資本四十萬元，至聯前已達四百萬元，復設一支行於廣州西堤兼營營酒店業，即亞洲酒店，另有一分店在廣州市辦，稍假時日，或不難恢復舊觀也。

贏愛路，有酒茶部及游樂場，為游樂場之巨擘。其業務之鑒，可以概見。民二十五年，又復另行集資六百萬元在港成立分公司，享譽既盛。

中華百貨公司 戊成立迄今僅約十九年，其營業方針與各公司相同。現任總司理陳少霞周日光二氏，均為公司業之企業家也，區懋亦顏發展。

中國國貨公司「中國人用中國貨」，在全商抗戰間展開後，更為國人所認為共通目標，所以中國國貨公司因此而產生。此公司乃由上海廠商所組織之「星五聚餐會」之一會員所發動者，在海士聯合著名工廠九家，就於民國二十一年「一九一八」國貨商場，各以出品陳列發售，顧客非常擁擠，成績良好，在此一次試驗成功，證明國人愛國觀念，竟勝於崇拜洋貨之心理。後於民二十二年春，初在港經濟成立上海中國貨公司，不久增至二十萬元，公司營業途步擴大，此均為香港中國國貨公司前身也。這我國政府遷都重慶，一般來港之實業家及銀行界鉅子，認為有在港設立實業機構之必要，爰於民國二十七年十月，有組織中國國貨公司之議，經二閱月之短促籌備期間，同年十一月二十日成立，推定杜月笙君為董事長，業務一日千里，後更在九龍及澳門兩地，添設分銷市場。九龍分銷場因香港之戰被掠一空，戰後已予停辦。

柏供行

絡

說起柏供行，相信有許多人不知道的，它是在現在皇后大道中匯豐銀行面前的汽車停攞場，那塊地段在一九三八年拆掉了。這座建築物雖然不能夠跟現在的華人行，娛樂行等火炭比較，可是在十多年前，倒是十分有名的，那時候，匯豐銀行的現址，仍然是一座頗有歷史性的大會堂。

柏供行的建立，有這樣的原因：一八七八年十月，立法局——當時譯作定例局——議員庶利羅士（即後來庇利羅士中學所紀念的人）曾捐出一千磅，給港政府，建築一個供士輝之一次紀念石像，給港政府當局認為柏供在英國並不是一個怨樣子不得的人物，似乎不須要為他建立石像，一個怨樣不得的人物，似乎不須要為他建立石像，結果把創經庶利羅士捐出來的一千鎊改作為香港醫學的經費。後來又改設庇利羅士學校，庇利羅士認為柏供士輝的名字不能理沒，於是把自己所置位落大會堂對面的一座樓房，改名「柏供行」，藉以紀念這個英國大臣。

柏供行這座樓，建築館額，又漫又矮，不過當年中環中央市場對面那消防總局大廈還未落成以前，華民政務司署，曾經一度設在這座柏供行」，市政衛生局也曾假道大廈的樓下西便作辦公地點。一九二五年大罷工風潮發生後，香港政府實施華文報紙新聞撿查制度，最初各報的新聞稿就是送到柏供行裏華民政務司署檢查的。

臨着香港的歷史而來的，是那些老‧洋行‧商號的歷史，有些是繁榮而成功了商場的驕子，有的却在競爭中失收了，無論他的命運如何了他們都給這英國殖民地帶來了繁榮，給社會生活以改進。因爲洋行站在商業中的主流，所以它們的勢力直到現在仍然存在，在若干老洋行歷史裏，也常可以反映出香港初期的商業狀況，也可以找用香港繁榮築出今日地步的一部份原因。

香港最老的洋行，當然是算渣甸洋行了，它的歷史回溯到一七七二年，那時創立渣甸洋行的是郭斯君，所以當初喚做郭斯君。一七九三年改爲卑路行，一八一七年改爲麥尼行。一八三四年經兩個譯名喚渣甸和麥地臣的英國人卡持後，才改用今日的名稱。早年的對華貿易，是以澳門爲基地，由麥尼主持，他是東印度貿易公司的外科醫生，後來和麥地臣合作，接辦了遭洋行，經營成了香港最有經譽的英商行，它的初期業務是出入口，還東發展爲船務，主要目的在運輸它本身的出產品。它同時經營保險業。廣州保險分行，則達在一八〇四年已開始。那時有許多商人都同樣地在印度公司保持專利權。直至一八三四年專利權指結束。渣甸洋行於一八四三年英國佔領本港後，它由澳門遷來香港，一直維持業務到今日。

第二間最老的洋行便是旗昌洋行（Shewan Tomes. Co）了。追溯到它的歷史，早在本港歸英之前，還在一八一八年，它的前身羅紊洋行已在廣州開業，還本是一家美國商行，由羅紊創立的。一八二四年又改組。它與我國通商的歷史，可追溯至一八〇三年，那時美國行柏堅士公司，棄後乃從渣紊公司合併，後來業務漸次發展，直至一八九〇年又改組，乃由西雲公司接收，改名西雲公司，至一八九五年，有一英人名湯斯的，參加乃爲湯斯。後來合資經營，改用今名。一九三〇年廣州華人發生事件，英人奉命遷澳，於仁行亦遷往澳，後來和其他商行一起遷來本港。他們的進步是本港商行有名的軍業之一。

（太平洋行）威路文 Gilman 的名字在本港早年紀錄中已有載述。經理威路文君 R. J. Gilman 是郭脫好行的試茶師，一八四一年左右在廣州經商，不久到香港來，和保文君合辦「威路文渣甸洋行的西商，創辦人渣蓮君老闆」。後來保文君告退，就改爲威路文公司。即今名太平洋行（Gilman and Co.）是。在一八五〇年初期，該公司在渣口上海福州和日本設有支行，原來威路文君在一八五五年返國，但仍保持股份。一八六二年的股東除威路文君外，有羅拔君，維查君和恩連莊等。五十年代時，該年之前在上海和日本已成立支行。

（期行）（Gibb Livingston and Co.）在那些開設於廣州，及香港報紙與英國通郵後遷來的許多商號中佔一地位，該行在一八三六年，由東印度公司的幾個職員任廣州設立，後來發展到澳門去，來港那一年，地址在皇后大道，歌賦街之下，一八四五年地址則遷鴨巴甸街，後來又建立菲林明道分行，業務蒸蒸日上。在過去百年中，保持他的努力和商業上的發展。

行又與倫敦洛士（Lloyd）行合作，代理香港福州等埠地生意，該行以對華茶貿易的基礎，債權發展各稱生意，在本港一直經營至今，一九一七年改爲有限公司。

（於仁保險公司）廣州於仁保險公司，又是一間有百年歷史的老商行，一八三五年，駕尼公司（該號數年後遭遇不幸）在廣州建立第二間保險商行，結果紙得一個俘存，及因有重印度公司之專利而增加伊等，他的基本合作者爲鄔脫公司，羅紊君等，前三者爲英商，後脫離公司，渣甸行之一端納行，羅紊行等。渣甸行後來合資經營，改用今名，至一九三〇年廣州華人發生事件，英人奉命遷澳，他們亦遷往澳，後來和其他商行一起遷來本港。他們的進步是本港有名的軍業之一。

（屈臣氏公司）屈臣氏公司，原名香港藥房，他的歷史亦與英國佔領本港史同其悠久。香港藥房在英佔本港數月後，即開業，最早之一個醫藥專家爲諾醫生 Dr. C. D. Young，他一直住到一八五〇年，早早的紀錄還有一位醫生，楊醫生，歌賦街之下，「波得」楊醫生，一八五八年來港還 Dr. C. D. Young，今名，該號地址更改多次，好像其他的老商行一樣，在皇后道建立多年，一九〇四年還遷至今址，屈臣氏汽水製造廠，亦爲本港製造業的先驅之一。

（連卡剌拂）亦爲本港有名的火商行之一，於一八五〇年建立，行址初在海旁，後來即遷到今，創辦人爲蓮君（T. A. Lane）是一間紹本港老闆是一八四〇來港老闆，新令令不久後創立，常務日見發展，由德付遺伸展至皇后道，新令令不卡佛君 Ninian Crawford 合作經營，由德付遺伸展至皇后道，新令令不卡佛君合作經營，對該行建立並無妨碍，一九〇五

第五章　經濟

香港百年史（一九四八）

香港的報關行

澹雲

香港是一個商業貿易的轉口站，報關行的業務一向都設得是不錯的。戰後，因為鄰近各地對於進口貨連限制更嚴，商人們為避免自己去辦那些麻煩的手續，樂得委託報關行辦理，結果造成報關行的繁榮。

報關行是靠服務來掙錢的行業，當然許多報關行是忠實的，不過，也有不少報關行兼做特商人騙稅走私的勾當。在復員後的幾年間，這裏的報關行，不少已經發了大財，老牌們住着最華麗的洋樓，駕着最新型的汽車，過着最優遊的生活。

報關行所吃的可算是一紮計啦，隨時隨地都要動用關筋跟一行一業鬥智鬥泰戰，以爭取大量的顧客。為甚麼承辦貨物此他貨免稅？怎樣趣報可以納稅較少？怎樣向各方面鑽絡？用甚麼方式進行聯絡，長是緊迴在每個報關行負責人的腦海里。他們的腦袋，一難有勝人一籌之處，無論甚麼一難辦的一宗貨，他們可用人情和金錢兩種利器，勞運的一貨物，他們可用人情和金錢兩種利器，勞開道難關。進海打通整個鐵路交通線，航空綫和水面交通綫。雖然有時金錢及人情也行不通的，但一經過他們的鴻籌碩計，就一帆風順的通行無阻了。

怎樣可以免稅？及如何向各方面聯絡呢？現必須經過化學實驗綫能驗出來的，他們把握着這個焦點，在貨物未搬運以前，先用技巧的方法把商標刻下來，于是一批人押運貨物，另外還有例如：有些藥粉，是「的精神！然而他們既知道他們的職業有將要騙政府，騙海關的，但還顧着良心幹下去，為的甚麼，當然是個錢字！

專為運輸商標，一俟到了起貨的地方，繞把商標黏上，這樣就可以免稅通過了。一個存辦公廳裏做事看來十分嚴肅十分謙虛的官員，在冒險家看來，是經營維於聯絡的。但當關業中人類得聯絡手段，卻不覺得怎麼困難，但光是懂得聯絡手段，有時容或不濟，所以必須因人制宜，因時制宜，倘若你不懂得這些手段，紙是用金錢來拉攏他，是最愚蠢不過的，如果事或不密的時候，人們會指他貪污，而他本人看來，也認為有損他的會聲與名譽，不但會罵你賞絡，甚或向目游泳，佳醇旧隨，扁用蕩葉，雨遠更有它的詩意的情調，至於大雨滂沱，雨農也失了它的效能你火罵一頓。遇些報關行，深知此中底蘊，幹些壞事情，他們就用袋絡的方式進行聯絡，譬如夏天來了，前連管員的屋子還途給他，那麼他們就會把漂亮的風屋途給他，用這様的方式向他聯絡，不但別人不敢途他貪污，他地要以變錢的其西途給他，如他有一位女公主，把易於變錢的其西途給他，如他有一位女公主，就送金鍊給她，諸如此類，不勝枚舉。

他們窩不掩飾地坦白承認他們是：騙政府，欺騙船公司，榨取苦力的，而唯一不敢騙海關。倘若口頭答應了承辦手續費為干，而後來才知道一時大意估價錯了，有時候也家躺絡不去實踐前會的，雖然有時虧本過多，支持不來。紙得關門大吉。他們的作風，很有「撈家」的精神！然而他們既知道他們的職業有將要騙政府，騙海關的，但還顧着良心幹下去，為的甚麼，當然是個錢字！

香港的雨遮業

知白

雨遮是人生中必需用其的一種，它雖然比不上柴米油鹽的那麼天天要它實用，但它却是一種「不時之需」的不可缺少的用具。例如選足旅行，烈日當空，如果沒有一把可以遮亮陽光的雨遮，便會大汗淋漓，倍增辛苦，又如海灘放游，容目游泳，佳醇旧隨，扁用蕩葉，雨遠更有它的詩意的情調，至於大雨滂沱，雨農也失了它的效能的時候，雨遮便是天之驕子了。

英國前外交部長安登，他出入官邸，或游歷他國，手中總不離一把雨遮，雨遮已經成為他生活上的良伴，雨傘與邱吉爾的雪茄，已經或為英國政要中特殊的禮誌。英國雨遮比較有名，但行銷遠東的為數並不多，原因是香港的製遮業也相當發達，在遠連錯場上，香港因屬英工音康，運輸便，所以能夠大宗出口，在南洋各地擁有廣大的市場。

本港雨遮廠歷史較為長遠的，要算上環文成東街的時來遮廊。它創設於公元一八六九年，到現在已經有七十九年的歷史，它的出品是以雙狗為商標。在中英政府都有註冊，它所製的雨遮歐式相當多，男用女用都有，它在拳業上的號召方法，是一如有損壞，免費修理」，因此在本港和南洋都有很好銷路。在遮業同行中，它是歷史最悠久的一間。

HONG KONG

第

章

六

交

通

香港百年史（一九四八）

183

廣九鐵路興築史　潘孔言

廣九鐵路為粵港交通的大動脈，亦即粵港繁榮的樞紐，深圳以上為華段，深圳以下為英段，全路長一百一十英里，華段稱廣九，英段稱九廣，在華段未興建前，英段业已竣工通車，清光緒三十一年，中國政府始向英國借依一百五十萬鎊，興建華段，經過四載有餘的艱巨工作，直至宣統三年八月始告竣工，壯借款合同大略如下：

（一）借款一百五十萬鎊以廣九鐵路作押。

（二）每借欵百鎊實收九十四鎊。

（三）當年行息五厘，由售票日起計。

（四）先建單軌，借須預備雙軌路基。

（五）八個月內不能興工，合同作廢。

（六）廣州設立總局，由粵督派一督辦向佐以一英國工程師，及一英國總管理人。

（七）給公司各人薪金二萬五千鎊（即轉料所扣佣金）作築路期內辦事之費。

（八）津貼公司每年一千鎊，至借款還清時為止。

（九）借欵以五十年為期，十二年半之內但付利息，不須還本，以後則本利攤還。

（十）廣州與九龍接軌一事，由粵港另訂章程辦理之。

以上即為借款合同之大略，合同訂妥之後，該路竣於光緒三十三年即西曆一九○七年八月分三段一齊興工，第一段由大沙頭至仙村，第二段由仙村至橫瀝，第三段共八十九。四份之一英里，由第五十八里至八十五里之間，皆屬高地，又有低地十餘英里，須築高堤基以防水患，故工程頗為浩大。

由第三十二英里至四十一英里共築大橋七座，計開，仙村橋五拱，每拱長六十英尺，石厦橋三拱，每拱長六十英尺，又兩拱長一百英尺，石灘橋三拱，每拱長十六英尺，江橋四拱，每拱長十六英尺，冠拱長一百英尺，石龍東橋三拱，每拱長一百四十英尺，又兩拱長六十英尺，東莞橋四拱，每拱長二百四十英尺，又兩拱長六十英尺。

全段車站十五所，停車處十一所，車頭之附車可載水三千五百加侖，載煤五噸半。

清宣統三年八月十三日即西曆一九一一年十月十四日舉行通車典禮，翌日即西曆即正式通車，行車合同：每日開直接快車二次，車費全程頭等龍毫五元四毫，港銀九元二毫，二等龍毫貳元七毫，港銀三元五毫，三等龍毫一元三毫半，港銀一元二毫半。

通車典禮在深圳舉行，晨九時由大沙頭開車，十二時半到深圳，中西人士乘車者三百餘人，粵方由交涉司李清芬及勸業道周寶衡代表粵督，低禮甚盛，禮畢，原車開回廣州，翌晨即開始正式通車，以長僅八十餘里之鐵路，工事竟達四年之久，方告完成，信乎建設之不易也。

四十年前的交通　孔言

四十年前之香港交通，不特載人之汽車絕少，即運貨之車，亦紙以人力牽引：一鄉大夫一到港，驚為奇蹟，蓋向未嘗目覩也，載人工具，除東洋手車外，以龍飛馬房之觀音輿，車最為壯觀，更有一種以花轎大馬牽引，赤稱金山火車者，下纜當日一臺飛馬房黃告白：可見當日香港的交通情形也。龍飛馬房告白：

茲者龍飛馬房常有時欲雙觀音輿，請由德律風問四百三十二號便是，如貨客若光顧，或請移玉步到石塘嘴金鋪下便志昌金鋪內打德律風，蓬馬車，或要金山大馬觀音輿，可問酒館打德律風問四百三十二號，即龍飛馬房，價甚相宜，若有貴客在石塘嘴或要雙駅觀音輿，亦要無玉步到大馬街馬車一攞中環街市口，一攞水坑口，至於雙單街馬車一攞中環街市口，夜晚一攞石塘嘴咸益街口，一攞會芳閣對面，傾緣可面話。

廣九鐵路修約小史

吳灝陵

廣九鐵路是聯繫廣州香港的一大動脈，實際上，牠不祇這樣單簡，還可以接通歐亞兩洲，成為一條國際鐵路，其價值非常之大的。但，顧名思義，以聯繫廣州九龍為主，因而我們現在要談的就在這一點上面。

因為是聯繫廣州和九龍，所以發生了國際關係，分成華英兩段，從廣州到深圳，屬華段，隸屬粵漢，辦理自然不能一致，彼此之間，就要訂了一個合約來分配車利了。

在民國二十一年以前的廣九鐵路合約，是遠在民國三年那個時候所訂的，在車利的分配上很不合理，因為廣九鐵路全長一百二十一英里，華段佔九十九英里，英段只佔二十二英里，照理，華段應佔車利百分之八十，英段只佔百分之二十，但事實上華段只佔百分之六十五，英段則佔百分之三十五。由此一點，引起了修改合約這一進行。

修約的史上一個重要文獻，我特別把它紗在這裏：

一次省務會議議決照原則通過，並派胡繼賢負責和英段磋商，英段方面對於修約這事，也不表示反對。中間經過波折雖有，到底順利完成。

那個修訂廣九鐵路合約的原則，是廣九鐵路合約原則草稿，經第二一……

鐵道部長顧孟餘，看中了他，特派他到廣東來，接任廣九鐵路管理局局長之職，以便就近辦理，但是，不知什麼原故，劉承暢不能到任，事情一擱就擱了一年有多，才找到相當人選，由當局派定劉鑣賢、李務超、龔樹芬、胡棟朝、李卓波這班人，做修改廣九鐵路合約委員會委員，負責和英段路局辦交涉。

胡繼賢等奉派後，經過幾個月進行，召集過好多次會議，反覆研究，途謁廣東省政府整核，經第二一……

英段取百分之三十五計算，天下不平之事，孰有過於是者。此應另行訂縣運合約之理由一。

五年以來，時局變亂，本段營業收支比對，虧損頗多，迨至民國十七年時局安定，往來旅客漸多，收入亦因而漸增，惟是年份不敷支出者一十二萬餘元，至十八年除車利四萬元，十九年增收十一萬元，二十年增收二十四萬元，二十一年增收三十五萬元，此區區之數，以之總補車輛多年未付，債主高築，甚為非計，若不將應得之車利，兩段公平支配，則清償無期，而欲以盈餘整頓業務，加增收入，亦不可得。此應行另聯運合約之理由二。

或謂英段建築費顏巨，似可多分車利，不知建築山洞，所以籍短里程，縮短里程，所以減少行車費用，不築山洞，則路線羅長，初時建築費較少，而後來行車費反多，是初時山洞建築費雖重，而後來行車費輕，兩相權衡，不特可以彌補，且有過之而無不及，此各鐵路建築山洞之大原因，亦為各鐵路本身之事也。查該路自一九一一年起，至一九三二年止。二十二年中所有營業……

幸而那個合約以十八年為期，民國二十一年四月期滿，當即由主管當局進行修約，務求車利分配之合理。當時在民國三年訂約簽字的，是劉承暢，他是當時的路局軍務處長，對於這一件事情的經過，非常明瞭，修約的工作最好由他擔任。

里程短，則費用少而收入亦少，此普通之原則也。為華英兩段現行修約，其車輛數目之配置，則以里程比例計算，定為華段四而英段一，則不以華段取百分之八十英段取百份之二十為比例，而以華段取百分之六十五英段取百分之三十五計算，則華段常得八百三十七萬九千餘元，英段……

段百分之六十五，年約一千零四十七萬九千餘元，按照華段百分之六十五之比例分配，於是華段僅得六百八十一萬一千餘元，而英段則得三百六十六萬七千餘元，今假定當時以里程計算，則華段常得八百三十七萬九千餘元，英段……

當二百一十餘萬元而已，以故華段之損失甚大，而英段多得之一百五十六萬七千餘元，對于山洞之建築費，已將獲回其半數，英段之火占便宜，亦已久矣。或又謂英段資本較重，車輛設備交足，華段資本較少，車輛設備缺乏，常同英段借用，故英段多分車利，不知華段車輛缺乏，借用英段車輛，向照約納回租金，差修理車輛，亦各自為政，華段並未有便宜，行申費及車輛數目，均照里程比例計算，故華業收入，亦應以里程比例計算。

上陳各節，均認為應訂立新約之重要原因也。誰於修約範圍之外有請政府注意者數事，此數事者，雖不在修約範圍之內，而間接則於修約有關，蓋設法使華利收入增加，將來英段所分之利，較多於現在所分之利，則英段自然樂從於修約也：（一）借款購買車輛，無可諱言，向英段租車損失，為數亦鉅，惟有借款，加購車次，則收入自增，租金亦可免除，現擬購機車三輛，客車十二輛，已向中華公司提議，未得允借效項，此宜注意一也。（二）縮短快車時間，廣九鐵路有水道競爭，欲操勝算，惟有縮短快車時間，欲路基堅固，必須更換枕木，然置鋼軌，此宜注意者二也。（三）籌設負責運輸。九廣路客多貨少，原因固多，而在運輸一事，路局未能負責，以致商家裹足就航，此欲圖補救，必須籌設貨倉，及其他一切手續，此

應滿注意者三也。（四）籌備公路聯運。現在沿廣九路各縣，多有興辦公路，頗著成效，惠樟公路，與本路樟木頭站相接，本路擬與訂立聯運合約，已有成效，每月約收車利五千元，而英段正擬加入，其餘各縣公路聯運，亦當從速進行，此宜注意者四也。

負責修約的人就依據這個原則來進行，折衝樽俎，經過一年左右，到廿三年九月，雙方訂定全部新約，定名「廣九鐵路華英兩段聯運合同」，簽約的兩方，一方是國民政府鐵道部部長顧孟餘，一方是香港總督貝璐，九月十五日正式簽字，以五年為期，期滿失效，如雙方同意，情願繼續辦理。聯運時，要在限屆滿之前三個月前續訂或改訂。

新約內容是逼槪的：（一）關於車利分配：甲，由九龍開廣州直通快車段應同英段收回運價收入百分之二，乙，由廣州開九龍直通快車段收入百分之三。（二）關於意外損失：甲，倘有意外發生（指軍事）時，發生之一方須卽通知對方，由通知之翌月起，所有雙方數目，暫停核計：乙，如有意外損失發生之一方負責賠償。（三）關於修路責任：甲，某方橋樑路基損壞，應由該方負責修理；乙，如不能決定某某方負責，由雙方決定之。（四）關於車輛分配：華方負責十八輛，英方負責十六輛。（五）關於借用車輛：甲方車輛不足時，可向乙方借用，給回相當租債。

廣九快車有專名　吳灞陵

自從經過一次侵略戰火以後，廣九鐵路遭受了一次火破壞，路基弄得不很堅固了，因之目前的行車運率，不都趕路臨時修復的性質，因之目前的行車運率，不敢怎樣加增，最高最高，都要四點半鐘左右才能夠走完那一百二十一英里的全程。比方，九龍開上午八點十五分的快車，十一點零八分就判達廣州了；現在，九龍開上午八點十五分的快車，要十二點五十分才到達廣州。

現在的廣九快車，雖然沒有戰前那樣的高速度行車，可是，每天對開的直通快車是六班，和十多年前的一個一樣。不過，從前有一個利便搭客的辦法，就是把所有各班快車都加以一個固定的名稱，以便記憶，而免誤會。民國二十四年一月廣九各班快車的固定名稱是這樣的：中午直通快車叫做「飛車」。上午八點十五分由香港開的叫「飛箭」，下午四點五十分由廣州開的叫「飛龍」，下午四點三十分由廣州開的叫「飛鵬」，還有，來往搭客定購車票，或寫價向路局有什麼詢問，都可以利用這些固定名稱來指出了。後來，這些固定的名稱。不知如何取消不用。

第六章　交通

香港百年史（一九四八）

電車創辦過經

陳世豐

香港陸上的交通，電車佔最主要的部分，車起符箕灣，西至堅尼地城，這一段綿長的路線，都由電車行走，電車行車安定，無顚簸搖擺之弊，而且有軌道可循，行人知所趨避，不致如汽車往往因閃避路人，發生互撞顚覆的慘劇，電車可以說安全第一，同時收費廉，沿途密設停站，上落萬便，故爲市民所歡迎。戰後，電車的乘客特別擁擠，爲戰前所未見，可知它是市民唯一的交通工具。

電車開駛至今，還不足五十年，但它的發展比較其他公共事業迅速，這雖然因爲適合市民的需要，但電車公司組織的健全和經營的得法，也是其中要素之一，電車公司是英國人創辦，遠在六十餘年前，即已入禀香港政府，請求准予承辦全港電車交通，至一八八二年，有軌電車事業條例始由政府正式頒佈，所謂「有軌」，是包括纜車和電車在內，政府頒佈該條例後第二年，開始割定路線，計共六段，規定第一段路線爲單軌，長一英里許，由內地段第四七一號起，党大佐治得起，經海傍東（即現在的軒鯉詩道）瀾仔道，大道東，至瀾仔街市止。第二段路線，經大道東，大道中，大道西，至內地段二一九號止，第三段路線爲單軌，長約半英里，衝接第二段路線，經大道西，至內地段第一八七號止（即英人水手館）；第四段第五段路線爲單軌，衝接第一段路線，軌長四英里許，由內地段第四七一號止，經符箕灣半爲單軌，半爲雙軌，由陸軍兵房所在地西南界之南花園道交界處爲起點；第六段路線半爲單軌，半爲雙軌，向南行，陝山直上，經堅尼地道，梅道，實雲道，及白蘭特順道，至城多利山峽第五三十號爲終點。

這一條例，並沒有規定只准行駛電車，一段至第五段各路線，規定行走的車輛，可以獸力，汽力或機力推動，第六段路線，因爲是山路斜坡的關係，則規定須以機車或機力發動拖曳纜車，全段路線長四千七百英尺，而上下車站兩端的直線距離爲一千二百零七英尺，第一停車站

所謂獸力，是指馬車，在當時馬車頗爲盛行，它是市民往來遠近的交通工具，至于汽力，則指汽車，機力即係電車，在這個時候，汽車和電車究屬發明不久，倘無一定的名稱，人們根據當前者差以汽力推動，後者是以電爲動力，就分別定名爲汽車和電車，政府規定獸力一類的車不能充分供應，就附用馬車來輔助維持交通。

入禀政府的電車公司，最初是由四家私人公司聯合創辦，那四家經政府先批准的爲畢打科貝臣，大衛沙宣，雲仙史羅，嘉活曉士。創辦人原定爲世爵制，他們的後人都有承繼權，這四家創辦人組成公司之後，首先開辦第六段路線，那就是現在的山頂纜車，而該公司亦定名爲山頂纜車公司。

山頂纜車的工程，是在電車事業條例公布後第三年，即一八八五年，開始建築，歷時三年，至一八八七年方纔完成，是年五月卅日，正式通車，爲什麼先開辦上山電車放在山頂方面，而把平地電車放在最後呢，這大概因爲在山頂方面，林佳宅區，卜居在此的歐籍爲西人，白天到外邊辦公晚上囘家休息，都要行走一段陡斜的山路，當覺吃力，當時汽車甚少，然而馬車只能來往平地，不能上斜陡山，乃命令先行完成利便那些山頂居西人出入起見，政府爲

落伍的黃包車

香港‧澳門雙城成長經典

為堅尼地道，第二站為寶雲道，此外，軌道分作兩線，經楷道、白蘭特順道、上落兩車即在此相遇，以便讓路，更上經羅林，過山坳，地勢頗平，路勢略趨右方，復循斜路，以山頂站為終站。

山頂纜車初辦營業狀況不佳，影響電車的開辦，除山頂地區的第六路線外，其餘五條路線停止興築，港府有見及此，乃在一九零二年將電車條例修正，把山頂纜車和市內電車路線劃分為兩條例修正，規定一八八二年第二次為山頂經典條例，一九零二年第十歐為電車條例，另行訂定建築電車路線計劃，在五月十四日頒佈，山頂經車公司於是改組為電車股份有限公司廢除世裝創辦人週渡，同時，香港電車有限公司亦組織成立，港政府批准該公司承辦建築全港電車，總辦事處設在倫敦，負責延請工程師及訂購車輛，英國工程師抵港後，即將全路劃分地段，分段勘測設計，擬具整個工程計劃，由一九零三年開始建築，架設電纜銅軌，工程頗鉅，至一九零五年七月，始告完成，旋即開始營業。

電車設有頭等和三等，而沒有二等，戰前車費頭等一毫，三等五仙，戰後則增加一倍，頭等二毫、三等一毫，這對於平民雖然不是重的負擔，但因人口衆多，乘客激增，電車公司的收入則為數甚鉅每月約達百萬元比較其他公私經營巴士難得。最初行走的電車只是像火車的卡車一般，並沒有上層，後來因為乘客擁擠，行走的車輛最多增至九十餘輛，仍有供不應求之象，公司方面乃聘請專家研究，加裝上層，增設座位，對于行車安全，是否有無影響，經過數月縝密研究，過件，也就減少了。

站後，卽開放任人上落，俟座滿開駛，立予關閉兩線，經楷道、白蘭特順道、乘客欲在中途上落，已無可能，而危險意外事，詳設計，然後在原車頂上，添裝有的車頂上，添裝一厝座位，分為樓上樓下兩厝，樓上為頭等，樓下為三等，這就是現在的電車型式，復員後，車輛減少，乘客增多。公司當局又鑒于車上落車時，乘客的踢踏爭登，或在車門擠迫，或行未停站前，隨意上落，這些都是對生命有危險性的，公司雖曾屢予勸告，並出示禁止，但乘客却置若罔聞，熟視無覩，不顧勸告，甘冒危險，擠迫跳車如故，電車公司為濟乘客行車安全地步，乃在上落處裝設閘門，派員專司開閉，電車停了。

電車創辦迄今不過四十餘年，它成功發展的迅速，遠超於其他公共事業，這是組織嚴密和辦事人努力的結果。可惜，電車路綫是固定劃定，而且只能在平地行駛，不能再事延展，同時，車輛數目亦不能再予增加。如否則車輛行車距離過密，影響行駛的速度和其他車輛的交通，這樣，車輛的密度已很接近既已到不能再增的數目，而乘客亦到不能再容的離得。乃在上落處裝設閘門，電車公司的發展，可說已達到它的飽和點

即將行駛　九龍之雙層巴士的剖面

纜車小史

陳釗

香港纜車是當地能吸引遊客的一火工程，來……發動的，至一九二六年才改裝「活特李安納」（WARD LEONARD）式的電發動機，用五千英尺的鋼纜動條，挾着旋動的鼓形輪，來調節這兩條鋼纜，使他們活動一攷。

港的遊客，多有慕名來看山頂纜車究竟是什麼樣子了，共實纜車既不是火車，也不是電車，而是用一根很粗的纜索，把一輛裝在鐵軌上的車廂吊上去，直達到山頂。坐纜車遊山頂也是遊客一個好去處，坐在那裏看前面的荒青翠的太平山（因爲纜車的坐法是背海而山的），儼是回眸往下看，可以見到中環海面，和來往的船隻在海裏波動着，設可以看見香港最美麗的一部份，這便是堅道公園的一角。

纜車是在一八八五年興工建築的，那時負責設計的工程師，爲嘉來最安全的辦法，爹跑往省金山，和保荐，列芝和蒙德里等地，參攷那裏的爬山鐵路。直到一八八八年才能正式通車。

最初車頭是用蒸汽機來

載汽車橫渡港九的小輪

當有一輛纜車開行的時候，另一輛也同時行動，上下的方向不同。那就是這種怪物——纜車——在鼓形輪上的作用，當一輛纜車被吊上去時，另一輛就被放下。在開車司機的面前，裝有一副指示針，指示着上行車與下行車的位置，軌也有後火車到中間的時候，那就分開兩路，後來仍歸到單行的軌道上。

全程大約需時十五分鐘，上山的斜度，普通的角度是四十五度。最斜的地方，是八十度左右。在十五分鐘裏高度的改變，是會使您感

到不大舒服的，行到一半的時候，有些乘客是會覺得頭昏，或耳膜被塞，這全是由於空氣密度的影響，因爲到了相當的高度，空氣稀薄到一定眼度，有如乘飛機升到高空一樣的感覺。

香港的第一輛汽車

凡

溯清光緒年間，中國各地，仍未有汽車，而香港一地，在宣統二年間，始首有汽車出現，第一次乘汽車者爲股商朱某之少東。朱鶴新會人，居於廣州市西關十一甫，固西關之富室飽族也。朱氏所業爲蔗莊，老舖在杉木欄。朱爲七房嗣嗣，七房人丁微弱，而財産獨厚，共祖母生恭，愛之如珠寶，途縱之，且朱因好動，而多金，每出入隨其遊者，凡一切遊樂事，皆習之，若游泳，足球，駕單車，騎馬，放馬等，無不熟習。宣統二年間，朱從美洲歸得汽車一部囘港，初擬運到廣州未開。

其父授以駕車術。每日在跑馬地學習，未匝月，其駕車技術，已能嫻熟，爲馬雖行車，鐵路車間，居然於大馬路電車路間，往還自得，鑿活異常，每與三五情侶，駕車遊環中通衢，斯時僅有此一輛汽車，人徒睹燈光，即知宋至，預爲讓路。臨月後，忽審習始有第二部汽車出現，故在香港乘汽車，以朱氏爲第一人。

香港的電話

衛士文

從舊報紙堆裏，偶然發覺下面一段舊聞：

「香港電話公司於一九二五年成立，開始工作，當時係採用舊式電機。往來通話，須由公司股綫，手續極爲麻煩，對於電話交通，異常不便，計此種來軸工作，歷時數年，至一九三○年五月，公司爲適應潮流，乃改裝自動電話，自是而後，電話交通，因而便利得多）。

還提舊聞告訴大家知道我們享受自動電話的利便，已經有十八年的歷史了，就是因爲它的重要性，所以電務一天一天的展開，初辦的時候是要賴人力接綫的，到了一九三○年五月一日，港九的電話業邁進了一新階段，由股綫變爲自動了，在香港失陷之前，港九電話的數字，達到一萬七千戶有奇，以當日的居民數字——移民局報告一九四一年香港居民約有一百六十餘萬人——夾作一個統計，大抵每百個人，即佔電話一具了。

香港電話有股綫和自動兩個階段，電話公司也有兩個階級的，老居香港的人們，或許還能記憶，現讓我介紹出來罷，初期的電話公司名稱是：…China & Jpan Telephone and Eluctric Co.，它是英京電話公司的一個支部罷了，到了一九二五年乃改組爲："Hong Kong Telephone

第六章 交通

Co., Ltd 股份公開買賣，華人佔有股份的，也有被選任董事的資格，華人周壽臣和羅旭和兩爵士，首被選任首任董事，迄今二十餘年，周羅兩位都還是董事呢。

初期的電話公司是設立在雪廠街，即今之西洋會館；開辦時用戶紙得五百，你試猜第一號電話的用戶是誰人呢？是督轅嗎？如果你猜是督轅，你錯了，第一號電話是 "Hong Kong Telegraph" 士蔑西報呀，第一位總司理誰呀？他的名字是 Harrison 夏利臣，他是個英國僑紳，開設電話公司爲保障其利益起見，初期亦彷照洋行辦法，採「買辦一制」，第一位買辦是當今華經理文緯之尊翁衛明春，當初辦時電話業務不火發達，「買辦」方面不歸要負實金錢上的損失，還要派員四出勤人安裝電話，又要印刷標語說明裝備電話如何有利，那會頭料到今天電話的求過於供呢？

記者嘗訪問電話公司五百名職員中，知道服務電話公司最長久的，是一位葡籍婦人施圭雅夫人了 Mrs Sequeirat。據她對記者說：她在一九○三年已入電話公司服務，當時她還未結婚，她長途台的工作也很忙碌，最近港穗通話，每鐘有四千個電話機在運用着，電話公司機房在德付道中交易行樓上，機房裏要外設有溫度器來調節氣候。最近因現有地址不敷應用，已在九龍方面另建一座十八層高的大廈，月前已經動工，大約尚需一年時間，即完成工搬進去。

據說電話每分鐘呼號二千次，那就是證往分一刻鐘都有人通話哩！

管理處的領班，電話公司的檔案，遠年的都散失了，然而施夫人的記憶力還不弱，她也是電話公司的備忘錄，有時查及電話公司的歷史，她便能和盆托出，不假思索呢。

說來也是奇怪，華人職員方面，我們暫不計較，華人職員方面，多是世襲的，例如現任華經理的衛文緯，他是襲露其尊翁衛明春的，就是機械房方面，燒灶，劏雞，陳姓，劉姓，梁姓佔了若干人，機房甲乙餘機員差不多都是那廖，劉，陳，梁四大家族的人，這好象是好的，彼此工作者都是兄弟，那會不合作不努力呢。

我現在更告訴你一件幾乎令你不會置信的事情，機房裏想和外間通電話並不容易的，整個機房紙有兩個電話八電話號碼，我是知到的，不過機房的負責人不願將它發表出來，單被人家打爆機房的工友們，古語有說，賣花之人藏竹葉，機房的工友們，這門紙有爲大衆服務，而自己卻得不到方便，世事是往往如此的。

香港最初的飛機

潘孔言

香港之有飛機，實始於清宣統三年，即公曆一九一一年，演飛機者爲遠東飛機公司，表演之地點，爲沙田車站附近，事屬創舉，故華人之往觀者極爲擁擠，入場觀者須購券，但華人爲好奇心所驅使，逤價雖貴不吝也。開演時因天色不佳，致延期多日，始能起飛，但飛高僅數十尺，飛還不遠，僅半英里，然當時觀者已驚奇不置，今之高飛入雲重洋遠海，固非當時所能夢見也。茲將當日試演情形，撮錄如下，亦一極有趣味之史料也。

九廣鐵路局爲便利港人乘車往沙田看演飛機起見，特開專車來往，其在毅紙上刊登之廣告云一啟者，本月（三月）十八九二十等一連三日，在沙田站附近演放飛機，本鐵路特備專車來往沙田，每日於下午十二點二十五分，一點四十分，在九龍站開往沙田，及由下午五點五十二分，六點五十分，七點四十五分，在沙田開回九龍，頭等來回車票收銀二元一毫，二等一元一毫，三等三毫五仙。」

今日之空中小姐

明媚，至下午以後，首二三次火車啟行，中西士女往觀者極兼，機場設於沙灘之上，有西樂一隊，在堪奏演助慶，場中搭有大棚一座，祇供藏貯飛機之用，飛機在內，不許人觀，各入急欲一觀飛機之形樣，一樣上前，但四週圍以竹欄，雖欲逼近窺觀，亦不可能，棚側有連椿排列廉椅座位，爲鹽等座位兼沽酒水之處，遠望數十丈，有竹亭一座，竹檔覆以紅布，爲港督之座位（是時港督爲彌督），側列籐椅數十張，爲長期票座位（即連看三場者），另沙灘邊兩處則爲二三等座位。兩點鐘既屆，港督薄莊，大棚爲啟，飛機無何，港督偕數人行近飛機，察覽一回，機上之軍樂轉動殺秒鐘之久，港督遂離去，機師語衆，今日因風力太勁，機力不能勝任，飛機不得而毀風，因是日風太勁，險不可言，故展至明日，各票仍可復用云云。

十八日爲第一次表演，是日天氣清和，泰光色仍不佳，不能開演，代理人安記洋行亦在報上登出降事，其文云：「啟者，昨十八日飛機之所以不起者，因風火危險，非駕機器之事，追後五點鐘時，風勢稍靜，已將飛機試演飛起矣，至十九日，又接天文台報稱，風勢更大，早已懸旗不演，爲此佈告，如下風勢平靜，則諸君均可日晷購入場票而未得觀者，無論何日再演均可觀，頻以電話詢問飛機機代理人開演日期，接云，倘見昌興公司升起紅旂，即爲開演日期云。

至二十六日，下午天氣晴和，昌興公司復高掛紅旂，港中人士看演飛機之興致促濃，乘車前往者八九百人，無不與高采烈，以爲必能親機起飛矣，詎至兩點鐘後，潮水大漲，沙灘爲水淹沒，又不能開演，港督於三點鐘到場，旋即匝去，各人又大失所望，紛紛去。

廿七日天朗氣清，昌興公司復高掛紅旂，港客復借中軍蔽利氏乘車往看，詎前兩次表演不成，觀衆失望，故是日往觀者大減，祇三百餘人而已，至一點十五分，機師溫頓賓駕機而出，高度僅及六十尺而已，翌日飛機公司又登出啟事云：一飛份滿八百磅。及至翌日，昌興輪船公司懸一藍旂，表示天

連日在沙田演放飛機，因失於地利未大時，致未獲完全效果，現擬另籌辦法，以冀再得機會，務快觀者之目的而酬各界之盛意也。遠東飛機公司司理人柯化謹啟。」

查此機長約二丈，闊五尺，

山頂與登山電車

鄺勢南

香港墙稱爲一個具有無限景色的海港，你要鑑賞它的山光海色，就非爬上太平山頂不可，這人物，他把酒店於一九二二年啓給香港大酒店公司，但至到一九三六年才將之折卸改建。

有一條登山電車，把你由山脚載到山頂去。

山頂電車是始業於一八八八年五月，到現在將近有六十年的歷史，這條電車走便利居住山頂的人家上山下山，山頂上段不過有樓房二十多間，在馬嘉仙峽時候，山頂上段不過有那時山頂區可算是人跡罕至的地方。

電車的終點設現時訊在花園道下段，但還沒有伸展至山脚最低處，所以搭山頂電車的人須要步行登山腰。山頂電車公司在一九零二年就有一個計劃，要把終點移到駕臁街，當時的股東嘉多利先生答允州資三分一來完成這計劃，此餘的部份沒有新股份，但這計劃後來不幸中途放棄，所以直至到現在我們還要多跑幾百碼斜坡乘搭登山電車。

登山電車由山脚起規定有幾個站，這是堅尼地道，寶雲道，梅道，柏嘉道以迄山顛終點，高達一千三百客五尺。你在那處下瞰港海的景色，你就寬得香港可愛的地方在那裏了。

由登山電車終點站到扯旅山峯的一段路程，在許多年前共間有一家別墅叫做「柯士甸先生建築的，他是香港的輔許多年前共間有一家別墅叫做「柯士甸之臂」是便利登山頂的人，由電車下來拾級往由電車下來拾級往柏扯旗山腳去的途中，跑進別墅，叫一些飲品小憇才前進的。這個別墅到一八九三年給堤富科公司買掉，改建爲酒店，也叫做「柯士甸之臂酒店」。

但到了一八九一年，這個建築物又輔入陸軍當局，改作柯士甸山兵房。這一間兵房在這次戰爭中，給炮彈毀爛了，木材給人們拆去當柴燒了。

登山電車這個名字是戰後改的，它以前叫做纜車，大底它是用纜牽引的，所以現在改稱電車。假如你從下面搭纜車上來，不妨化五角錢到山頂看看香港現時的山光海景。

山頂區還有一個住客叫做比理羅士先生的，這位先生的名字大家都怕很熟識能，他養了一隻駱駝，也是全港獨一無二的一隻畜牲。比理羅士很喜歡遊山打獵，常常招至親友們到山頂狩獵寫店是一位山頂居民施敬開設的，施氏是山頂電車創辦人之一，也是山頂區歷束發展中一位重要車創辦人之一，也是山頂區歷束發展中一位重要人物，他把酒店於一九二二年啓給香港大酒店公司。

由登山電車終點站到扯旅山峯的一段路程。

山頂區幾十年束一向是英國人住居的地方，外籍人士是不准調居的，中國人紙有港紳何東爵士能夠在那裏建了一別發居住，其他各國人士，到了去年香港政府幾個法規修改，取銷這種限制，所以，以後山頂區才准非英國人居住和購買地產，故山頂區給非英國人居住，自然是有一些原因，但，在戰爭期間，山頂區屋宇破爛不鮮，爲鼓勵軍重建新樓起見，把它開放給非英國人居住，這怕算是其中原因之一了。

樂，他那隻畜牲，是從印度買來的，每日由山頂下山被領利街市去買東西，後來軸有一天不知怎樣躍下去擗身在薄扶林道水塘附近，比理羅士先生和山頂區的兒童失去了一頭親兒。

山頂區幾十年束一向是英國人住居的地方

香港政府開放山頂區給非英國人居住和購買地產

登山纜車　香港政府開

海盜　香港海上交通的破壞者　吳雲

——招商局愛仁號輪案故事

香港初期，海盜猖獗，船舶被劫，司空見慣，故早期香港的海上交通，至為不靖。惟百數十年後，仍不時有海輪被劫之事發生，近之如萬噸士輪，遠之如招商局的愛仁號輪，都是顯著的例子。

愛仁是招商局的海輪，行走香港、汕頭、上海和北洋線。這次被劫，（一九二七年十月）據說是風傳船中裝有銀條。當時化裝船客的海盜，一部已經將愛仁號劫卻得，威逼停在大鵬灣附近修理機件的本國輪船駛回香港途中。事有湊巧，被海盜劫去的愛仁號，恰在這時熄滅了燈火向大鵬灣駛來。

這時香港英國當局對於海盜已經竭盡力加以防範，不時派出軍艦惡弋演習，這天L四號潛艇也是參加演習的，傍晚時駛回香港途中，機件忽然發生碍障，被迫停在大鵬灣附近修理機件。機件修好，L四號潛艇也向大鵬灣駛來，給L四號碰見，L四就看見來船熄燈駛來，覺得形跡可疑，便用信號詢問。愛仁不答，反增加速度向大鵬灣駛去。潛艇知道來船一定與海盜有關了，立時用無線電向港方報告，一面下令準備一切，不久，香港的回電來了：

「命令停駛，必要時加以炮擊。」

接到了命令的潛艇，立時用空炮向愛仁號警告，一炮掠過船頭落在海裏，海盜依然拒絕停頓，於是潛艇下令用實彈轟擊，一炮擊破甲板，引起火災。

在愛仁號初被潛艇發現時，海盜還想用武力脅迫船員駛入大鵬灣，可是當潛艇用實彈轟擊後，船上接應的人打開了鐵門，一面引起火災，一面又引起水災，船員和乘客大起混亂，海盜已失去駕駛全船的能力。接着，海盜駛近了，愛仁號上的火災已不可收拾，愛仁號便在這火混亂中乘客羣中，有的焚燒，一面緩緩的下沉。

這次海盜案，海盜、乘客和招商局三方面都遭受莫大的損失，玉石俱焚，事後調查，乘客二百三十八名，遇救者若干，海盜除溺死逃脫者不計外，一共捉獲十五名，後來都處了死刑。

這次海盜案，各方面的損失雖然很大，但有一件事卻值得注意，即L四號潛艇卻因了截擊海盜有功，獲得獎勵。牠的艦長哈拉罕少校，並且因這英勇的行為，於一九二九年由威爾斯親王授以D.G.O.勳章。

至於海盜這次劫得愛仁號的經過，攄當時的英國潛水艇。

傳說，是這樣的：

海盜一共二十餘人，先一日由大鵬灣駕帆船來港，在筲箕灣上陸，一切似乎已預先由在港的海盜機關車備好，二十餘人均粉作火船搭客，白天均有印度更練看守，夜間則各處入口下鎖，紙有一條路可通上甲板，由一名印度更練看守着。

海盜在船上佈置了內應，這天午夜，在全船都已入睡的時候，這次唯一的印度看守出其不意，船上接應的人打開了鐵門，一個海盜將沉睡的印度兵一刀殺死，一點聲息都沒有，其餘的印度兵，分頭佔領駕駛台、機器房和無線電室。

一支手槍抵住了他的腰眼，命令他舉起手，駕駛台上的值夜大副發覺有兩個黑影在身旁出現，隨即有兩捍槍對住了他。舵手被人從背後用槍抵緊，叫他不要間頭，同時命令他說：

一改變航綫，駛向大鵬灣！

無綫電員和休息中的歐籍船員都一個一個的被喚醒，在臥室中沉睡的歐籍船員都被鎖入空艙，加以拘禁。

為了提防在途中被其他的船隻所發現，海盜將愛仁號的全部燈火熄滅了向大鵬灣駛去，準備在黎明時加以淬刦，誰想不到冤家路狹會遇見了英國潛水艇。

三輪車興替史　古月

三輪車在香港，也有過相當長時間的歷史，不過，乘客三輪車的使用，却自日本人佔領香港的時期始。在戰前，三輪車的使用，祇是於載運貨物，不准載運乘客的，所以，在那個時候，祇有商店自置的運貨三輪車，沒有載客的三輪車，馬路上所見的三輪車也不很多。

在日本佔領香港的時間，交通工具缺乏得可憐，香港原本有不少汽車的，可是在戰爭時期給破壞了不少，加了日本軍隊刧掠了不少，能夠享用汽車的，祇有日本官和附敵的「新貴」們以外，平民簡直可以說是沒有的，後來更因汽油缺乏的關係，那些能夠享用汽車的人們也不能够不放棄使用汽車。作為公共交通工具的「巴士」和「電車」，在日本人勉强經營之下，雖然恢復了維持交通的責任，可是，車輛致目很少，後來更時開時輟，當時的人口雖然已經減到二三十萬，但車輛還是不應求的。因為機械化的交通工具過度缺乏，那些原始的交通工具如轎子、黃包車甚至用人力拖曳的「水艇車」，也都受歡迎了。半機械化的「脚踏車」和「三輪車」，更成為天之驕子，在那時候，能夠乘坐「三輪車」或「脚踏車」的人們，也算得是威風的了。

「三輪車」在香港淪陷時期由貨車改變成載客車，一直到了現代，還不會失掉公共交通工具的資格。本來香港的交通管理則例規定「三輪車」不准載客的，但因在復員的初期交通則例之現狀，也是相當嚴重，所以，政府當局到「三輪車」和「脚踏車」的載客營業，不予立即禁止，後來香港的交通工具逐漸的增加了，安全成了問題的「脚踏車」就遭遇到它的最後命運，雖然

五十年前香港的黃包車

香港的郵電　非虛

香港與外間的郵電交通，在太平洋戰事未發生以前，是辦得很發達。到香港光復了三年的今日，雖然港政府極力求恢復舊觀，可是，受了外在條件的限制，香港的郵電交通，仍然未能恢復戰前的狀況。香港的郵政局初時是直接隸屬英本國政府的，後來到了一八六零年，始改作隸屬香港政府，香港發行第一張郵票，是在一八六二年十二月八日。香港郵政局到了一八七六年，纔加入萬國郵政協會，香港的電訊局，首先設立的是大北電報公司，這是北歐三大電報公司所組織的。遠東第一條的海底電報線，是香港上海線，這線在一八七一年四月十八日安裝成功，後來擴展至威海衞。一八七二年，遠東與歐洲綫貫通，香港第二間電報局是大東電報公司，它在一八一七年完成調往南洋的海底電線，直達西貢和星嘉坡，接駁福州，澳門，海防，紅勘灣，馬尼剌。中國電報局在一八八一年纔來香港開設分局，與火市電報公司的海底綫聯絡，可和中國各城市拍過，第一次歐戰發生的時候，自設置無線電局，香港的無線電台是在一九二六年落成的。一九三一年纔設穗港長途電話，後來港澳與三地的無線電話也裝設成功，中日戰事爆發後，香港至內地的電話線，多暫停通話，現在復員了三年，港穗的長途電話，至最近始恢復通話。

香港百年史（一九四八）

195

沒有「脚踏車」那般大，倖不致同時遭受淘汰。這裏的「三輪車」並不同上海，廣州所見的款式。前頭兩個輪，後頭一個輪，駕車的坐後面，乘客坐前面，雙手把着前面車廂的一枝橫柱，轉她就要靠雙手推動了。

這裏的「三輪車」，卻保存戰前專供運貨的裝架在前頭兩輪的上面，假如雙手把持不牢，常常會翻車出事的。

在交通頻繁的馬路上，汽車往來如梭，坐「三輪車」在汽車風馳電掣的交織着的狹路或斜坡跑，安全潛實是成問題的。關於「三輪車」失事的故事，實在不少，我曾經目擊一輛「三輪車」在香港木球場前的斜坡直滾到高等法院旁邊的德輔道路心，車子翻了，坐在車廂的兩個女人（一個手裏抱着一個週歲的小孩子），一個給拋到馬路上，幸虧他變手高擎着那個孩子，使他不致受傷，但她本人已撞穿了頭，另一個卻給車子壓着身體，一支腿拖在車廂外邊。駕車的人也給拋到馬路上。他們久久不曾爬起身，正於這愛那堆人縱使不變成枉死鬼，也要弄傷上加傷呢。

去年四月八日的報紙，有一段「三輪車」失事的新聞：『昨日下午五時半，有一「三輪車」在干諾道中自西而東，當至某夕行門前，有第二零七號私家汽車自西駛至，向三輪車撞去，三輪車途斜向海面駛去，汽車司機為一西人，立停車躍前，擬將三輪車扶住，推已不及，該三輪車乃向陸海中，當時三輪車上鄉者外，尚有一男搭客，手捧收音機一座，均走避不及，隨車墮海，事發後，皇后碼頭側海面小電輪，乃將二人救起，三輪車及收音機，則已沉於海底矣。』

靠「脚踏車」謀生的人們曾經請願多次，結果也不能挽回既定的命運。「三輪車」卻閃爍危險性。

尖沙咀碼頭　倍拉斯作

香港的交通工具　程綏楚

香港的交通工具，構成「新」與「舊」交織的一幅不和諧的畫圖。這裏有一九四七年的新式流線型汽車，也有在現代人眼光中認為不應再有存在的黃包車，以及古色古香的「轎子」。

在汽車最初在香港的馬路上出現的時候，這裏的居民們，大概因為坐慣了轎子，和黃包車，從來不曾見過這「能夠跑路的匣子」，所以士紳們便向這種馬達發出嘈吵聲浪的汽車，提出反對，早請政府禁止使用這「嘈吵的東西」。但是，汽車不曾給禁止在馬路上行走，反面河濱的給這些守舊的士紳們認識了它的好處，他們逐漸的也樂意於坐「轟物車」了。「勃勃車」是汽車的名稱，因為它的號角鳴聲「勃勃」，所以這裏的人們便叫它做「勃勃車」。

時代化的交通工具雖然已在香港取得了地位，但它還不曾把古老的交通工具完全打倒。新來的遊客依舊和幾十年前的遊客一般，可以坐坐轎子，到山上區域遊玩。也可以坐一程黃包車，靠着黃包車伕的兩條毛腿，拖着黃包車慢慢跑，讓自己坐在車子上，瀏覽馬路兩旁的景物。

轎子和黃包車在香港還不曾遭受淘汰，常然因為它們還保持着存在的條件，不然的話，像其他現代都市一般，它們應該早隨逐時代消逝了。香港是一個山城，斜路和石級不是黃包車或汽車所能到達的，因此造成了轎子存在的條件。不過，除了上山之外，現在是很少人坐轎子了。

「三輪車」，這在汽車交迪不很擁擠的地方，倒是一種相當好的交通工具，在今天，已經逐漸地養成意外事件的製造工具，它的隨着時代而消逝，恐怕是不可避免的事了。除非是尋求刺激的美國水兵，一般人對於「三輪車」，已經有了危險的印象，不輕容易放膽嘗試了。

香港・澳門雙城成長經典

HONG KONG

第

七

章

文

化

香港文化雜談

鄭子健

黎子偉，好學能文，蜚聲文化界，近與客江文友，編印香港百年史一書，蜚余爲文，以實篇幅，並指定要有關香港文化問題。余學殖幣落，既不能文，而事務紛紛，亦鮮餘暇，重承雅意，無可固辭。因就香港之文化起源，出版事業，學校概況，戲劇現狀，翻譯文字諸端，拉雜述之，作爲香港文化雜談可也。

一，香港之文化起源：香港爲一幕爾小島，山陬海澨，向乏人居。其島上之原住民曰蜑家，習俗語言居處，均與陸上居民，相差遠甚。蜑香港蜑家，浮海泛舟，無有定處，逐水覓食，鮮與陸上居民往還。我國政府，視蜑家爲化外之民，亦無管理敎化之工作，年湮代遠，未與文字結綠。故蜑家之生活，便無文獻不足之感，其文化水準之低落，可以想見。當前清嘉慶年間，（清嘉慶十二年至十五年西歷紀元一八〇六至一八一〇年）香港漁業落後，品沈龐雜，不逞之徒，呼嘯成羣。有張保仔者，據香港爲巢穴，聚衆數千人，統率盜船數百艘，橫行珠江口岸，爲行旅所苦，當局病之。迨經勸撫招安，乃向兩廣總督投誠，海岸始告寧謐，自是相安者三十年。於此時期，香港爲海盜世界，更無文化之可言。清道光二十二年七月廿四日，即西歷一千八百四十二年八月廿九日，根據南京條約，以香港讓與英國。當時島上居民，僅得二千餘人，其後由廣州內地，移居香港者，與日俱增。其風俗習慣，與內地無異。是香港之文化，已由內地傳播而來。再加以英國文化，傳至香港，已成中英合流之文化。英國人富於保守性質，仍是守舊習慣，故百年來之香港文化，昇畸形複雜之文化，另有其特殖民地性之文化，是半封建式之文化。

二，香港之出版事業：香港出版事業，向來景象蕭條，正常之出版家，由內地編著書籍，以其紙型，運至香港，重版發行，其牟利之出版商，則將出版家之流行書籍私自翻印，秘密發行。亦有刊行政治性時事性之小冊子，而出版大部作品則絕不多見。更有甚者，黃色小說，色情圖畫，充斥於市，有以廉取勝者。亦有由一集以至十數集，以多取勝者。不斷續出，內容怪誕，文言語體，粵語俗諺，應有盡有，五光十色。至日報晚報，大報小報，約有十餘家，亦有曇花一現，即告消滅，無法統計。大報中有消息確實，言論公正，且能注意編輯技術者。大報所載新奇，報道誇大，以圖刺激人心者，且報紙所競爭，多注意社會新聞，以迎合讀者之心理。報紙副刊，光怪陸離，北有刊載雜感小品，及配合時事之短文，以反映社會生活之報道者，殊不多見。或有專登雜誌式之文字，描寫淡泊之人生，鋪張揚厲，色笑話，談鬼說神，亦屬雅得之情趣，有用文言，有用粵語，長篇連載，怪誕離奇，此種文字，社會人心，均有不良之影響。至報紙出版之時間，早報多屬凌晨發行，晚報則提前午間出版，此爲各埠所未之見。近有榮曦報，以下午四時出版爲號名，則屬特創之例。尚有英文日報亦複數家，此即西人與華人通曉英文者之讀物也。

三，香港之學校概況：香港學校之設立，遠在九十年前。初辦學者，以外國傳敎士爲多，校中設施，充滿宗敎之濃厚色彩，自是以後，各國敎會，紛派傳敎士來港，致力於敎育醫藥傳道各項事業之發展。直至大戰之前，香港之敎育，除官立學校外，敎會學校，亦擁有多量之學生。敎會所辦之漢文學校，其採用課本，仍有用四書五經，尺牘，詩賦，論說範本，古文讀本之類，使天眞活潑之兒童，未能解除强記背誦之苦，以致窒碍其身心健全之發展。當時政府所辦之漢文學校，其採用課本，仍有一部份專爲香港學校而編印者，亦有沿用我國最初所審定之舊課本者。其國文一科，內容取材，以古文爲主，古籍之深文奧義，與兒童之現實生活，背道而馳，未能適應兒童所需要。地理一科，其內容

注意香港之島嶼面積，山嶺高度，街道名稱，共收效爲何如。近二十年來，華僑學校，相繼設立，其課程編制，悉照國內教育法令，俾與國內學校相銜接，使香港學生畢業之後，可以升學內地。

自抗戰軍興，體區擴大，內地同胞，大量湧到香港。而火柴中學，亦紛紛遷來，故華僑學校新創立者亦不少。國內文化教育人士，集中香港，從事工作，於是香港文化，已起顯著之變化。當日英佔領香港之後，停辦火災。新生之文化教育，瀰漫炮火熾發，雲消雲散。迨香港重光，華僑學校，又向復興之途前進。然約略統計之，香港九龍華僑私立中小學校約八十餘家，學生達十萬人，而曾向國內立案者，僅得五十餘家，學生不過三萬人，故香港學校，仍有其特質存在者也。

四，香港之戲劇現狀：香港目開埠以來。已成東方之商港，因海上交通便利，接受西方風氣亦較早，故香港居民，多注重於物質之享受，與身心之娛樂。對於文化上，能差強人意者，厥爲電影一途，十里洋場，放映名片，座無虛席。故世界藝術，科學智識，時事新聞，地方風俗，皆籍電影爲媒介，無形中給予觀衆普遍之認識，鼻娛樂中，尚不失扶助教育之本意。祗迎合普通人之心理。平劇則因南北隔閡，未能吸引觀衆之興趣，故久已絕跡。話劇演有改良，頗具新時代之思想，實意深遠，針砭世風，鄰校近多提倡，從事於演，惜社會上尚未能普遍耳。

五，香港之翻譯文字：香港自英人統治之後，訂南京條約而割於英，至咸豐十年，續租借九龍牛島，迨光緒間，復拓寬其界，訂九十九年租借期，乃成有今日之港九，而香港開埠，且百年矣。

其官制風俗，多從我國習慣，故一八四一年英文佈告，有云：「凡爾香港居民，婦隨英籍，爲女皇之赤子，自應恭順守法，勉爲良民。而爾等民居，亦得以英國女皇之當時，享受英國官吏之保護，一切體致儀式，風俗習慣，及私有合法，財產權益瓏准仍舊自由享用。官所執政治民，概依甲國法律風俗習慣辦理。」是以香港行政飛高長官稱爲總督，登稱之爲督憲、布政司，遷理府，皆沿用我國清代之官衙。如俗稱總督爲大人。惟翻譯文字，多屬郢郵無文。如俗稱總督爲大人。郵政局爲書信館，消防所爲水車館，郵票爲銀灰，電話爲德律風，保險爲燕梳，皆郢郵無文。又如電車路之佈告，「如要停車，乃可在此。」似通非通，似文非文，如此翻譯文字，誠妙句也。

繪觀以上各節，香港之文化，是複雜而不是純粹，是侔守而不是開明，是殖民地性而不是現代潮流，其形態如是，此特質如是。環觀港九兩地，凡白事業，雖非蓬蓬勃勃之氣象，然亦有發展之機。惟文化事業則景象蕭條，前途黯談，深望香港文化人士，有以提倡之。

港九詩話 前

香港以前清道光二十一年因鴉片戰爭失敗，訂南京條約而割於英，至咸豐十年，續租借九龍，迨光緒間，復拓寬其界，訂九十九年租借期，且百年矣。到香港一絕云：

旅遊香港九龍詩，近人所作甚少，蓋其地電本棧荒，嘗爲海藻所據，惟池船週旋其間，非旅遊者所至，至英人地設後，始成爲遠東商埠，故談及港九者亦較少，廿餘年前，莞人陳伯陶等居九龍，有采台秋唱之雅集，各紀以詩，對於南宋遺蹟，頗有關於香港九龍者，轉錄於後。

晚清詩人黃公度著有八境廟詩，意境近新詩時，人所未達，以古樂府於時事者尤多，其香港盞作，割予港後有作者，故言不見滿清龍上大憤也。又香港盞作者，即香港一絕云：

「水是凝時日夏時，衣冠又是漢官儀，」此時盞作懷二意，後人重其詩且重其史電也。到香港一絕云：「嘗欲珠璣豪，其如城下盟，帆檣通萬國，樓臺通三城，」說穴人權據，其如城下盟。異西風吹蟄絲，中朝正金盤，此也已居夬。異又丘遂甲仙根，亦有香港盞感云：「海色不可極，鴻溝界未明，傳關衰痛韶，滄瀟淚縱橫。」詩中鴻溝未明，蓋讖割讓也，鴻溝未明，則尤足傷中之糊塗，貽誤至今，非等閒題詠也。此與前作所感者，意同而辭異。

「金梳」詞考

葉林豐

「金梳」兩字是一般的譯音，這字用英文寫起來是「Cumshaw」。對於這個怪字，香港人大都是熟悉的，就是初來香港的人，他祇要留心站在皇后大道或以打街一帶留心聽到追隨在外國軍人和水兵後面討錢的人，不論男女老幼，口裏總是喊着：「哈囉金梳，哈囉金梳」。若是你的容貌生得有一點似外國人，你也許可能視身有這經驗。

一般的應用，「金梳」是被當作「小賬」，「酒錢」，茶或，做點好事一解釋，有時也曾當作動詞，如「金梳幾毫子」之類。這個字是「低等華人」在大衆面前伸手用的，因此，「高等華人」從來不上口。但初期的中國買辦大都是從「酒錢」階級爬上來的，所以他們對這個字都有點記憶。

「金梳」兩個字的來歷怎樣呢？它的來源，直到今天還沒有確切滿意的考證。柯寧(G. Couling)在「中國辭典」(Encyclopaedia Sinica)裏說，這個字可以作為錢和禮物解釋，是「感謝」兩字的譯音，因爲這兩個字用廣東音和廈門音讀起來頗近於「CUMSHAW」。這個解釋不能使人滿意。「感謝」兩字，中國人無論在文字上和口語上都是很少單獨使用的。何況僅是推想，根本沒

有證據，一香港的誕生，青春和成年」（HONG KONG BIRTH, ADOLESCENCEANDCOMING OF AGE）的作者沙雅（G.R OBLEY SAYER）在他這本書的附錄裏說：

「金梳」雖慣於被人當作酒錢解釋，但來源依舊不明。有人說這出於官話一感謝！似乎牽強。又有人認爲遺是「金沙」的訛傳，與稅務上的賄賂勒索之類有關，但這個廣東人叫起來諛是「LIKAM，」（禮金）而歐洲在這方面却借用北京話「LIKIN，」以上是「金梳」產生中國話的說法，但又有一派人認爲這字的來源是英語：COME SHORE的諧音，即一「上岸來」之意，這是蜑家小艇，當初兜攬外國商船水手上岸時的慣用盡，載水手上岸當然有錢或其他好饋的，於是這個字便成了討酒錢或小賬的代用語。這個解釋似乎比上說較為切實，但也靠不出可靠的證據。

向外國人伸手討「金梳」的當然是中國「低等華人」。但中國人有時也曾送「金梳」給外國人的，那便是高等華人買辦階級的玩意了。「番鬼佬在廣東」的著者威廉亨特氏(William C.Hunter)（The Fankwae at Canton）是精通初期中西掌故的專家，他的「古老中國點滴」（Bits Ofold China）一書，是專門叙述十九世紀港澳對外國人情形的，關於洋行買辦途一金梳一給外國大班們的盛況，他不暇依戀似的追憶說：

「有一種每年一度的風俗使我們在廣東不久就很愉快熟習起來的，就是那些行商和綠商，在過年幾天之前，向他們一年之中有生意往來的洋行行員所送的一「金梳」。這種一「金梳」包括最上等的茶葉，盛在有彩飾的漆器或是漆漆嵌鑲鋼的盒子裏，以及上等夏布，乾果，如蜜餞金梳、南京縐紗，披肩枝乾之類。年輕的洋行行員，時常將遺種茶葉夏布披肩之類寄回家去。一部份當作禮物，一部份去賣錢，這樣使軍總要賣到好幾百塊錢，而賣出去的茶葉，在英美商場上後來被叫作「金梳」。

有的人可憐的跟在外國人後面討「金梳」，有的人却紹緗的向外國人送「金梳」，有着這麼複雜巧妙作用的這個字，所以即便至今還流行着，想要查出他的來源自然不容易了。

僕歐笑話

據傳有一個喚阿坤的在一家洋行裏當小厮，一天，他的同鄉到洋行裏找他，他向那同鄉大吹牛皮，說他在那裏很當要職，談話間洋大哥大聲高呼僕歐（BOY），阿坤進去聽過了大雅的吩咐再出來對他同鄉說：番鬼即是番鬼，塔哥也不叫一聲，却頂呼阿塔！

「中西合璧」的香港文化

蘇福祥

經過了一百多年以後，香港到而今還是一個英國皇家殖民地。不過，這裏的人口，依然是中國人佔絕坡大多數。在過去的一百多年以來。這裏的中國人和英國人混處在一起，互相親近，彼此學會，在溝通中英文化的努力上說，這裏的人們顯然有相當的成績，雖然這些成績，嚴格說來距離理想還很遙遠。

在香港，我們可以看到許多中西合璧的現象，這些現象也許可以說得是中英文化交流的表現。在這裏的廣東館子裏，我們常常看見到英國人參加中國的宴會，他們在酒席筵前懂得向其他的中國客人拱手舉舉的敬酒，要人家乾杯。英國人能夠懂得中國文。或者能說廣東話的，在最近的年間。並不算得是稀奇。在中國的舊曆新年期間，這裏的英國人碰到中國朋友，都效法中國人的習俗，拱手說著：「恭喜發財」！

中國人接受西洋文明，顯然比較西洋人接受中國文化，更是熱心。更是認真。這裏的中國人·不少學習了英國人的生活習慣。他們在思想和行動上。都竭力模倣英國人，如果眼睛和頭髮都能夠改變顏色。他們恐怕有許多已經放棄了黃種人的本來面目了。還並不是有惡意的詆謗，或者誇大的批評，祇要留心看透了現象，就可發覺情

形確屬如此！

中西合璧是香港的一個特徵。常然，這裏的統治者是英國人而受統治者是中國人，由於這個原因。構成了這裏的中英合璧的現象，這一個中和的拼合，在這裏的八門眼底裏，顯然成為了司空見慣的緣故而見怪不怪的，但是，在一個仍然看作一種新的文化——！雖然有人把「香港地中文一視這其中的原因，大概由於中英兩個民族的保守性特別的強吧！

作為統治階級的英國民族，在面對落黃種的中國民族，自己總不能完全沒有優越感，縱使明白了文化的交流可以使到雙方民族都蒙其利，但在進行促進溝通文化的工作的時候，英國人多數採取教導方式，無論如何，很少採取邊就態度的。最顯淺的一個例，在中英八士的集會裏，不論是討論或研究任何方面的任何問題。英語總是被用作交談的語言。這麼一來，倒可使到中國人狄得練習英語的機會，但不能使到英國人有著同等的機會。結果。縱使討論的問題是有關中國的問題，能夠參加討論的祇有英國人和那些懂英語的中國人，不懂英語的中國人，不論他們對那個被提出討論的問題有怎樣的認識，也沒辦法可以發表他們的豐富知識或者寶貴的見解，因而這些集

會的成效，不得不打折扣，在溝通中英文化的進行上。顯然不能夠有理想的成就，何況根據過往的情形到察，懂得英語的中國人，對於中國的事情，未必有清楚的認識。

在香港，我們日常所看見的中西合璧的現象，多半是一幅並不怎樣調和的混合畫圖。這樣的不諧和的拼合，在這裏的八門眼底裏，顯然成為了司空見慣的緣故而見怪不怪的，但是，在一個仍然看得到這些矛盾現象的觀察者看來，卻變成了博物院裏的稀有珍品了。

我曾經在這裏參觀過一個結婚典禮。新娘和新郎到高等法院婚姻註冊處舉行簽字結婚的簡單儀式。新郎坐着到女家親迎的那部汽車。車頭插着一個西洋傳統中的愛神。可是軍廂的前面掛着一條中國人抖在親迎「花轎」上的紅緞，還有，車尾還繫着一個小銅罐子和一雙皮鞋。據說，還有一樣獲得好評和歡迎，正如這裏街頭的櫾小足，梳大髻的老婦人穿入壹英文報紙一般，擺在人前，塊糰不諧和的混合結構畫圖，吸引着好奇者的注意。

請恕我要說一句似乎是無贈的過火的話，其實這裏的「香港八」本身就含有一中西合璧一的結構，別說那些混血兒，甚至那些黑頭髮黑眼睛，低鼻樑，黃臉皮似的，也充份的裝飾着「中西合璧」的象徵。中西合璧的一大衿衫，臘腸褲」的奇異服裝，曾經有過一個很長久的時間，

成為逼真的標準學生服裝。穿漂亮的洋服，褲頭卻掛着一串古玉古錢，或者手上拿着一籠小鳥。在婚姻註冊處舉行儀式的時候，新娘新郎都穿着西件款式的結婚禮服，女的還披上了白色頭紗，儀式完畢，他們回到家裏以後，卻仍仿照舊俗，再來一套「謝天地」，「謝祖先」，一拜翁姑一……這些舊把戲，參觀了新式婚禮的親戚朋友們再來參觀一幕舊式禮節，這樣的結婚典禮，真是「中西合璧」。

我又曾經參觀過一家學校的學生表演戲劇，他們表演的中國舊戲「王寶釧」，演員們穿的衣服是廣東舞台的古裝衣服，台型也純粹廣東舞台化，可是劇中人的對白完全用純粹廣東舞台不少英國人聽來也不容易明白的由中文直譯成英文的對白。像這樣的故事，是滑稽的。至於在跟人家談話的時候，每一句說話都加上一兩句英文字，還更是香港人的普通習慣，雖然他們的「中西合璧」的談話，對方未必一定聽得懂，可是，他們根本不會考慮到這一點，為的他們都認為凡一個香港的居民都懂得這裏的「官話」——英語的。

這個英國皇家殖民地的名字根本就是中西合璧。維多利亞城的全名是「香港維多利亞城」，前者是中文，後省是英文。在維多利亞城裏，最是雖然廣東戲的發祥地不是香港，但廣東戲班採用的西洋樂器，起源卻在香港，因為香港在接受西洋文化上顯然是得風氣之先呢！

這裏有中國式的古老大屋，也有各種歐式的西洋大廈，這些房屋不特有中國式和西洋式的分別。一座建築物具備中西款式的也並不是稀奇的。許多用鋼筋三合土建築成的房子，間格結構都是西洋式樣的，但房頂卻舖砌着東方色彩的綠瓦。香港總督現在的也是具備東西兩洋建築藝術的建築物，日本人在那裏加上了的東洋塔，到現在還聳立在那韓西洋款式的總督府之上呢。

酒樓，茶室，餐館，……這些公共宴會的地方，中西合璧的色彩更加濃厚。例如純粹西洋化的茶廳，在佈置上也採用中國的織錦來做檯幃的裝飾，廣東館子的佈置，與是中式凡椅和西式沙發並陳，牆壁的掛畫也是中國的山水和西洋的油彩相映成趣。至於筵席的菜饌，洋蔥牛扒這一味西洋大菜，有時候也可以在中國式筵席裏會得，「西餐館」售賣耶穌聖誕餐，有時候可以發現其中一碟是廣東燒鵝。此外，所謂「中菜西吃」，「西菜中吃」，都是中西合璧的花樣。

在這裏的舞台上所看得到的廣東戲，真的可以說是中西合璧的大成。舞台上的角色穿的是中國古裝，唱的是廣東土白，可是，所用的樂器卻有中國的鑼鼓，以及西洋的小提琴和「結他」。

集郵在香港　錦勳

在這小小的香港中，集郵的人雖然不很多，現在也有兩個正式的集郵學會，一個是「香港集郵會」，是這裏的第一個集郵會，成立於一九二一年（民國十年），初時由十一個英國人合辦的，首任會長不幸在那年十二月逝世，該會雖然沒有人領導，辦理得不好，直至一九二四年（民國十五年）時，會員只得五人，後來在一九三五年時，一個叫哈門的出任會長，依改會章，努力推進會裏工作，在一九四一年，會員增加到一百八十人，太平洋戰事發生，該會暫時解散，戰爭結束後，由阿里孖任會長，恢復會務，現在有會員七十五人，大半數為英人，還有葡萄牙人，中國人只有幾個，現在的會長是彼爾賓氏。另一個組織是「中國郵學會」，由中國人發起，所以組織起的，只有少數外國人士參加，會員共二百六十名，現任理事長是方來光。

本港從一九三六年起，每年都有一次郵票展覽會，由香港集郵會集郵家主辦，至一九四零年，舉行第五次大規模展覽，因為那年恰是英國發行郵票百年紀念，所以特別將展覽會的規模擴大，後來因戰爭影響，一九四一年沒有再舉辦了。戰爭結束後，中國郵學會最近曾經思辦過第一屆郵票展覽會，比較戰前第五屆的外人主辦的還要大規模，出品中以香港郵票最多，差不多香港郵票全部收藏齊全，聽說「香港集郵會」也打算舉辦一個展覽。

第七章　文化

香港報業沿革史

陳劍

香港的中文報紙是有八十三年的歷史。中文報的鼻祖是戰後曾一度復版的華字日報。它自從一八六四年（同治三年甲子）創刊以來，直至太平洋爆發後才停版。創辦人是老報人陳藹亭，它的前身本是德臣西報的附刊中文版的香港新聞，本來是純粹商業性的刊物，但出版八卷後便停刊了。後來在一八六四年正式改用華字日報，仍是德臣西報的中文版。它初時的篇幅僅八開版。內容的材料多是從西報翻譯過來，有時或轉載京報的頭重消息。後來到了一八八四年，由江治接辦譚氏接辦。經譚氏的慘淡經營，業務頗有起色。但是德臣西報出讓它的版權的合約，訂明是三年滿期的。

到了三年滿約的時候，德臣西報經理賓氏眼紅它的業務發達，乘機索加版權的租值。譚氏不允接納他的條件，便放棄繼續接辦下去，後來由何仲生接辦。一八九八年，華字日報由陳斗垣的手裏，把華字報全盤讓與當時編輯部的同志頓文山、賴竟浦和潘霄史那一班人，潘霄史在當時的報人叢裏，是頗識較開明的一個。他曾到過德國柏林東方語言學堂讀學，接辦了華字報後，他極力向港僑灌輸新思想，也時常把繫香港政府的措

施、華字日報奠定了初期的基礎，潘氏的功勞是不可抹煞的。

香港第二張中文報紙，是國人獨資創辦的循環日報。它在一八七三年創刊（同治十二年癸酉）。它的創辦人是蒙州昆山王氏利賓，戰後同是一度像曇花一現的復活。它的結果也是與華字日報無獨有偶，太平洋戰事影響停版，同是受了。後來同是一度像曇花一現的復活。

循環日報後來出版了一張月報，每年的報費訂收一元。循環報後來出版了一張月報，每月出版一次，每年的報費訂收一元。但出版了不久，因為銷紙不多，不到一年的時間這張月報便停版。循環報又創了華文報的一個新紀錄，法日加派派商業行情，法日便是循環報首創。那時，銷紙最多的中文報，每日亦不過六七百份。而且商店登廣告的風氣，還未到盛行的時候，報館的收入是少得可憐的。

一八八三年（光緒九年）循環報再來一次改良，每日出紙兩整張，又加刊船期和貨價。一八九七年（光緒廿三年）循環報將先一日的報紙，提前先一夕派送，以表示它的消息敏捷，那便是香港第一張的晚報。可是因為那時開往廣州的夜船，是在每日下午四時啟行，報紙出紙的時間，最快也要到下午八時，故祇能先在本港派送。寄往廣州和澳門的報紙，仍要留待至第二日，這種將隔日報紙提前一夕派送的辦法，一直行了四年。後來因為工作不便，又改間在晨早派報。循環報到了一九三二年，才正式出版晚報。

循環日報創刊的時候，香港的報紙都是兩日刊的，王韜為了符合循環日報的名字，把它改為每日出紙一次，另一張是船期的是用土紙（南山貢）印刷，刊載新聞的是用洋紙。

香港第二張中文報紙，是國人獨資創辦的循環日報。它在一八七三年創刊（同治十二年癸酉）。它的創辦人是蒙州昆山王氏利賓。

德臣西報的版權過來，有時或轉載京報的頭重消息。後來到了一八八四年，由江治接辦又將它讓與譚氏接辦。經譚氏的慘淡經營，業務頗有起色。後來本港各報有作「發圓老民」。他在未辦循環日報之前，曾到過太平天國的組織。洪楊事變的時候，王氏曾參加過太平天國的組織。洪楊失敗了後，他逃了來香港，改名「韜」，別字「仲弢」，又一名喚作「發圓老民」。他在未辦循環日報之前，曾到歐洲幫助李雅名（JAMES LOGGE）翻譯經籍，後來又改名「瀚」，字「瀚」。洪楊事變的時候，王氏曾參加過太平天國的組織。洪楊失敗了後，他逃了來香港，改名「韜」，別字「仲弢」，又一名喚作「天南遯叟」，後來又改

那時用的是四號字，兩版篇幅的內容，字數總共約一萬八千字，除了告白外，新聞約佔了六七千字，共分為三欄，第一欄是「選錄京報」，內容是擇刊各省大員的重要奏章和清廷的命令，字數總共約六千餘。第二欄是「羊城新聞」，除了擇錄兩廣督撫門抄和各署的批示外，還有街談巷議數則，字數約六千餘，第三欄是「中外新聞」，社論是登在這一欄裏，還載有翻譯來的海外消息和各埠時事。那時交通不方便，很難採訪到消息，所以那時的編輯人員，還要擔任副刊的作家。

香港報業初期最蓬勃的時候，要算是一八八一年（光緒七年）中法宣戰的期間。那時香港的中文報，都互相製造中國戰勝的消息，取悅一般讀者，創造那種風氣的，便是那時頗風行的「維新日報」。它是陸驥純創辦的，因為探取這種作風，所以銷紙頗多。陸氏初時是辦「近聖龔編錄」的，後來因版權人羅郎也（NORONHA）印刷局加租。陸氏不堪負擔，放棄辦「近事彙編錄」，用個人的資本，另組「維新日報」。後來到光緒末年，維新日報又被讓與劉少雲接辦。光緒元年，維新日報又改為「民國新報」。到民國成立了這張報便停刊。統計有三十二年的生命。

馮氏是那時藝藍本的名作家。他想把他的名作和出版。後求了羅氏的同意，由他出資創辦報館和彙營印刷業，就便把他的時藝藍本付樣。羅氏出資本三萬元，在一八八五年創辦了「粵報」。那時報界承購它的一部份資本，也是用三千元，未及一年的時間，便蝕光了這三萬元。那時報界中人都認為意外。後來這張報由維敬之的名來出版，但不到三年他因虧本營業不振停版了。

那時生活程度很低，他的預算開辦費也用不到四千元，羅敬之承辦粵報的時候，他的預算開辦費和經常費，是作下列這樣分配：開辦費一千一百元，每年經常費二千七百元。印刷新聞紙用的十六度手版，那時每架價值不過四百元，印行情用的六度手拍機約值一千一百元，全副字粒鉛片價值也是四百扎，雇員的薪給也少得可憐，編輯部的組織非常的簡單，多數紙包編輯（當時稱主筆）兩人和翻譯一人。採訪是由各人兼任的，惠訪當然談不到，主管的薪水每月只得二十元至二十五元，副主筆月薪十元左右，專任翻譯月薪二十元，雇任的懂十元，專報出報了五年，羅鶴朋辦的一年，耗資數萬元，可是羅敬之花了數千却辦了四年，那見得經營新聞事業，不是有金錢便可以辦得好。

在日本，規劃在廣東起義的大計，並認為有創設宣傳機關的必要。一八九九年秋間，國父派陳少白、貴甫等來港，籌設中國報，籌設及軍事的策動機關。就在那年的冬天（一說在翌年庚子元月）租了士丹利街二十七號的地址，由陳少白任總編輯，楊少歐任助理編輯，衢集時事的歌謠，出版了還附刊中國旬報，每十天出版一次，彙集時事的小品文章，特別加上副刊」，這便是香港報紙開始有副刊」，但是當時並不喚做副刊，却喚做諧部。旬報出版的初期，它的經費都是由國父籌措來的。中國報出版的初期，它的經費都是由國父籌措來的。後來惠州義師解散了，幾度呈現停版的趨勢。後來奉得同志李紀堂出資維持，經過了三年的艱辛掙扎，終於由寶星僑介紹與文裕堂書場合作，中國報才繼續辦下去。

一九零六年（光緒三十二年）粵督岑春煊想把粵漢鐵路收歸師官辦，却遭粵路的股東鄧康等反對，岑將黎逮捕，還禁止團中各報登載反對的言論。中國報和其他香港各報，均嚴應廣州各報，枰聲岑氏的高壓手段，認為違法佔權，岑氏下令禁止港報入口。

一九零六年七月文裕堂因營業不佳，竟宣告破產。那時康有為的友人葉惠伯代表康的女兒同盟，在香港法院控中國報誹謗要求賠償損失五

香港第一張國民黨辦的革命報紙，是國父手創的中國報，乙未廣州起義失敗，國父僑居

千元。經過整一年的涉訟，還未得解決，後來中國報得到極充份的證據，頗有勝訴的希望，封遞信。

文裕堂破產的影響，幾乎要決定停版，那時中國同盟會香港分會書記馮自由，恐怕中國報停版影響到國民黨的名譽，早已向他的岳翁李煜堂取得資本，在文裕堂正式宣告破產，而用五千元向他購取中國報的版權。該報便成為純粹商辦的，那時不特未受黨部的津貼，還要招呼在香港的同志，在滿酋魔掌下站不住足的革命同志，都逃來港靠它作居停。

那時同盟會擴大組織，分立南方支部和香港支部兩機關。中國報後因虧累過鉅，由南方支部撥公款維持，可是仍常靠李煜堂接濟。一九一一年辛亥五月，中國報又來一次改組，由檀香山同盟會會員盧信出資接辦。到九月廣州光復了後，中國報遷往廣州出版。陳逆炯明作叛的時候，這張經過無限革命同志心血栽培的中國報，竟為龍濟光封禁。

考據中國報的歷史，可以把它分為三個時期。從己亥至乙巳的七年間，報務由陳少白主持，經費多由李煜堂負擔，由丙午至乙酉的四年間，業務由馮自由主持，經費多由李煜堂接濟。由庚戌至辛亥的兩年，報務由謝英伯主持，經費仍常靠李煜堂捐助，計共出版了十四年，可以稱為國民黨革命的報紙的始祖。中國報的執筆者多是國民黨的老前輩，如陳少白，鄭貫一，馮自由，黃世仲，陳春生，廖平庵，何冰甫，何雅選，鄧兆侶，謝英伯等諸人，著作甚多要算是宋執信。

一九零三年癸卯，日橫濱華僑鄭貫一創辦世界公益報，鄭氏初時是在日本辦清議報，和馮自由，鄧斯鑾等辦的開智錄，都是宣傳革命的，後來他在世界公益報附出版的第二年（即一九零四年甲辰）辦了一張小型的報紙，還便是香港第一張報的「有所謂報」。

鄭氏後來又放棄辦世界公益報，另辦一張廣東報。鄭氏辦的兩張報紙，它的投資者并非革命黨人，但卻是同情革命的，也可算作革命報紙。鄭氏雖然是脫離世界公益報，但它的股東卻爭相接辦，竟弄到訴諸法律。結果由法庭判決滿訟，後來由姓呂的股東投承把它的資產和版權拍賣，繼續辦下去，仍是維持以前的作風，也頗受讀者的歡迎。一九一七年丁巳——它又遭逢經濟上的危機，為債權人所謀控，把它查封出投，後來

世界公益報倒下的先例，還不止於此，它特別的關刊的發展。它的副刊包羅萬有，載有歌謠諷，邊有諷刺性的漫畫。初期報紙注意版面的美，對於廣告的編排，也頗有美術家代刊戶設計的關刊。它還種革命性的作風，影響到其他各報，所以鄭氏也可說是香港報界的革命闖刊兩大張，那時用的是四號字，兩張篇幅共四萬八千字，世界公益報的作風，是注意常時將當部的關刊的發展。

一九零六年乙巳，中國日報反對美國禁止華僑入境新例和「有所謂」報大開筆戰。因為美人股票一八六八年中美互訂美國邦政府接納加省人民的要求，把一八六八年訂立條約的效力廢止。美國會又在一八八零年通過一限制華工入境，禁止華籍工人入國，夏威夷和菲律濱羣島又在一九零六年也一律採用這法案，通過禁止中國日報和有所謂報對這件事有清不同的看法，因此引起一場筆戰。後來由馮自由出挑同的解，也不能歷止，他們的愈鬧愈凶。當時中山先生和廖仲實，謝良牧，胡毅生，鄧慕韓諸氏，在那年冬開過港往西貢，陳少白和鄭貫一，曉以火藥，才把他們的革命制止。

香港政府在一九零七年頒佈一條法律，取締一般華文報煽動反清，港政府此舉的起因，係因中國日報經傳的民報特刊「天討」，刊有漫畫一幅畫有清帝的破頭，港政府認為違例，把這期的

又為股東陳某等投得，可是辦不到數個月，又宣告停版了。

「天討」沒收。立法局隨即通過一條法案，禁止報章刊載煽惑支那作亂的文字，這條法例的內文說：「凡在本港發刊之報紙，書籍，文字，圖畫，流入中國內地能令全國人心作亂者，本港政府為邦交起見，得而取締之，罰欵不過五百元，監禁不過兩年，或罰欵與監禁並施，有無勞工不等，必須高等法院解決。」這是香港一九零七年香港第十五號法例，也是港政府第一次限制華文報的措施。

港政府頒佈這條法律的結果，促成本港報界的團結，本港各華文報就在那一年組織報界公會，商定由公會搜集貨價和船期的訪稿，分別印發各報館，節省人力和物力。去年郭亦通死於肺病，報界公會公社似乎也隨郭氏一瞑不視。

報界公社：直到太平洋戰事爆發，報界公社隨香港的淪陷，才一度停頓。後來到香港光復了後，它的主持人郭亦通回港把它復員。但它的作用已很微了，祇是各報聞的派信差。

報界公社是純粹資方的組織。報界從業員的組織，是始於一九一一年。那時各報公社的地址，組織記者和營業部職員，就在報界公社進。

一九三零年，又有記者俱樂部的組織，後來又蛻變～香港新聞記者聯合會，但它的壽命也僅有三年。後來直到一九一三年，由尹文楷醫生等倡議，再由旅港基督敎友集資辦大光日報。

在大光日報創刊以前，本港基督敎徒會創設「記者同盟會」，但不到四個月的時間，它又告夭折。一九三七年，各報新聞事業從業員又組織了僑港新聞記者公會，雖然也是聯絡同業的感情為

香港第一張婦女辦的報紙，是創刊於一九一三年，它的創辦人是洪發英和洪美英兩女士，報名是「女界星期錄」。一九三零年，又有一週刊名「脂痕週報」出版。亦全是女界編撰的。但這兩張婦女界辦的週刊，壽命都不過半年。後來雖然有些無聊之人假冒婦女的名義出版了刊物，這算不得是婦女界辦的報紙，而且太侮辱她們。

一九一三年（民國二年），大光日報出版了，這是較為有成就的一張崇敎報紙，它是本港基督敎會辦的，可是它平日絕無崇敎色彩，祇是每年耶穌聖誕來臨時，它出一張崇敎特刊，作形式上的紀念罷了。但它卻極注意政治，而且也頗前進。當時對袁世凱和龍濟光，也攻擊得不遺餘力。

一九一九年（民國八年），夏重民承辦香江晨報，可是卻變成同業間爭名奪利的勾心鬥角場所，同時也受資方的勢力支配，到香港淪陷而解體，到香港光復，為～種種關係，到今日還未復員，戰後雖然也有過一兩個新聞記者的組織，不是有頭無尾，就是因名位的爭奪而致胎死腹中。

一九一九年（民國八年），夏重民承辦香江晨報，初因資本不充足，業務也不發達。那時鄰會華僑代表黃伯耀，剛到香港來視察，夏氏向他請求資助，他立卽拍電報往舊金山少年中國晨報，囑它的辦事人匯鉅款來港接濟香江晨報，報務也漸形發展，曾一度躍至本港最銷流的報紙的第二位。

那時華商總會也辦了一張華商總會報，純粹是替商會傳播領袖商業消息的機關報，它的產生經過，是在一九一九年（舊曆已未正月初七日）香港總商會舉行同人大會，主席劉鑄伯提議，由商會辦一張報紙，來傳遞各種有關於商業的消息。後來再經過該會正月十二日的同人額外大叙會，通過了這提案，並主張頂一中外報，先試辦一年，到是年三月二十八日，商會召開值理叙會，才繼續辦下去。到時如願為有成績，才繼續辦一年，它出版了一張華商總會報，

但劉氏同時宣佈初預算開辦費一萬元，是不數用的，要求補撥五十元，即是全部開辦費為一萬五千元，也獲值理會通過。

西報被罰

一九一八年五月廿八日，士蔑西報被控違犯檢查例。官判罰款五元。（按）在第一次世界大戰時期，西報須受檢查，華報則否，華報淪查係海員大罷工時開始，二次世界大戰後撤消。

香港最初之報紙

麥思源

香港改隸後之十一月（清咸豐三年（公元一八五三）。有英華書院中人，發行一種漢英文合璧之月報，名曰「遐邇貫珍」（Chinese Serial），Legge）主之。理雅角通華文，譯有尚書及四子書行世，綠於「遐邇貫珍」中，論及經學、孔教程朱之說，期有微旨，以西方學者而能解此，亦報。

篇幅約十餘頁，報價港錢十五文，此爲英文報之雛形。遐邇貫珍者，殆緣「天下新聞」（Universal Gazette）｜「察世俗待月紀傳」（Chinese Monthly Magazine）而作者也。年是，英華書院服辦於馬六甲。在道光八年曾發行「天下新聞」，存嘉慶二十二年，曾發行「察世俗待月來華，多賴

其刊物。以爲傳教利器，故其刊物，宜揚宗教爲主，彙錄時事，不過旁及而已，這英華書院由馬六甲遷港，即本共「天下新聞」一、「察世俗待月統記傳」之辦法，以施行於此唱。計「遐邇貫珍」

遐邇貫珍之封面

刊行僅三年，而主編者數易。初年，麥都思（Water Henry Medhurst）主之。次年，奚禮爾（C. B. Hillier）主之。三年，理雅角（James

「遐邇貫珍」爲月報，而非日報，爲宣傳宗教之報，而非紀錄時事之報，刊行僅三年，以咸豐六年（一八五六）而輟。當時之「中外新報」出，中外新報之體裁，與今時之日報間，爲我伍廷芳博士所辦，是爲香港最早之日

可謂不妄自非薄者矣。「遐邇貫珍」較諸澳門之「依涇雜說」爲晚出，（依涇雜說著，由英吉利字譯出道光七年葡萄牙人士羅所著，中國字，以中國木版會含英吉利活字版，同印在一篇。此書初出時，人爭購之，因其持論雅有斷制官府所規，旋爲官府所禁。）而其持論雅有斷制，不以故事爲論寫能事，則又過之也。

日本人研究香港

行 者

日本人在侵略香港以前，早就注意香港，何究省港臺灣經官府的調查課，是個主要機關，出版過許多關於香港的叢書，自不待也。此外，日人前田寳治郎，植田捷雄、秀島達雄等，也寫過幾本關於香港的書。戰前，我友江山故人喜歡研究新界，突有日人奧村乙太郎去找他，跟他研究屯門紅水山的位置。戰時，日人小椋廣勝，把香港史前研究寫成「萬山叢與屯門」一文，在香港東洋經濟新報發表，內容是以香港文獻作根據來研究的。在此以前，他寫的一部講述歷史、地理、經濟的「香港」，已在日本出版。

香港・澳門雙城成長經典

二王殿村詩　無殊

自九龍半島之紅磡，遵陸直趨九龍城，途畔近海涯間，昔有小丘，丘巔巨石，刻宋王臺三字，臺之下，有小村，曰二王殿村，村之故址，迄民國六年尚存。

二王殿者，南宋益王昰及衞王昺行宮也，益王昰即宋端宗，衞王昺即宋帝昺，趙宋室均至即帝位，使何應瑞皇，不稱王。元史以元世祖至正十四年爲開國元年，是歲，即宋端宗景炎二年（公元一二七七）兩皇不並立，元修宋史，記端宗及帝昺事，作「二王紀」，故稱二王，端宗蒙塵古宮行宮（今九龍富場），亦曰「二王一帶」下，俗稱皇帝行宮，宋帝走崖門，故曰：「二王殿」，元兵攻古宮富場一帶，宋帝走崖門，宋亡，行宮毀。土人即其地建村，故曰：二王殿村。

清吳道鎔二王村詩：「寒林擁日到凄淵，戎馬艱難擾海邊。七百年來陵谷變，二王村尚有啼鵑」。「東陵（陶）詠步丘橋，倣說靑門五色鮮，倚問二毛村畔路，可尋十畝種瓜田」。

陶伯陶「宋行宮遺瓦歌」：「一官富場前宋行殿，荒村廢址靑蕪徧，野人耕地得遺瓦，赫勤相彙餘碎片，赭如烈士歃赤血，黝似侍臣淚鐵面，當時播遷香陶甄，憶肯南遷卻比范，銅經冶鍊，招興家法導簡約，崇政殿基承瓷繪，槐樹陰成鴟尾出，茅茨易蓋魚鱗。

望夫石賦　樂秋

關於新界「望夫石」的故事，港僑多耳熟能詳，究竟這故事是否其確呢？還是無從稽攷的，但有一個文人看見望夫石的故事最好的題材，就騈四儷六的作起一篇「望夫石賦」來了，茲特把牠抄在下面，以見香港文化之一斑。

荒涼古石，古色蒼然，寂寞長年，自驚歌罷唱龍，分桑田於塊壘，透望前途，勤凄涼之別緒，便解化於危嶺，嗟賢死以躊他，卒悲僧老，欷浮生之若夢，永斷前緣。如今風雨山頭，吊紅顏分二八，懷壻煙波渡口，歎賢臨池爲女，遺像長留，倘逢證決生公，點碇定砭。碎礫自守，堅還等於震根，了然歸存，崩不同乎天柱，閱千秋而寄慨，往事凄其，立孤岫而如生，夕陽今古。況爲煙霞經綴，蒼翠迷離，人窒已謝，魂何之乎花發杜鵑，染當年之別恨，竹留鷓鴣，作終古之相思。幾經碧草埋愁，心原不轉，任是靑蕪避徑，情總如斯。夜月秋風，四圍寒落，暮料得柔腸斷後，如醉如癡。爲使鶴歸華表，峭跡既非同穴，空負前盟，菱鏡長懸，照顏類生，苦衣半裂，悲塞暴之紛更。不知遊子經年，可有靑蛾入夢，試問征人何處，怪他白石無壁。蔓草荒煙，離情熱悟，斜風細雨，烈性彌貞，倘敎地下重逢，應知隕涕：若使天涯復返，未免多情。

（以下爲中段詩，框內）

九龍城晚眺　廿九年舊作　黎晉偉

（一）

久縈登臨趣，今朝欲解衣，山荒人寂寞，天外孤雲淡，江心白鴿稀，蕭然撫葉髮，何處望旌旂？

（二）

城壘依然在，興亡未可論，孤帆入滄海，暮色撩鄉思，天風颭廟門（此地有侯王廟）懷悼登此地，誰不念中原。

見，但令風雨免漂搖，詎與雲霞爭溪絢，承相忠肝泣上表，將軍鐵胆怒張拳，詔稱南海馬牛風，驚入中原龍虎戰，建炎中興運登祚，景德孤注事俄變，渡江泥馬不復神，赴海白鷗誰更唸，可憐宮瓦碎慈元，遠問故都杭與汴，對不見，漢代駕，舊栽作枕，魏家銅雀鴛爲硯，延年益壽辯當文，萬歲千秋愁晚電，凄涼故國哭杜鵑，零落僑巢悲海燕，手搏此瓦重摩逃，惻愴遺恭淚如霰。

蘇澤東二王殿村詩：龍眠倉皇草野中，不簽降表矢孤忠，高漲白雁家何在，痛飲黃龍事已空，蔡維屏二王殿村詩：大帝蘇劉張率兵二王入廣）。

離擾海濱，草木誼知亡國恨，森桑古柏故宮春，鹿肉流（原註：二王龍眠蘇劉蒙塵。（原註：二王村行宮有古柏猶存。）

香港百年史（一九四八）

209

香港的初期教育

陳釗

香港之有學校，遠在九十多年前，而辦學校者以外國傳敎士爲多。第一間中英文學校，乃由馬六甲遷來，名英華書院，主之者爲李雅各博士，竭倫敦敎會所管轄。校中設施，充滿濃厚宗敎色彩，時維一八四三年，自是以後，各國敎會紛派傳敎士來港致力於敎育，醫藥、傳敎等事業之發展。直至近代，此次大戰以前，香港之敎育，除官立學校以外，敎會學校仍擁有多數之學生。

一八四三年聖保羅書院創立於中環，後遷於鐵崗。該校是屬於英國聖公會傳道會，在港則稱聖公會。該校初設立之目的，是造就華人傳敎人才。敎授以英文爲主中文爲輔，當中經過不斷之改革，來與者日漸衆多。歷年以來，造就不少傑出人材。我國有名外交家伍廷芳博士，即該校初期之學生，後來又在太平山建立飛利女書院，又在堅道創聖保羅女書院。聖公會繼又將敎育工作推展至九龍半島，設立維多利亞女書院，此均爲敎會所辦之學校，但以入學者非限於敎徒之子女，而敎外人亦多途子弟入學。敎會學校在近廿年來，學務益見發達。聖士提反男校遷於赤柱，西營盤之校舍，乃改爲聖士提反女中，九龍窩打老道，亦遷於麥當奴道，九龍維多利亞書院亦遷址，改建爲現在之恊恩女中學。

德國金巴陵會亦於一八五零年，派傳敎士來港主持。此外各敎會多在共禮拜堂內附有學校。

一八六一年復在西營盤開辦書院，名「伯士大」〔意即恩典屋〕，港就傳道路學，該校於第一次歐戰時，德籍敎士離港。遂由此停辦。

德國敎會亦是德國敎會，於一八九六年派資女士來港在土瓜灣建立心光書院。該院牧容瞽目女子敎以凸字已。一九一二年並在薄扶林道何東山建築分院，收容……年，倡建人爲陳地氏。

官立學校創辦於一八八九年，爲皇仁書院，該院初名中央書院，後始改今名。港紳劉鑄伯於一八九一年倡建孤立育才書社，共後乃交回政府辦理，香港最高學府之香港大學，成立於一九一一……代時日，課程爲聖經、寫字、鼓樂、織工等科，……

七歲以上之學生仍在土瓜灣。歐戰時，該院長離境，港府將年長之學生途往廣州明心醫院，年幼者仍居於士瓜灣，交由美國女敎士主持。

至於天主敎亦辦有相當多學校。其著名者有拔萃女書院，設於佐敦道，拔萃男書院設於般含道，繼設何文田。意大利嬰堂設於堅道，聖馬利書院設於九龍漆咸道，法國嬰堂女書院設於雲利地道。聖約瑟設於堅尼地道。此均爲天主敎初期在香港所開辦之學校。

拔萃書院之外觀

龍泉池湯

地址：灣仔軒尼詩道第叁零叁號至三零玖號
電話二七四七九
一連四間

衣食住行，乃人生最需要的，但是，除此之外，還有『沐浴』一項，更屬日常生活中所不可缺者。因為『沐浴』對於身體健康上，有極大稗益，復員後之香港，屋少人多，每一層樓宇，均住上數十人之多，對於『沐浴』一事，真是有如排隊之像，不特時間上受了阻碍，而且精神上也受打擊，此為居住港中的民眾，所感受最痛苦之事，本主人有見及此，為求解除大眾『沐浴』上痛苦事情，本着為大眾服務的精神，因此不惜巨資在灣仔軒尼詩道三零三號至三零九號，一連四間大廈打通，建設『龍泉池湯』，採購英煲水煤爐，能經常供給熱水不缺，並使全室空氣調和，大池建設新型，池大水深，可能游泳，清水與污水，經常注入及輸出，保持池水清潔，適合衛生，內部佈置力求精美，數十更衣室，全部供應，諸君任從選用，隨時光臨，均可即時沐浴，既可免除如排隊及制水之痛苦，而且收費又極其廉宜，更衣室及名茶均免收費用，總求利益大衆為目的，經多月悉心經營，為各界服務，謹此敬告諸君，惠然肯來，無任歡迎之至。

龍泉池湯司理呂文政啟

第八章

教育

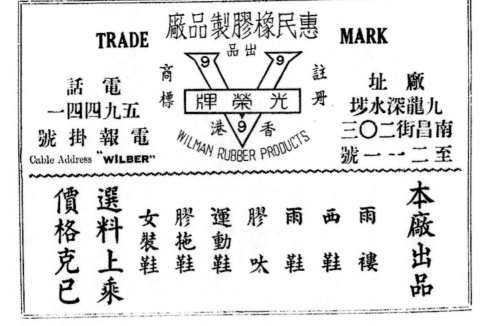

香港的教育

少文

香港的教育是自動的而不是強制的，不過，大部份操在政府和教會團體的手上，這裏雖然也有不少僑校，但僑校被列入私立學校的範圍內，在發展上受到不少的窒礙的。

香港的教育制度，建立於一九一三年，教育火例就在那年通過頒行的。根據那法例來執行教育行政的職權。根據那法例，一切的學校，除非得到特准豁免以外，都要在教育司署登記，並要遵行那些根據那法例制定頒行的管理學校規則。

一九二〇年，政府組織了教育委員會，校舍建築，學生名額和衛生的規則。是要員會的當然主席。現在，那個委員會的常務委員七名，由政府機關首長充任的常然委員七名，由港督委任的無官守委員十名。

這裏的學校，大致上可分作下列五類：

一：官立學校，教職員和一切經費都由教育司負責供給。

二：津貼學校，多數是教會團體主辦的學校。只有一間是專授中文的。還裏的中文學校，多數是專授中文的，雖然也有少數是專用「國語」教學的，但由政府津貼，學校收支如不能夠相抵消，不數的數目由政府負責，但學校的教職員薪津和其他支銷都要得到教育司的批准。

三：補助學校，一般私立學校，因收支預算校課程的一個科目，各中文學校和中英文學校的不相抵消，可根據「補助章程」申請政府補助，

第八章 教育

但補助辦法，祇由政府教育司審核申請學校的辦理成績每年給予一筆補助費，但這筆補助費的僑校多數兼辦中小學以外，火多數只辦小學算時，要自行打算的。這一類的學校大多數是「義學」。

四：軍屬學校，這一類學校是不受一九三一年教育法例管制的。

五：私立學校，依照教育法例申請登記的學校，包括兼在僑務委員會立案的僑校，但僑校也和其他學校一般，要受洌香港教育法例管制的。

私立學校的財政，政府當局是不加干涉的，但對於學校徵收學雜等費，教育司的批准，同時指定要按月徵收。

香港的學校又分中文，英文和中英並授的學校，官立學校，有些專授中文或英文，也有些兼授中文和英文的。津貼學校幾乎全數是專授英文的。只有一間是專授中文的。還裏的中文學校和私立學校，多數是專授中文的。

在淪陷的時期，香港的教育受到了很大的摧殘。官立和私立學校，許多運校舍也給拆毀，書籍和其他教育器材，也給當作柴薪燒完了。在當日戰火正熾的時候，教育根本不是人們所注意的事情，最可憐的那些輟學童遍幾年失學的生活，這個損失是無可挽救的，因為破壞過大，戰後教育復員的進行顯然遭遇到很大的困難，特別

香港大學是不受教育司管轄的，只限於小學和中學，操諸官立學校和津貼學校的手裏，那些中學校和私立學校，除了那些兼在中國僑務委員會立案的僑校多數兼辦中小學以外，火多數只辦小學的。

香港市區內的學校，根據一九四一年的官方統計，共六百四十九間，火部份是私立學校，共五百二十九間，補助學校九十一間，官立學校僅得九間。官立學校的學生人數，計小學一五〇〇人，中學一一九九人，津貼學校，小學六三四六人，中學三二七四人，市區內補助學校和私立學校的學生人數，因為教育司署的檔案已告散失，沒法追查，但當年整個香港（包括農村區域）的補助學校收容學生人數，計小學一六三五三人，中學六九三一人，私立學校，計小學五〇八一四人，中學二五九二五一人。津貼學校不曾參加農村教育，但政府在農村區域設立兩間小學，收容學生四百人。

教育司管轄下的學校，只限於小學和中學，

— 177 —

節年青念紀生學校僑龍九

是私立學校的復員，困難更多，復員簡直至從頭做起。戰後雖然許多官立和私立學校都復員了，但有許多到今還不曾復昌呢。官立的兩間男子英文中學「皇仁」和「英皇」，中文的「漢文中學」，以及一間女子的「庇利羅士中學」，復員還在計劃中。

由於校舍缺乏和教育器材的供應困難，戰後香港教育的復員，則重於小學的教育。根據官方的統計，一九四七年官立小學收容學生三二八〇人，比較一九四一年增加一倍，津貼學校學生收容額也略有增加，但補助學校和私立學校學生收容額卻比前增加得很多。補助學校的學生人數，一九四六年是八九〇九名，一九四七年卻增至二一

四一〇名。私立學校一九四七年的學生人數統計是五五四二八名，一九四六年的統計僅是三二三六六名。補助學校和私立學校的學生人數，包括夜班學生，補助學校夜班生共一〇八〇名，私立學校一二三一七名。

中學教育的復員，雖然也有相當的成績，但還未能夠恢復戰前的水準。官立學校和津貼學校雖然已恢復了戰前的收容額，但補助學校和私立學校，在恢復他們的中學方面，所有的困難很多，進行上顯然追不上官立學校和津貼學校，因此，受中學教育的學生人數，就比較戰前減少了。根據官方的統計，一九四一年的中學生人數紀錄是三七三五五，一九四七年的

數字是一六八八九。當然，一九四一年的學生人數，不能夠看作香港戰前的正常學生統計，因為在一九四一年以前幾年內，不少原設在中國地方的中學，為着抗戰的關係，暫時還移到香港來繼續上學的，所以，一九四一年的統計數字顯然是特別大的。

農村的教育操縱在私立學校和補助學校的手裏，雖然教育司在九龍新界設有三間小學——大埔，元朗，和長洲島。不過，農村區域的小學，一九四一年共有小學四十八間，現在只得半數的統計。新界共有小學四十八間，收容學生約一萬二千人。

戰後香港教育的新發展是漁民子弟教育的實現，自一九四六年以來，漁民子弟教育逐漸發展，到一九四七年，漁民子弟學校已由四間增加至

九間，其中五間是受教育司補助的。漁民子弟學校的課程，與普通小學的課程，沒有怎樣的重大差別，但其中一間，特別設有漁業技習的課程。

除了漁民子弟學校以外，香港還有一間工業學校，那間工業學校原在戰前成立的，戰後改名「工業學院」，日夜教授初級的機器及造船工業的課程，夜校卻開辦會計班，夜班於一九四六年開課的。學生人數約一一〇〇人。此外，屬於聯業學校的有羅富國師資學院，和粉嶺的農村訓練學院等。

百年來之香港官立學校　　洪流

（一）

欲明瞭香港官立學校之發展，須先明瞭英國之教育政策，蓋香港官立學校之設立，乃一本英國傳統之教育政策也。

英國乃一老韓之民主國家，故英國政府對於教育早已極形重視，然於重親之中，仍保持其一貫之民主精神，總共自由發展。英國政府對於教育始終以輔導者自居，而積極鼓勵私人及教會從事辦學。

香港政府對於教育亦莫不如是，故官立學校之數設乃比私立學校爲遲，而官立學校之數量亦遠較私立學校爲少。雖然，於過去百年之中，香港官立學校仍能爲其領導與示範之責任，蓋不但各級學校均完備無缺，而特殊教育亦兼能顧及之也。

茲先將初、中、高各級學校略述梗概，再進面及特殊學校。

（二）

香港官立小學數量誠微乎其微，遂不足供本港學齡兒童之需要，然其地位則又不能忽視者；蓋各校不但均有其悠久之歷史，且亦大足爲未來進一步發展之良好基礎也。

香港以中西雜處，故官立小學即隨之而有限大分野，以適應不同之需要。一類係以英文爲主，專收英童之小學，另一類則以中文或英文爲主，專收華人兒童。

屬於前一類之小學，有一九零二年設立之中央英童書院，位於九龍；有一九零五年設立之維多利亞英童書院，設於香港；此外在港方者尚有在山頂之山頂學校等。

屬於第二類之小學，在香港方面有位於荷里活道文武廟之小學及位於稍仔之小學，在九龍方面則有位於油蔴地及旺角之小學。至於遠處港九以外者，則長洲，大埔，元朗三地均各有小學一間。

上述各校，設備類多完善，雖管理受戰爭之賜，但戰後兩年內大都能恢復原狀，最近香港教育當局深感小學數量太少，不足滿應本港日在增加中之人口，故有增設二十至四十間官立小學之計劃。師資與經費兩項問題，苟能解決，此一計劃當不難付之實現也。

（三）

香港官立中學爲數更少，然其規模則頗爲龐大，本港中上流人物，不少由是出身。中學之分野亦類似小學，有以英文爲主之書院以中文爲主之中學。然其中亦有與小學相異之處，加中之人口，故有增設二十至四十間官立小學之計劃。

其八年之修業期限，而中學則緊隨中國中學之制度也。

屬於書院類常僅三所。其一爲皇仁書院，創立於一八八九年，又一爲英皇書院，創立於一九二八年，均在香港中區荷里活道及餃含道，於日治期間遭受拆毀，迄今仍在努力規復中。此兩校繼爲男生而設，絕不收女生。爲女生而設者則另有庇利維士女校。此校原屬私立，於一八八三年由庇利維士捐令報辦，迨一八九三年乃移交

教會學校學生紀念復活節

――179――

香港政府，成為本港唯一官立女子中學。此校在日治時代雖獲保全，然復員之後乃竟遭誤拆，毀其前身，不得不重新建設矣。

屬於中學類者僅有漢文中學一間，係在西營盤舊校改為英皇書院以後，就其原址拆設者。戰後移於灣仔上課，十餘年來遂就人村亦殊不少也。

新界各地迄今尚無官立中學，但復員以後教育當局有在大埔、元朗開地開辦官立中學之議。元朗方面地方人士本設有公立中學一所，現地方人士合捐十萬，政府補助十萬，另建公立中學校舍，官立中學諒不再設於此。惟大埔官立中學之開辦既具有可能性耳。

（四）

高等教育惟香港大學一所。

香港大學開創於一九零八年，由麼禮建議籌設，得香港政府贊助，即組委員會募集基金，至一九一二年大學始正式成立。港督為當然校長，但另設副校長負責實際行政責任。此校之成得力於私人之力至多，如初期建築多由麼禮捐助，醫科則成自吳理卿，中文學院出自鄧志昂，圖書館則建自馮平山，香港大學校之所以於官立學校中，其有獨特地位，而另成一系統者，匪持因其為大學而已，亦因其淵源有異也。

香港大學最初僅設醫科及工科，其後又增設文科，理科。一九三一年以後又特設鄧志昂中文學院，中文學院本由東方語言科蛻變而成，其初程度不與其他各科等，其後入學試標準提高，乃得與各科井駕井驅焉。

三十五年來香港大學會造就不少之專門人材，以增加市區內之師資。戰後，教育當局另設鄉村師範一所於新界粉嶺總督登中，程序與羅富國師範學院等，而增加栽種畜牧等科，蓋旨在養成鄉村中小學師資者也。羅富國師範學院辦有附屬中小學，鄉村師範亦有附中，附小之籌備，雖曰供實驗之用，亦足為官立中小學增加一支生力軍也。

為本港社會服務，尤其醫科畢業生更繼執本港醫藥界之牛耳焉。

（五）

香港官立特種學校中，各類師範學校最為惹人注目者。

致香港教育當局為訓練合格師資起見，曾有如下措施：一為採取教生制度，即自書院畢業生中挑選其志願從事教學者，一面派出各校實習教學，一面規定期限，委為正式教師。一為開設漢文師範，程度似中國高等師範科，為訓練小學師資之機構。一為於香港大學內設立教育科，羅致中國大學之教育系，為養成中學師資之機構。此外，香港大學其他各科亦無形中訓練本港中學教師，因港大畢業生均可取得教育當局合格師資之承認也。

為適應新界環境起見，香港教育當局又於大埔設立一師範學校，招收高小畢業生，予以三年之訓練，以造就新界小學教員，蓋簡易師範一類也。此校戰後已無形停辦，恢復無期。又港中小學，無論官立私立，前此每有未受專業訓練之教師。此項教師既不能入漢文師範，又不能任其濫竽充數，不予補救，於是乃教育當局又有夜師範之設，修業三年。專收夜師範戰後仍繼續舉辦。

戰前數年，香港教育當局，為造就更多師資起見，決意增設師範專科學校兩所，招收中學畢業生，予以兩年之訓練，使能勝任中小學教學之責。此計劃之實現即為羅富國師範學院之設立。

各種師範學校以外，屬於特種學校者尚有夜校及工商學校。工商學校設在灣仔，戰前已有，現仍繼續開辦有無線電建築等科。夜校除師範科外，包括簿記，快字，體育，英語，調劑等科。

（六）

以上所述乃屬嚴格之官立學校。其實若干教會學校之受教育當局補助及較嚴密管理者均可歸入官立學校一類，設低限度亦可稱之為半官立學校，蓋其制度設施幾完全做照官立學校者也。此類學校之特殊名稱為 GRANT-AIDED SCHOOL 與其他所謂津貼學校 (SUBSIDIZED SCHOOL) 者不同。

此類半官式之補助學校有：喇沙，英華，協恩，華仁，聖保羅，聖保祿，聖馬利，聖利諾，聖士提反，意大利嬰堂，聖馬加列，聖得勒撒等。此類學校有純男校，純女校，亦有分設男女校，亦有附設小學甚至幼稚園，其所收容中小學生之數量，實遠超官立中小學之上，故其地位亦殊不能忽視也。

香港大學　少文

香港大學的組織，是於一九一二年組成的，一九一二年正式開課，它的歷史剛剛到三十年。那年香港淪陷的時候，它正在從事擴充，新的科學館湖在戰爭爆發前幾個星期落成，馬來亞學生宿舍的建設計劃也正在準備進行，當時香港大學除了有可容五百學生的各科課室以外，還有六庫學生福舍，好幾座實驗室，教職員住宅，學生會，健身室，實驗工場和運動場等建築。

香港大學是不受香港教育司管轄的，最高的負責常局是校董會，主席是香港總督，校董包括永遠校董，官方校董和提名的校董。負責大學行政的是執行委員會，由校長，副校長，司庫，若干政府官員，立法局的華人代表，各學院的院長，商業團體的代表廁名。此外，還有一個教務委員會，由副校長，教育司，以及教授和主講師們共同組織。香港大學設有四個學院：一，醫學院，二，工學院，三，文學院，四，理學院。

戰爭破壞了香港淪陷的時期，香港大學各建築物都給日本人和磅匪拆掉了，除了「鄧志昂中文學院」以及一「馮平山圖書館」和一「大學圖書館」以外，其他的建築物，都無一倖免。大學的科學儀器器大部份已給盜去，戰後都要重新添置。香港大學的復員，眞是千頭萬緒，不是容易，直到一九四六年，英國殖民部委派了一番

港大學臨時議擔委員會一，負責在倫敦方面處理它對教職員應負的義務，以及購置復課所需的儀器教材。那個臨時委員會的權力和「香港大學執行委員會」的差不多。英國殖民部並曾於一九四五年十二月三十一日委出另一個委員會，負責調查研究香港大學的恢復與發展問題。那委員會的「工作目標」，據官方公佈如次：（一）調查香港大學應否繼續存在的必要，則復興的政策應該怎樣，（二）調查香港大學需要而恢復所須採取的措施。那委員會於一九四六年七月星交他們的報告書，但到年底還沒有甚麼決定，那個臨時委員會也執行了職懂一年之久，直至一九四七年春，香港大學的校董會，執行委員會，教務會，和各學院席會議，才正式恢復工作。

因爲暑剛恢復的緣故，香港大學於一九四六年復課的時候，只收第一年級學生，一九四七年增開第二年級，一九四七年各科各級學生入數如下：（第一年級）醫科，男九十八，女十八，工科，男，廿六，女，無，文科，男，十，女十八，理科，男十，女一，總數，男一四四，女三七。（第二年級）醫科，男五十四，女十一，工科，男十一，文科，男八，女十二，理科，男七，女四，總數男八十，女廿七。

中華教育會　潘孔言

民國十年時，老教育界領際熙臮冕原陳伯陶等，曾有中華教育研究會之組織，力當教育界圖體之重要，今雖時易勢殊，然教育界圖體之不可缺，則今昔固無二致也，「中華教育研究會序引」一如下：

國家之隆特繫平人才，人才之盛衰親平教育，我國有未一代，理學昌明，士多成德，袋廣所由，實湊滑闊闊誦子實思教授之力島多，至如泰西各國，民智大開，科學蒸蒸日上，亦無非梭格拉第，亞里斯多德，毛塔耶危，斯賓塞爾，諸前哲遞次改良致教授之所使然。教育之宣係，不亦爲今日急務歟，本港政府一觀同仁，黨裝澤膏，既設中西文公校以宏育華僑，即私立之中西文學堂，復特教觀學以時察其惰勤，第北優劣，其錘注教育，意溧突，我國人士來赴本港公校教職，譬一切私塾教習，實繫有徒，共間經驗快倫，如帶卿最爲老師者，固亦不少，然以大概嘗之，素存各自爲護之心，向芝相觀而漠之益，則於教育之術，或矯柾而過正，或襲故而踏常，求其悉臻至善之師，恐未易得，熙泰權象比，獨爲此懼，用特組織一中華教育研究會，佛靈萃州恶，集恩廣益，中西敎習，分門

國語運動在香港

洪山

在各方面熱烈推進「國語運動」當中，香港卻很冷寂，其實，「國語運動」在香港曾經熱烈推進，華僑教育工作者過去不曾忽略了推進國語教育。

民國二十七年一月間，國民黨總支部特派員陳素，福建省國大代表顏文清，國語建設協進會會長桓力行等，建議推進海外的華僑國語教育。因為當時八村師資欠缺，敎部便臨時在漢口招募國語敎師，南下來港，但他們能力不高，水準只見平平，港支部有見及此，便組成國語師資訓練所，由黨委顏文清，王澍陶，桓力行，許國荃等任所務委員，指定桓力行氏兼正所長，黨總關設編輯德觀華爲副所長，在香港澳門招考新生，那是民國二十七年末的事。

到民二十八年，中央派錢支嵒委員來港策動僑教，蒲敎部派桓力行負責協助黨支部指導部爲委派敎師之工作，同年，總支部組成了海外國語敎育促進會。由簡又文，陳素任監察，吳公虎，桓力行，許國荃任常委，以香港爲推進華僑國語教育的中心，以澳門，星加坡，越南，暹羅，馬來亞，檳香山等地爲目標，但可惜計劃稍伸展到澳門，便因日敵犯港而中止。不過，當時的師資訓練所已有兩屆畢業生。

依據上述的電文指導，「以語教育爭取民衆」，「國語會」「師資訓練所兩屆畢業生及中央國語學院之高班生，除一部份囘大後方外，均參加工作，則是先放棄其教育之責任矣，若日藉以瀝聲氣，廣標榜，則非本會設立之旨也。

以語教爭取民衆。後來，更利用日敵學校作掩護，昌中宣揚國家至上，民族至上，附設國語班，正義第一，人格第一，繼而宣揚三民主義。一時投歸的青年逾千數，不久爲日敵勒令解散，但歷扑擾起，加强各住宅商店之小組教授，以康敎學費爲號名，其後離港的僑胞日衆。國語會感到生活的威脅，一部份人員回到大後方，留港的一部份便轉了職業。

海外國語敎育促進會旣首崇復員，恢復育務，恢復了中央國語傳習所，還有中國僑際語言學校。喇書學院便有三間分至於各校所附設的國語夜校，更如雨後春筍，星羅棋佈，九龍也是如此，國音學校的招牌獨目皆是，那時真是有語，講國語，讀國語，所以，九龍一間之盛也。那時港九國語學生估計約有二萬五千多人。

現在，純粹敎國語的專門學校，只有一所九龍中央國語學校，普育國語學校也要敎敎英語，或稱行語訓練所，才可支持，其餘的早已關門，或稱行敎英書或者到播音台去讀了，現階段的國語教育，真令人感慨之至。

（上文接一八一頁）

專家，以求教育之「病」之止於至善，上副英政府一視同仁之意，內助祖國培成游學之才，非然者，則是先放棄其教育之責任矣，其副同志諸君子亦有樂乎此歟，若日藉以瀝聲氣，廣標榜，則非本會設立之旨也。

喇沙書院

杜慧

在九龍方面，談到學校校舍屋宇的宏麗，可算是喇沙書院了。

聖喇沙（St. J.B.de ra Smul）(1651-1719) 是一位法國的神父，他一生都是從事於教育資苦兒童的工作，他以這種宏大的願望去題名他的同志，於是他發勤組織一個教會學校，專門去研究關於教育資苦兒童的問題，後參加遺組織的會員多至一萬六千人，遍於全世界各大洲，使許多失學的兒童把他當作一位救星，喇沙書院的設立，便是用來把他當作紀念和發揚光大他事業的。

喇沙書院第一任的校長是崑馬（Einar）神父，他是法國人，自一九一四年來香港聖約翰書院任教，由他一手籌建築約翰校址於堅尼地道，到一九二九年，他開始籌建喇沙書院，經三年之努力，結果以一百萬港元的鉅資，於一九三二年建成今日的喇沙書院。

喇沙全校有廿三個課室，九百二十個學生，敎員卅五位，其中五位是神父，其餘都是中國人。其中二百是外籍學生，班級是由第九班到第一班，自該校落成迄今，已有三百位學子從這裏畢業出去，其中多數是夠服於本港各公私機關。

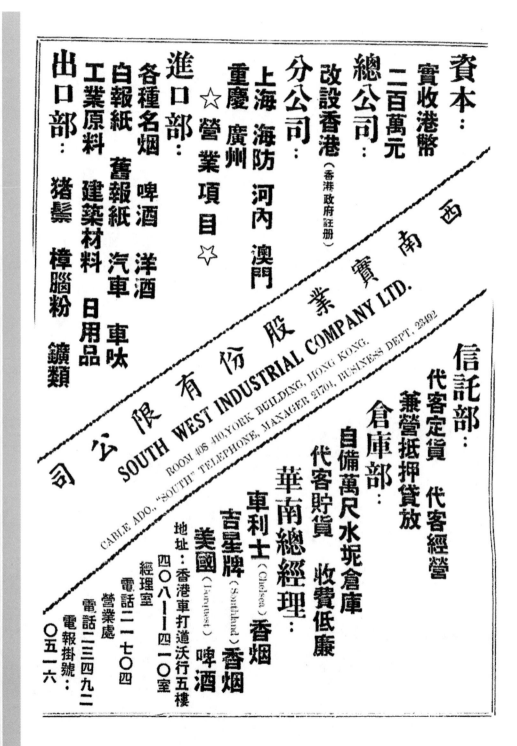

鴻興鴻章 傢具公司

地址：九龍彌敦道二三七及三一八號

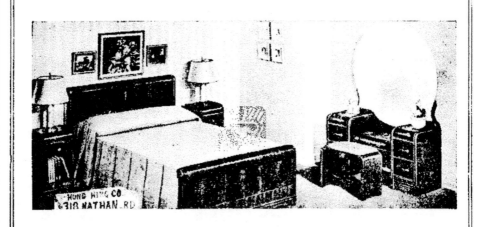

本號專製中西傢
具經常定購歐美
專書以為參考故
出品日新月異款
式新型久為社會
人士所稱許如蒙
賜顧敬請移玉參
觀無任歡迎之至

香港‧澳門雙城成長經典

香港百年史（一九四八）

227

書名：香港百年史（一九四八）
系列：心一堂　香港・澳門雙城成長系列
原著：黎晉偉 主編
主編・責任編輯：陳劍聰

出版：心一堂有限公司
通訊地址：香港九龍旺角彌敦道六一〇號荷李活商業中心十八樓〇五一〇六室
深港讀者服務中心：中國深圳市羅湖區立新路六號羅湖商業大廈負一層〇〇八室
電話號碼：(852) 67150840
網址：publish.sunyata.cc
淘宝店地址：https://shop210782774.taobao.com
微店地址：　https://weidian.com/s/1212826297
臉書：　　　https://www.facebook.com/sunyatabook
讀者論壇：　http://bbs.sunyata.cc

香港發行：香港聯合書刊物流有限公司
地址：香港新界大埔汀麗路36號中華商務印刷大廈3樓
電話號碼：(852) 2150-2100
傳真號碼：(852) 2407-3062
電郵：info@suplogistics.com.hk

台灣發行：秀威資訊科技股份有限公司
地址：台灣台北市內湖區瑞光路七十六巷六十五號一樓
電話號碼：+886-2-2796-3638
傳真號碼：+886-2-2796-1377
網絡書店：www.bodbooks.com.tw
心一堂台灣國家書店讀者服務中心：
地址：台灣台北市中山區松江路二〇九號1樓
電話號碼：+886-2-2518-0207
傳真號碼：+886-2-2518-0778
網址：http://www.govbooks.com.tw

中國大陸發行　零售：深圳心一堂文化傳播有限公司
深圳地址：深圳市羅湖區立新路六號羅湖商業大廈負一層008室
電話號碼：(86)0755-82224934

版次：二零一八年十二月

定價：　港幣　　　一百三十八元正
　　　　新台幣　　五百九十八元正

國際書號 ISBN 978-988-8582-11-2